Rolf Däßler

Das Einsteigerseminar
MySQL 5

Bibliografische Information der Deutschen Nationalbibliothek

Die Deutsche Nationalbibliothek verzeichnet diese Publikation in der Deutschen Nationalbibliografie; detaillierte bibliografische Daten sind im Internet über <http://dnb.d-nb.de> abrufbar.

Bei der Herstellung des Werkes haben wir uns zukunftsbewusst für umweltverträgliche und wiederverwertbare Materialien entschieden.
Der Inhalt ist auf elementar chlorfreiem Papier gedruckt.

ISBN 978-3-8266-7602-4
2. Auflage 2013

www.it-fachportal.de
E-Mail: kundenservice@hjr-verlag.de

Telefon: +49 6221 / 489-555
Telefax: +49 6221 / 489-410

© 2013 bhv, eine Marke der Verlagsgruppe Hüthig Jehle Rehm GmbH
Heidelberg, München, Landsberg, Frechen, Hamburg

Lektorat: Ernst H. Pröfener
Sprachkorrektorat: Jürgen Dubau
Covergestaltung: Anika Wilms
Satz: Gisela Osenberg, Neuss
Druck: Westermann Druck Zwickau

Das Einsteigerseminar

MySQL 5

Inhaltsverzeichnis

Ü Teil II: Üben 229

A Teil III: Anwenden 283

Vorwort

Datenbanken spielen seit Beginn der 70er Jahre in vielen Bereichen der Wirtschaft, der Verwaltung und im Dienstleistungssek-
tor eine wichtige Rolle. Sie sind aus dem täglichen Leben nicht
mehr wegzudenken und verbergen sich, für den Benutzer un-
sichtbar, hinter Bankautomaten, Buchungssystemen oder Dienstleistungen im Internet. Im Laufe der Jahre haben mächtige
kommerzielle Datenbanksysteme den Markt erobert, die jedoch
aufgrund ihrer Komplexität und hohen Kosten für kleinere und
mittlere Anwendungen überdimensioniert sind.

Diese Situation hat sich durch die Entwicklung des Internets
grundlegend verändert. Durch die breite Verfügbarkeit leis-
tungsfähiger Hardware und mithilfe der Open Source-Bewe-
gung stehen immer mehr leistungsfähigere und kostengünsti-
gere Programme wie Betriebssysteme, Datenbanksysteme und
Programmiersprachen einer wachsenden Nutzergemeinde zur
Verfügung. Dazu zählt auch das Datenbanksystem MySQL.

MySQL ist ein vollwertiges relationales Datenbanksystem, das
auf der Grundlage von SQL, der standardisierten Abfragespra-
che für Datenbanken, arbeitet. Das Datenbanksystem lässt sich
für Heimanwendungen genauso gut einsetzen wie für große
kommerzielle Projekte. Seit Version 3 kann MySQL für kritische
Produktionsumgebungen eingesetzt werden. MySQL kann, was
Geschwindigkeit und Datenvolumen anbetrifft, durchaus mit
Produkten anderer Anbieter konkurrieren. Der grundlegende
Sprachumfang von MySQL orientiert sich dabei weitgehend am
normierten Standard SQL 92. Mit der Version 5 von MySQL
wurden weitere wichtige Spracheinschränkungen beseitigt. MySQL
arbeitet mit einer klassischen Klienten-Server-Architektur, das
heißt, ein zentraler Datenbankserver verwaltet Daten, auf die
mit Datenbank-Klientenprogrammen über das Internet zugegriffen werden kann. Für alle nichtkommerziellen Anwendungen ist
die Benutzung von MySQL frei.

Das Einsteigerseminar setzt im Prinzip keine Erfahrungen im Umgang mit Datenbanken voraus. Es zeigt Ihnen, wie Sie ohne Vorkenntnisse eine Datenbankanwendung aufbauen und Datenbestände mithilfe des Datenbanksystems MySQL verwalten und abfragen.

Das Buch wendet sich als Tutorium an den absoluten Neueinsteiger ebenso wie an den professionellen Entwickler, der bisher noch nicht mit Datenbankanwendungen zu tun hatte. Es kann aber genauso gut auch als Referenz für die tägliche Arbeit mit MySQL verwendet werden.

Das Ziel dieses Buches ist es nicht, jede Datenbankanweisung bis ins Detail und in allen Varianten zu erläutern. Vielmehr geht es darum, anhand von einfachen praktischen Beispielen die grundlegenden Konzepte von MySQL zu erlernen. Dabei werden systematisch alle wichtigen MySQL-Anweisungen erläutert.

Die vorliegende Neuauflage des Einsteigerseminars MySQL wurde inhaltlich und methodisch vollständig überarbeitet. Wichtige Änderungen im Vergleich zu vorhergehenden Ausgaben sind zum einen die neue methodisch-didaktische Unterteilung des Buches in die Bereiche *Lernen*, *Üben* und *Anwenden* und zum anderen eine anwendungsorientierte Strukturierung der Inhalte in die Bereiche *Grundlagen*, *Datenbankverwaltung*, *Datenbankentwicklung* und *Datenbankbenutzung*.

Für Anregungen und Ideen zu diesem Buch bin ich jederzeit dankbar. Sie erreichen mich per E-Mail unter *daessler@fh-potsdam.de*.

Viel Erfolg beim Einstieg in die interessante Welt der Datenbanksysteme wünscht Ihnen

Rolf Däßler

Einleitung

Was ist MySQL?

MySQL ist ein sehr kompaktes und leistungsfähiges relationales Datenbanksystem, das auf Grund seiner Leistungsmerkmale, seiner Portabilität auf unterschiedliche Rechnerplattformen und der kostenfreien Nutzung für nichtkommerzielle Zwecke eine große Popularität erlangt hat. MySQL stellt heute eine ernsthafte Alternative zu vergleichbaren kommerziellen Datenbanksystemen dar.

1997 veröffentlichte die schwedische Firma MySQL AB die erste MySQL-Version, die auf einer in den 80er Jahren von *Michael Widenius* entwickelten SQL-Datenbankmaschine basierte. Innerhalb von zehn Jahren hat sich MySQL zur populärsten Open-Source-Datenbank der Welt mit einer ständig wachsenden weltweiten Nutzergemeinde entwickelt. Im Jahr 2008 wurde das Unternehmen MySQL AB und damit das MySQL-Datenbanksystem von Sun Microsystems gekauft. Im Januar 2010 wurde Sun Microsystems vom Marktführer für relationale Datenbanksysteme, dem Unternehmen Oracle, übernommen.

Das Datenbanksystem MySQL wird durch das Unternehmen Oracle weiterentwickelt und steht als *MySQL Community Edition* im Rahmen der GPL-Lizenz (Abk. für *General Public License*) für die nichtkommerzielle Nutzung kostenfrei zur Verfügung. Den Erfolg von MySQL beweisen weltweit mehrere Millionen Installationen des Datenbankservers und zehntausende Downloads pro Tag.

Eigenschaften

MySQL besitzt eine Reihe herausragender Eigenschaften, die es vor allem für den Einsatz in kleineren und mittleren Anwendungsbereichen attraktiv macht:

Eigenschaften

- *Leistungsfähige Architektur:* Mehrbenutzer- und Mehrprozessfähigkeit. Das Datenbanksystem ist in der Lage, gleichzeitig eine große Anzahl von Nutzerzugriffen und Datenbankabfragen zu bearbeiten.

- *Hohe Performance:* MySQL ist im Vergleich mit anderen Datenbanksystemen sehr schnell. Es ist darüber hinaus in der Lage, auch auf einem PC eine sehr große Anzahl von Datensätzen (bis zu mehreren Millionen) ohne entscheidende Performanceverluste zu verwalten.

- *Leichte Handhabung:* Obwohl das Referenzhandbuch von MySQL einige hundert Seiten umfasst, kann man, wie Sie in diesem Buch sehen werden, schon mit einer Handvoll Befehlen den Datenbankserver bedienen.

- *Kompatibilität:* Als Datenbankabfragesprache wurde in MySQL mit wenigen Einschränkungen Standard-SQL implementiert. Sie können daher Ihre MySQL-Skripte problemlos auf andere Datenbanksysteme portieren, die SQL unterstützen.

- *Portabilität:* MySQL läuft auf nahezu jeder Hardwarekonfiguration, ob PC oder UNIX-Workstation. Es ist verfügbar für alle gängigen Betriebssysteme, ob UNIX, LINUX, MacOS oder Windows.

- *ODBC-Unterstützung:* Über ODBC (Abk. für *Open Database Connectivity*) können Sie mit Anwendungen, die ODBC unterstützen, also beispielsweise mit anderen Datenbankprogrammen, auf den MySQL-Datenbankserver zugreifen.

- *Klienten-Server-Unterstützung:* MySQL ist netzwerkfähig und unterstützt den Zugriff auf den Datenbankserver von beliebigen Klientenrechnern im Internet. Zur Sicherung von Daten vor unbefugtem Zugriff stehen weitreichende Instrumente zur Zugriffskontrolle und Benutzerkontenverwaltung zur Verfügung.

- *Ständige Weiterentwicklung:* Das Datenbanksystem wird von der Entwicklergruppe ständig weiterentwickelt und verbessert.

- *Unterstützung*: Neben einem umfangreichen Referenzhandbuch steht dem Anwender eine aktive Nutzergemeinde zur Verfügung.

- *Geringe Kosten*: MySQL-Klientenprogramme können kostenlos auf jeder Rechnerplattform benutzt werden. Die nichtkommerzielle Nutzung des Datenbankservers ist kostenfrei.

- *Flexibilität*: Eine Reihe von Programmiersprachen wie C, PHP oder Perl verfügen über Programmschnittstellen zu MySQL. Mit deren Hilfe können Sie Klienten-Server-Applikationen und andere webbasierte Datenbankanwendungen entwickeln.

Aktuelle Informationen, Dokumentationen und Programmversionen finden Sie auf den MySQL-Internetseiten unter http://www.mysql.de.

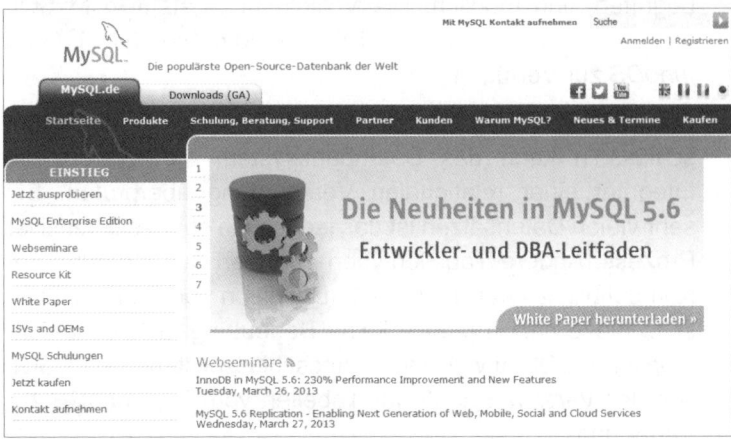

Abb. E.1: MySQL-Webportal (*http://www.mysql.de*)

Leistungsmerkmale

Die folgende Übersicht zeigt, welche grundlegenden SQL-Sprachkonzepte – die im Rahmen dieses Einsteigerseminars erläutert werden – ab der Version 5 des Datenbankservers zur Verfügung stehen.

■ *SQL-92-Konformität*: MySQL unterstützt im Wesentlichen den Sprachumfang des Datenbankstandards SQL 92. Das ist insofern wichtig, als Anwender und Programme standardisiert auf Datenbestände, die in MySQL-Datenbanken verwaltet werden, zugreifen können.

■ *Transaktionen*: Eine Transaktion fasst mehrere SQL-Anweisungen zu einer Datenbankoperation zusammen, die nicht von anderen Prozessen unterbrochen werden kann. Transaktionen stehen in MySQL seit der *Version 3.23* zur Verfügung.

■ *Volltextsuche*: MySQL stellt einen speziellen Index zur Verfügung, mit dem es möglich ist, mit Suchbegriffen in einem Textfeld zu suchen und Suchergebnisse, ähnlich wie bei einer Suchmaschine nach Relevanz geordnet, anzeigen zu lassen. Auch boolesche Verknüpfungen zwischen den Suchbegriffen sind möglich. Die Volltextsuche steht in MySQL seit *der Version 3.23.23* für Tabellen vom Typ *MyISAM* und *InnoDB* zur Verfügung.

■ *Referenzielle Integrität*: Durch die Definition von Fremdschlüsseln kann das Datenbanksystem die referenzielle Integrität einer relationalen Verknüpfung überprüfen. Bei sehr vielen Datensätzen ist das jedoch ein sehr zeitintensiver Prozess. Andere Tabellentypen erlauben aus Gründen der Kompatibilität zwar die formale Definition von Fremdschlüsseln, diese haben jedoch keine Bedeutung für die Ausführung einer SQL-Anweisung. Fremdschlüssel stehen in MySQL seit der *Version 3.23.44* für Tabellen vom Typ *InnoDB* zur Verfügung.

■ *Vereinigung von Tabellen*: Mit der Anweisung UNION können mehrere Tabellen gleicher Struktur vereinigt werden. Die Vereinigung von Tabellen steht in MySQL seit der *Version 4.0* zur Verfügung.

■ *Unterabfragen*: Unterabfragen sind in eine SELECT-Abfrage eingebettete andere SELECT-Anweisungen. Mithilfe von Unterabfragen kann man Datenbankabfragen wesentlich kompakter und effizienter aufbauen. Unterabfragen stehen in MySQL seit der *Version 4.1* zur Verfügung.

■ *Sichten*: Sichten sind logische Datenstrukturen, die wie Tabellen behandelt werden und die Ergebnisse einer Abfrage repräsentieren. Sichten werden daher oft auch als virtuelle Tabellen bezeichnet. Sichten stehen in MySQL seit der *Version 5.0.1* zur Verfügung.

Inhalt und Aufbau des Buches

Dieses Buch bietet Ihnen einen systematischen Einstieg in die grundlegenden Konzepte und Sprachelemente von MySQL. Das Einsteigerseminar enthält dabei nicht die vollständige Sprachreferenz. Es werden nur ausgewählte Konzepte und Sprachelemente behandelt, die anhand kommentierter Beispiele ausführlich erläutert werden.

Inhalt und Aufbau

Das Buch ist methodisch in drei Teile gegliedert – Lernen, Üben und Anwenden – und setzt keinerlei Datenbankkenntnisse voraus. Die Teile sind inhaltlich aufeinander abgestimmt. Zu den Lerneinheiten L2, L3 und L4 finden Sie in den Abschnitten Üben und Anwenden zahlreiche Übungs- und Anwendungsbeispiele. Das Buch ist thematisch in vier Teile gegliedert: Grundlagen, Datenbankverwaltung, Datenbankentwicklung und Datenbanknutzung.

In Teil *L1 Grundlagen* erfahren Sie, wie ein Datenbanksystem funktioniert, was hinter einem relationalen Datenmodell steckt und wie Sie mit dem Datenbanksystem über Benutzerschnittstellen kommunizieren können.

In Teil *L2 Datenbankverwaltung* geht es um die Verwaltung des Datenbanksystems. Sie erfahren hier etwas über die Installation und Konfiguration des Datenbankservers, die Vergabe von Benutzungsberechtigungen und die Datensicherung.

In Teil *L3 Datenbankentwicklung* lernen Sie, wie eine Datenbankanwendung konzeptionell entworfen wird, wie Tabellen erstellt werden und Daten in die Datenbank gelangen.

In Teil *L4 Datenbankbenutzung* geht es um den Zugriff auf die Daten, die in der MySQL-Datenbank gespeichert sind. Sie lernen hier, wie man einfache und komplexe Abfragen stellt.

Darüber hinaus lernen Sie im Anwendungsteil des Buches zwei spezielle Datenbanktechniken kennen: *Transaktionen* und *Volltextsuche*.

Nachdem Sie sich mit den Grundlagen relationaler Datenbanksysteme in Kapitel *L1 Grundlagen* vertraut gemacht haben, können Sie die Kapitel *L2 Datenbankverwaltung*, *L3 Datenbankentwicklung* oder *L4 Datenbanknutzung* auch unabhängig voneinander durcharbeiten.

Verwendete Programmversionen

Programm-versionen

Die Erläuterungen und Beispiele in diesem Buch beziehen sich auf die Datenbankserver-Version *MySQL 5.6*. Erfahrungsgemäß können alle SQL-Beispiele aber auch in zukünftigen MySQL-Versionen unverändert genutzt werden. Für die Arbeit mit dem MySQL-Datenbankserver sollten Sie stets die letzte für Produktionsumgebungen freigegebene Version benutzen. Als Datenbankklient mit einer grafischen Nutzeroberfläche wird das Programm *MySQL-Workbench* in der *Version 5.2* benutzt.

Teil I: Lernen

L1 Grundlagen

Das erste Kapitel soll Ihnen diejenigen Datenbankkonzepte vermitteln, die Sie für den ersten Umgang mit einem relationalen Datenbanksystem benötigen. Sie erfahren in diesem Kapitel Grundlegendes über den Aufbau des MySQL-Datenbankservers, über die Organisationsstruktur der Daten in einer relationalen Datenbank und über die Möglichkeiten der Kommunikation mit dem MySQL-Datenbankserver.

Grundlagen relationaler Datenbanksysteme

Zuerst werden wir den Aufbau, die Aufgaben und den Einsatz relationaler Datenbanksysteme erläutern und dann näher auf das relationale Datenmodell eingehen, d.h. auf die logische Organisation der Daten in einer relationalen Datenbank. Dazu werden Tabellen, Tabellenverknüpfungen und Datenbankoperationen näher beschrieben.

Was ist ein Datenbanksystem?

Eine Wesenseigenschaft des Menschen ist es, Informationen zu ordnen und strukturiert abzulegen. Diese Art der Datenverwaltung hilft uns bei der Suche nach einer spezifischen Information und erleichtert die Datenhaltung. Dabei müssen Daten nicht unbedingt in elektronischer Form vorliegen. Es gibt ganz einfache, jedem bekannte Beispiele der Datenverwaltung wie alphabetisch geordnete Adressbücher oder alle Arten von Kartei- oder Zettelkästen. Ein anderes Beispiel, auf das wir in diesem Buch immer wieder zurückkommen werden, ist eine Bibliothek, wo Bücher, Periodika, Zeitschriften oder andere Dokumente in elektronischer und nichtelektronischer Form aufbewahrt werden. Um in einer Bibliothek ein spezifisches Buch zu finden, benutzt

Datenbank-system

man einen elektronischen Katalog, der Daten über vorhandene Bücher, sogenannte Metadaten, verwaltet. Die Metadaten werden dazu in strukturierter Form abgelegt, z.B. unterteilt nach Autor, Titel, Verlag und Erscheinungsjahr eines Buches. Mithilfe dieser Struktur kann man nun die Daten konkreter Bücher erfassen und nach ihnen suchen. Genau für diese Art von Aufgaben ist es sinnvoll, ein relationales Datenbanksystem einzusetzen.

Welche Aufgaben hat ein Datenbanksystem?

Aufgaben Datenbanksystem

Ein Datenbanksystem verwaltet Daten, die für einen spezifischen Zweck zusammengestellt werden, und hat folgende Aufgaben:

- Ein Datenbanksystem ermöglicht die strukturierte Erfassung von unterschiedlichen Daten und Datenformaten: Metadaten, Messdaten, Unternehmensdaten oder statistische Daten in Form von Texten, Zahlen, Begriffen oder Zeichen.

- Ein Datenbanksystem ermöglicht dem Benutzer einen Zugriff auf Daten, ohne dass er wissen muss, in welcher Art und Weise die Daten physisch in der Datenbank oder auf einem Datenträger organisiert und gespeichert sind.

- Ein Datenbanksystem ermöglicht bestimmte Zugriffsberechtigungen für die Benutzer. Es gewährleistet beispielsweise, dass nur autorisierte Personen einen Datenbestand manipulieren können. Dadurch ist sichergestellt, dass kein Benutzer unbeabsichtigt oder durch eine Fehlbedienung die Datenbestände einer Datenbank beschädigen kann.

- Ein Datenbanksystem gewährleistet die Konsistenz und Integrität der gespeicherten Daten und verhindert eine redundante Datenhaltung.

Darüber hinaus verfügt ein Datenbanksystem über spezifische Werkzeuge für folgende Aufgaben:

- Informationssuche,

- Verwaltung und Pflege eines Datenbestandes sowie

- Strukturierung eines Datenbestandes.

Wo werden Datenbanksysteme eingesetzt?

Datenbanken gehören neben Tabellenkalkulation und Textverarbeitung zu den allerersten Rechneranwendungen. Seit den 60er Jahren spielen Datenbanksysteme im kaufmännischen und unternehmerischen Bereich zur Verwaltung von Personal- und Unternehmensdaten eine große Rolle. Relationale Datenbanksysteme kann man heute im Wesentlichen in drei Gruppen einteilen: kommerzielle Datenbanksysteme wie *ORACLE*, *IBM DB2* oder *Microsoft MS SQL Server*, Open-Source-Datenbanksysteme wie *MySQL*, *Postgres* oder *Firebird* und nicht serverbasierte Systeme wie *Microsoft Access*, *Open Office Base* oder *Filemaker*. Letztere verfügen zwar über grafische Nutzeroberflächen, lassen jedoch entscheidende Leistungsmerkmale wie eine Klienten-Server-Architektur, Geschwindigkeit oder Skalierbarkeit vermissen.

Der praktische Einsatz von Datenbanksystemen ist einerseits gekennzeichnet durch sehr große Datenbanksysteme auf modernen Servern, beispielsweise als Bestandteil betrieblicher Informationssysteme, und andererseits durch Datenbankserver auf leistungsfähigen Arbeitsplatzrechnern, die in vernetzten Systemen nach dem Klienten-Server-Prinzip arbeiten. Insbesondere der Trend, immer mehr kommerzielle und öffentliche Dienstleistungen, so z.B. beim Geldverkehr, beim Warenaustausch oder in der öffentlichen Verwaltung, online anzubieten, führt zu einer enormen Nachfrage nach Datenbanksystemen. Durch die umfassende Automatisierung von Produktionsabläufen und die fortschreitende Büroautomatisierung werden immer mehr Informationen elektronisch gespeichert und verarbeitet. Neben Standarddatenbanksystemen, die auf Satzstrukturen oder Relationen (Relationale Datenbanksysteme) basieren, gibt es heute eine zunehmende Zahl von nicht-relationalen Datenbanken, die unter dem Begriff NoSQL-Datenbanksysteme (z.B. Web2.0-, XML- oder objektorientierte Datenbanksysteme) zusammengefasst werden.

Ein wesentliches Marktpotenzial stellen Webdatenbanken dar, da es heute um die Integration von Informationssystemen in Webprojekte und den Zugriff auf Informationsressourcen in einer verteilten Umgebung geht. Besondere Popularität besitzen datenbankbasierte Verwaltungssysteme für Webseiten, so genannte *Web Content Management Systeme* (WCMS). Diese Systeme werden oft auch als Redaktionssysteme, Blogs, Wikis oder Portalsysteme eingesetzt. Allen Systemen ist gemeinsam, dass Webinhalte nicht mehr statisch abgelegt sind, sondern dynamisch erzeugt werden. Zur Verwaltung dieser Webinhalte werden in der Regel Datenbanksysteme benutzt. Besonders viele Systeme setzen dabei auf kostengünstige Open-Source-Komponenten wie beispielsweise das Datenbanksystem MySQL, den Webserver Apache und die Skriptsprache für serverbasierte Anwendungen PHP.

Auch in Zukunft werden überall dort, wo elektronische Informationen in irgendeiner Weise gespeichert, verwaltet und wiedergefunden werden sollen, Datenbanksysteme eine zentrale Rolle spielen. Die Menge der verwalteten Daten und die Komplexität der Informationssysteme, die diese Informationen verwalten, nimmt dabei ständig zu.

Wie ist ein Datenbanksystem aufgebaut?

Aufbau Datenbanksystem

Umgangssprachlich machen wir in der Regel keinen Unterschied zwischen einer Datenbank und einem Datenbanksystem. Aus technologischer Sicht handelt es sich aber um zwei verschiedene Komponenten. Das Datenbanksystem definiert dabei das Gesamtsystem, das aus der Datenbank und dem Datenbankverwaltungssystem besteht (Abbildung L1.1).

Die *Datenbank* ist eine Komponente des Datenbanksystems, die für die systematische Speicherung von Daten verantwortlich ist, d.h. die Datenbasis des Systems bildet. Zur Verwaltung und Nutzung der in einer Datenbank gespeicherten Daten benötigt man eine zusätzliche Komponente, das Datenbankverwaltungssystem. Das *Datenbankverwaltungssystem* ist eine Ansammlung von Werkzeugen zur Strukturierung und Manipulation der Daten in einer Datenbank. Das Datenbankverwaltungssystem stellt Routinen zur Verfügung, mit deren Hilfe der Datenbankbenutzer Daten eingeben, verändern, abfragen und ausgeben kann. Dazu benötigt das Datenbanksystem eine Kommunikationsschnittstelle, die es dem Benutzer gestattet, auf unterschiedliche Weise mit dem Datenbanksystem zu kommunizieren, und die Bestandteil des Datenbankmanagementsystems ist.

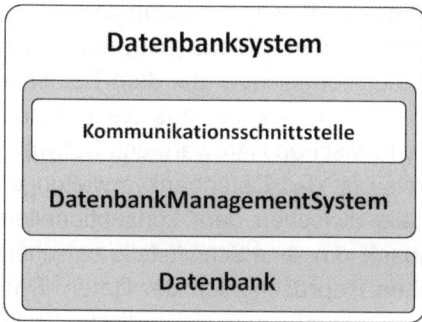

Abb. L1.1:   Aufbau eines Datenbanksystems

Die Datenbank

Wie bereits erwähnt, sind in der Datenbank alle Daten einer An-   **Datenbank**
wendung abgelegt. Die Datenbank ist auf physischen Datenträgern gespeichert, z.B. auf Magnetplatten. Auf der Datenbankebene organisieren spezielle Routinen die Speicherung, die Organisation, die Kodierung und den Zugriff auf physische Daten, die auf einem Datenträger binär gespeichert werden. Die Leistungsfähigkeit der Datenbank hängt dabei von der physischen Beschaffenheit des Datenträgers, der Datenorganisation auf dem Datenträger und der Hardware ab, die diese Speichermedien bedient. Der Typ des Datenbanksystems bestimmt, in welcher Anordnung die Daten auf dem Datenträger abgelegt werden. Die Datenbank besitzt dabei zwei Komponenten: einen Basisbereich, in dem die konkreten Daten abgelegt sind, und einen Systemkatalog, der die Angaben über die logische Struktur der Datenbank enthält. In relationalen Datenbanken enthält der Systemkatalog Informationen über den Aufbau der Ta-

bellen wie Tabellenname, Spaltennamen und die Datentypen der Tabellenspalten. Die Basistabellen enthalten dagegen die primären Daten.

Datenbankverwaltungssystem

Das Datenbankverwaltungssystem

Das Datenbankverwaltungssystem *DBMS* (Abk. für *Data Base Management System*) ist die zentrale Steuerungseinheit eines Datenbanksystems. Es ist die Schnittstelle zwischen der Datenbank und einem Benutzer, der mit dem Datenbanksystem kommuniziert. Das DBMS ist daher vergleichbar mit dem Betriebssystem auf einer Datenverarbeitungsanlage, das die Aufgabe hat, eine Vermittlungsfunktion zwischen Hardware und Software auszuüben. In analoger Weise ist das Datenbankverwaltungssystem auch die Schnittstelle zwischen dem konzeptionellen Datenmodell und der Datenbank, d.h. eine Schnittstelle zwischen der logischen und physischen Repräsentation der Daten. Das Datenbankverwaltungssystem besteht aus einer Vielzahl von Dienstprogrammen und erfüllt gleichermaßen Anforderungen aus der Sicht des Systementwicklers und des Anwenders. Das Verwaltungssystem unterstützt einerseits den Datenbankentwickler bei der Einrichtung von Tabellen und stellt andererseits für den Datenbankbenutzer Routinen zur Eingabe und Manipulation der Daten sowie zur Datenrecherche zur Verfügung.

Kommunikationsschnittstelle

Die Datenbankkommunikationsschnittstelle

Damit man ein Datenbanksystem überhaupt benutzen kann, müssen die Datenbankbenutzer in der Lage sein, mit dem System zu kommunizieren. Dazu dient die Datenbankkommunikationsschnittstelle *DBCI* (Abk. für *Data Base Communication Interface*), die auf das Datenbankverwaltungssystem aufsetzt. Die Kommunikationsschnittstelle unterstützt dabei die direkte Interaktion zwischen Mensch und Datenbanksystem. Bei der Kommunikation auf der Anwenderebene unterscheidet man zwei grundsätzliche Methoden. Zum einen die Kommunikation des Datenbanksystems mit anderen Anwendungsprogrammen, die über sogenannte Programmschnittstellen APIs (Abk. für *Appli-*

cation Programming Interface) auf das Datenbanksystem zugreifen. Mithilfe von Anwendungsprogrammen können Arbeitsabläufe automatisiert und die Datenbankbenutzung nutzerfreundlicher gestaltet werden. Auf der anderen Seite stellt jedes Datenbanksystem Werkzeuge zur Verfügung, mit denen Datenbankbenutzer, Datenbankentwickler und Datenbankadministratoren direkt mit der Datenbank kommunizieren können (Abbildung L1.2). Damit werden folgende Aufgaben gelöst:

■ Datenzugriffe, wie Daten eingeben, ändern, löschen und suchen (Nutzung),

■ Datenbanken und Datenmodelle einrichten (Entwicklung) sowie

■ Datenbankserver, Datenbestände und Zugriffsberechtigungen einrichten, warten und sichern (Administration).

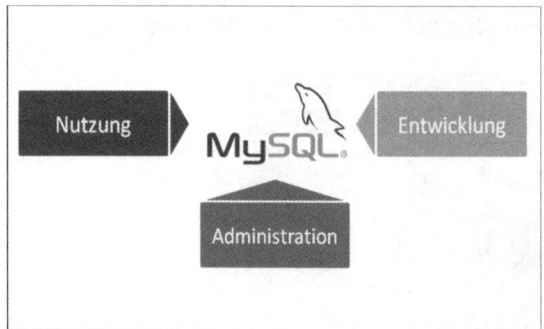

Abb. L1.2:   Kommunikationsschnittstellen eines Datenbanksystems

Die manuelle Kommunikation erfolgt üblicherweise über grafische Bedienoberflächen oder im Kommandozeilenmodus, d.h. durch die direkte Eingabe von Befehlen in der Datenbankabfragesprache SQL.

Das Einsteigerseminar ist ausgehend von Abbildung L1.2 in die Lerneinheiten Grundlagen, Administration, Entwicklung und Nutzung gegliedert, die unabhängig voneinander benutzt werden können.

Datenbankbasierte Informationssysteme

Informations-systeme

Betrachtet man die grundlegende Struktur von datenbankbasierten Informationsanwendungen, so kann man drei Schichten unterscheiden: das Datenbanksystem, die darauf aufsetzende Anwendungslogik und die Benutzerschnittstelle (Abbildung L1.3). Das Datenbanksystem verwaltet dabei die Daten in strukturierter Form. Auf das Datenbanksystem greifen Programme zu, die in der Datenbank gespeicherte Daten verarbeiten. Die Benutzerschnittstelle bereitet die Daten zur Nutzung auf und realisiert die Mensch-Maschine-Kommunikation. Die 3-Schichten-Architektur lässt sich am Beispiel einer webbasierten Datenbankanwendung veranschaulichen. Die Anwendungslogik sind hier serverbasierte Anwendungen beispielsweise in der Skriptsprache PHP, während als Benutzerschnittstellen Weboberflächen z.B. in der Skriptsprache HTML eingesetzt werden.

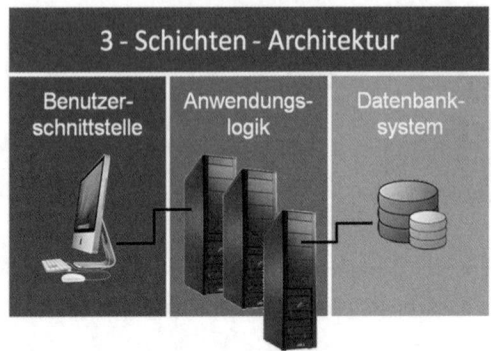

Abb. L1.3: Architektur datenbankbasierter Informationssysteme

Architektur des MySQL-Servers

Server-architektur

Die Architektur des MySQL-Datenbankservers orientiert sich am grundsätzlichen Aufbau eines Datenbanksystems, wie er bereits beschrieben wurde (Abbildung L1.4). Physisch werden alle Systemdaten in speziellen *Dateien* abgelegt. Auf diese Dateien greifen austauschbare *Speichermaschinen* zu, die je nach Anwendung den Speicherzugriff nach speziellen Anforderungen organisieren und optimieren. Jeder Tabelle in einer Datenbank kann eine eigene sogenannte *Engine* zugewiesen werden. Zum weiteren Funktionsumfang des Datenbankservers gehören Dienstprogramme wie Managementdienste und Werkzeuge zur Serververwaltung sowie eine SQL-Kommunikationsschnittstelle. Mithilfe von *Programmschnittstellen* in verschiedenen Programmiersprachen wie C oder PHP und *Konnektoren* wie ODBC oder JDBC kann auch automatisiert auf den MySQL-Datenbankserver zugegriffen werden.

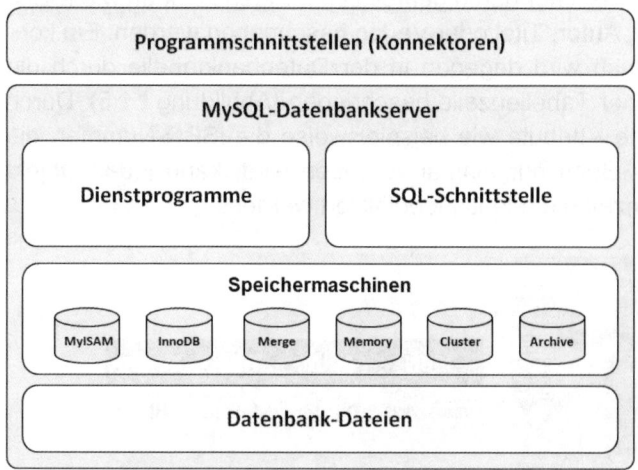

Abb. L1.4: MySQL-Architektur

Grundlagen des relationalen Datenmodells

Bevor Sie mit dem MySQL-Datenbanksystem arbeiten können, ist es zunächst wichtig, dass Sie sich mit einigen Grundbegriffen relationaler Datenbanken vertraut machen. Eines der zentralen Merkmale eines Datenbanksystems ist das ihm zugrundeliegende Datenmodell. Das Datenmodell beschreibt dabei die logische Organisationsstruktur aller in der Datenbank gespeicherten Daten.

Tabellen

Basisstrukturelement des relationalen Datenmodells (RDM) ist eine Tabelle. Die Tabellenspalten beschreiben dabei die Eigenschaften einer Objektklasse oder eines Objekttyps, während die Zeilen einer Tabelle konkrete Objekte der realen Welt repräsentieren. Ein Objekttyp repräsentiert dabei immer eine Menge von Objekten, die gleiche Eigenschaften besitzen. Betrachten wir beispielsweise als Objekt der Realwelt ein Buch, können alle möglichen Bücher durch gemeinsame Eigenschaften wie ISBN-Nummer, Autor, Titel oder Verlag beschrieben werden. Ein konkretes Buch wird dagegen in der Datenbanktabelle durch die Werte einer Tabellenzeile beschrieben (Abbildung L1.5). Durch bestimmte Attribute wie beispielsweise die ISBN-Nummer, die für jedes Buch nur einmal vergeben wird, kann jedes Objekt (Tabellenzeile) eindeutig identifiziert werden.

ISBN	Autor	Titel	Verlag
3826672925	Däßler	MySQL	bhv

Datenbanktabelle

Objekt

Abb. L1.5:   Abbildung von Objekteigenschaften in einer Datenbanktabelle

Eine Relation (Tabelle) ist somit eine logische Einheit einer fest definierten Anzahl von Attributen (Tabellenspalten) und einer variablen Anzahl von so genannten Tupeln (Tabellenzeilen).

Eine Datenbanktabelle hat folgende Merkmale:

- Jede Spalte der Tabelle hat einen eindeutigen Namen.

- Jeder Spalte wird ein bestimmter Datentyp und damit ein Wertebereich (Menge aller Werte, die ein Spaltenwert annehmen kann) zugeordnet, z.b. Zahlen, Zeichenketten etc.

- Die Reihenfolge der Spalten und Zeilen spielt keine Rolle.

- Der Kreuzungspunkt von Spalten und Zeilen (Zelle) darf nur einen einzigen Wert enthalten.

- In einer Tabelle existieren keine identischen Zeilen.

- Alle Zeilen müssen sich durch eine eindeutige Identifikation (Primärschlüssel) unterscheiden lassen.

- Der Tabellenname beschreibt immer einen Objekttyp, z.b. Person oder Buch.

Tabellenspalte (Attribut)

Eine Tabellenspalte beschreibt eine bestimmte Eigenschaft oder ein Attribut eines Objektes, beispielsweise den Buchtitel oder den Buchautor. Jeder Spalte wird ein genau definierter Datentyp zugeordnet. So wird beispielsweise von vornherein festgelegt, ob in einer Spalte Zahlen oder Zeichen abgelegt werden. Jeder Datentyp besitzt einen klar definierten Wertebereich, der bestimmt, welche Zahlen oder Zeichen verwendet werden können. Im Bereich der Zahlen werden durch den Wertebereich ein maximaler und ein minimaler Wert vorgegeben. Beispielsweise wird der Wertebereich der ganzen Zahlen oft zwischen −65535 und +65536 festgelegt. Der Wertebereich einer Zeichenkette umfasst dagegen alle Zeichen, die in einem Zeichensatz enthalten sind. Die Anzahl der Tabellenspalten (Attribute) wird als Grad der Relation bezeichnet.

Attribut

Ist die Tabelle einmal definiert, sollten die Anzahl und Namen der Tabellenspalten nicht mehr verändert werden.

Tabellenzeile (Tupel)

Tupel

Die Zeilen einer Tabelle, auch Tupel oder Datensätze genannt, beinhalten konkrete Daten für einzelne Objekte eines Objekttyps. Für den Objekttyp Buch sind das beispielsweise ein konkreter Buchtitel, Angaben zum Autor und Verlag oder die ISBN-Nummer. Die Anzahl der Tabellenzeilen (Datensätze) wird als Kardinalität bezeichnet.

Der Wert NULL

NULL

Durch die Anordnung von Spalten und Zeilen innerhalb einer Tabelle entsteht eine Zellenstruktur. Die Zellen beinhalten die konkreten Werte der Datenobjekte. In der Regel ist jede Zelle mit einem spezifischen Datenwert belegt. Es kann aber auch vorkommen, dass bestimmte Informationen über ein Objekt einfach fehlen, z.B. das Geburtsdatum einer Person oder die ISBN-Nummer eines Buches. Im relationalen Modell würde das aber bedeuten, dass dieser Datenwert unbestimmt ist und die Datenbank nicht definierte Zellen enthält. Da dieser Fall nicht vorkommen darf, gibt es einen speziellen Wert, den Wert NULL, der dort eingefügt wird, wo keine Daten vorhanden sind. Der Wert NULL ist nicht zu verwechseln mit der Zahl 0. Die Zahl 0 stellt einen Datenwert dar, der Wert NULL jedoch nicht.

Tabelle L1.1 beschreibt die wichtigsten Begriffe des relationalen Datenmodells.

Begriff	Beschreibung
Relation	Objekttyp (Tabelle).
Tupel	Datenobjekt (Tabellenzeile oder Datensatz).
Attribut	Objekteigenschaft (Tabellenspalte oder Datenfeld).
Domäne	Wertebereich, Menge von Werten eines Attributs (Tabellenspalte).
Kardinalität	Anzahl der Tupel einer Relation (Anzahl Tabellenzeilen).

Begriff	Beschreibung
Grad	Anzahl der Attribute einer Relation (Anzahl Tabellenspalten).
NULL	Spezieller Wert, der eingefügt wird, wenn keine Daten existieren.

Tab. L1.1: Wichtige Begriffe des relationalen Datenmodells

Beispiel

Betrachten wir als Beispiel eine Tabelle, in der Angaben über Bücher verwaltet werden sollen, die Relation *Buch*.

Relation Buch			
ISBN	**Autor**	**Titel**	**Verlag**
1	Kobert	HTML	bhv
2	Däßler	MySQL	bhv

Die Relation *Buch* hat insgesamt vier Attribute: *ISBN*, *Autor*, *Titel* und *Verlag*, d.h. der Grad (Anzahl Attribute) der Tabelle ist 4, die Kardinalität (Anzahl der Datensätze) ist 2. Während der Grad einer Tabelle bereits mit der Tabellendefinition festgelegt wird und nicht mehr verändert werden sollte, ist die Kardinalität variabel. Sie kann beispielsweise durch das Löschen oder Hinzufügen von Datensätzen verändert werden.

Dem Attribut *ISBN* ordnen wir eine zusätzliche Bedeutung zu, dieses Attribut wird als sogenanntes Primärschlüsselattribut (Unterstreichung) definiert. Wir benötigen einen solchen Schlüssel zur eindeutigen Identifikation eines Datensatzes in einer Tabelle, da per Definition die Datensätze einer Relation nicht geordnet sind, sondern als Menge behandelt werden. Das hat den Vorteil, dass ein beliebiger Datensatz problemlos aus einer Tabelle entfernt oder neu hinzugefügt werden kann. Damit ein Attribut als Primärschlüssel verwendet werden kann, darf jeder Attributwert nur einmal vorkommen. Für diesen Schlüssel eignet sich in unserem Beispiel die ISBN-Nummer, da für jeden Buchtitel nur eine ISBN-Nummer vergeben wird. Autor, Titel und Verlag sind dagegen nicht eindeutig, da es beispielsweise sein kann, dass ein Autor mehrere Bücher schreibt, unterschiedliche Bücher gleiche Buchtitel haben oder mehrere Buchtitel in einem Verlag erscheinen.

Grundlagen der Tabellenverknüpfung

Tabellen-
verknüpfung

Wie Sie wahrscheinlich schon wissen, besteht die Aufgabe eines Datenbanksystems nicht nur darin, einzelne Tabellen zu verwalten. Die Leistungsfähigkeit eines relationalen Datenbanksystems ergibt sich vielmehr aus der Möglichkeit, Tabellen miteinander zu verknüpfen. Werden mehrere Tabellen verknüpft, spricht man in der Datenbanksprache von einem *Datenmodell*. Die Verknüpfung verschiedener Tabellen ermöglicht die Zusammenstellung von zusammengehörigen Daten aus unterschiedlichen Tabellen in nur einer einzigen Ergebnistabelle. Die Verwendung von mehreren miteinander in Beziehung stehenden Tabellen hat folgende Vorteile:

■ Mit einer relationalen Datenbank können nicht nur Objekte, sondern auch deren Beziehungen abgebildet werden. Objektbeziehungen werden dabei durch den Beziehungstyp beschrieben. Damit können in einer Datenbank nicht nur Daten gespeichert, sondern ganze Prozesse abgebildet werden, z.B. der Ausleihprozess in einer Bibliothek.

■ Die Verwaltung von Daten einzelner Objekttypen in verschiedenen Tabellen hat Vorteile bei der Datenverwaltung und bei der Pflege des Datenbestandes. Auf diese Weise kann ein Datenbestand konsistent verwaltet werden.

■ Die Verwendung verschiedener Tabellen ermöglicht die Festlegung von Zugriffsberechtigungen für Teile des Datenbestandes. Auf diese Weise kann ein Datenbestand optimal gesichert werden.

Natürlich ergeben die Tabellen für sich allein noch kein Datenmodell. Vielmehr kommt es darauf an, Objekte und deren Eigenschaften, die in den Tabellen durch die Tabellenspalten repräsentiert werden, zueinander in Beziehung zu setzen. Dazu benötigt jede Tabelle eine spezielle Kategorie von Attributen, die Schlüsselattribute.

Im relationalen Datenmodell werden Objektbeziehungen nicht fest gespeichert, sondern lediglich die Voraussetzungen für spätere Tabellenverknüpfungen geschaffen. Indirekt kann man durch die Definition von so genannten Fremdschlüsseln bereits vorab die gewünschten Tabellenverknüpfungen festlegen. In der Praxis besitzt die Definition von Fremdschlüsseln eine große Bedeutung bei der Überprüfung und Erhaltung der Konsistenz und Integrität eines Datenbestandes.

Schlüsselattribute

Schlüsselfelder sind besonders ausgezeichnete Spalten einer Tabelle, die aus einem oder mehreren Attributen bestehen können. Schlüsselfelder werden benutzt, um Beziehungen zwischen Tabellen herzustellen. Die beiden wichtigsten Schlüsselarten sind *Primärschlüssel* und *Fremdschlüssel*. Der Fremdschlüssel ist dabei eine Art Referenzschlüssel der sich auf einen Primärschlüssel bezieht und in der Regel nur Werte des zugeordneten Primärschlüssels enthält.

Primärschlüssel

Üblicherweise wird in jeder Tabelle mindestens eine Tabellenspalte besonders ausgezeichnet, d.h. als Primärschlüssel definiert. Der Primärschlüssel einer Relation enthält Werte zur eindeutigen Identifikation der Tupel. Im Prinzip kann jedes Attribut einer Relation als Primärschlüsselattribut verwendet werden. Voraussetzung ist jedoch, dass die Werte des speziellen Attributes eindeutig sind, d.h. alle Einträge in dieser Tabellenspalte müssen verschiedene Werte besitzen. Daher ist auch der NULL-Wert nicht zulässig und Primärschlüsselattribute erhalten bei

**Primär-
schlüssel**

ihrer Definition stets den Vermerk NOT NULL. Gültige Primär-schlüsselattribute sind beispielsweise die ISBN-Nummer eines Buches oder eine fortlaufende Nummerierung von Personen, Ausleihen usw. Existiert in einer Relation kein Attribut mit ein-deutigen Werten, kann entweder manuell oder automatisiert eine laufende Nummerierung (d.h. eine Art Index) hinzugefügt werden. Jede Tabelle besitzt genau einen Primärschlüssel, der sich aber auch über mehrere Attribute der Relation erstrecken kann. Er wird in der Regel bei der Erstellung einer Tabelle defi-niert. Werden Tabellen miteinander verknüpft, verfügen sie dar-über hinaus über entsprechende Fremdschlüsselfelder.

Fremdschlüssel

Fremd-schlüssel

Ein Fremdschlüssel definiert in der Regel ein Attribut, das in ei-ner anderen Tabelle als Primärschlüssel vorkommt. Ein Fremd-schlüssel kann sich ebenfalls über mehrere Attribute einer Re-lation erstrecken. Im Gegensatz zum Primärschlüssel, der nur einmal pro Relation vergeben werden darf, ist es auch möglich, mehrere Fremdschlüssel in einer Relation zu definieren. Die Zahl der Fremdschlüssel ist abhängig von der Anzahl weiterer Tabellen, die mit einer Tabelle verknüpft werden sollen. Die Werte in einem Fremdschlüsselfeld müssen nicht eindeutig sein, d.h. gleiche Werte können mehrfach auftreten. Das ist der Fall, wenn ein Datensatz in einer referenzierten Tabelle mehr-fach verwendet wird, z.B. wenn ein und derselbe Autor mehrere Bücher geschrieben hat oder ein Verlag mehrere Bücher her-ausgegeben hat.

Abbildung L1.6 zeigt das Grundprinzip des relationalen Daten-modells: die Verknüpfung von zwei Tabellen mittels Primär- und Fremdschlüssel. In unserem Beispiel werden Buchdaten mit Verlagsdaten über eine Verlagsnummer verknüpft. Dazu werden Buch- und Verlagsdaten in verschiedenen Tabellen verwaltet.

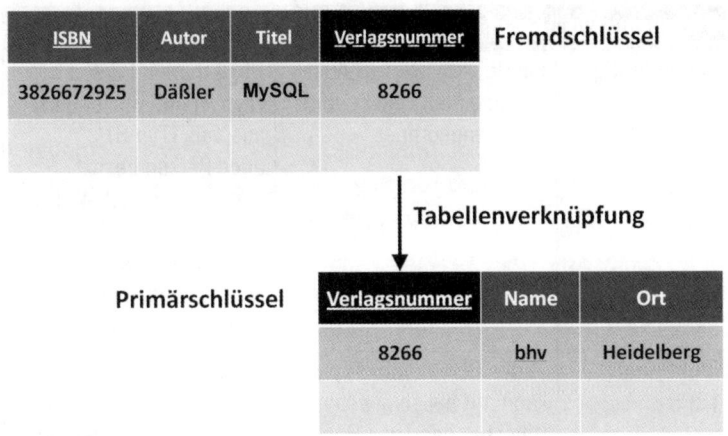

ISBN	Autor	Titel	Verlagsnummer
3826672925	Däßler	MySQL	8266

Fremdschlüssel

Tabellenverknüpfung

Primärschlüssel

Verlagsnummer	Name	Ort
8266	bhv	Heidelberg

Abb. L1.6: Tabellenverknüpfung mit Primär- und Fremdschlüsseln

Tabellenbeziehungen

Wie wir bereits in den vorhergehenden Abschnitten gesehen haben, repräsentiert eine Datenbanktabelle eine ganze Klasse von Objekten der Realwelt wie Bücher oder Personen. Tabellenzeilen beschreiben dagegen konkrete Objekte wie das Buch mit dem Titel *MySQL* oder die Person mit dem Namen *Däßler*. Wir wollen jetzt die Art der Beziehung zwischen den Objekten derjenigen Tabellen untersuchen, die miteinander verknüpft werden sollen. Prinzipiell werden zwei Arten von Beziehungen unterschieden: eindeutige und mehrdeutige. Bei eindeutigen Beziehungen gibt es immer genau eine Verbindung zwischen zwei Objekten verschiedener Objekttypen. Bei mehrdeutigen Beziehungen stehen dagegen ein oder mehrere Objekte eines Objekttyps mit einem oder mehreren Objekten eines anderen Objekttyps in Beziehung. Tabelle L1.2 veranschaulicht die verschiedenen Typen von Objektbeziehungen.

Tabellenbeziehungen

Beziehungs-typen

Beziehungstyp	Beschreibung	Beispiel
eineindeutig 1:1	Ein Objekt vom Typ A ist genau einem Objekt vom Typ B zugeordnet.	Objekttypen: Person (Typ A) und Bibliotheks-ausweis (Typ B) Jede Person besitzt genau einen Bibliotheks-ausweis. Jeder Bibliotheksaus-weis ist genau einer Person zugeordnet.
funktional 1:n	Jedes Objekt vom Typ A kann mit beliebig vielen Objekten des Typs B in Beziehung stehen. Jedes Objekt vom Typ B steht mit genau einem Objekt vom Typ A in Beziehung.	Objekttypen: Verlag (Typ A) und Buch (Typ B) Ein Verlag kann mehrere Buchtitel herausgeben. Jedes Buch hat nur einen einzigen Verlag.
komplex m:n	Jedes Objekt vom Typ A bzw. vom Typ B kann mit beliebig vielen Objekten des jeweils anderen Typs in Beziehung stehen.	Objekttypen: Buch (Typ A) und Autor (Typ B) Ein Buch kann mehrere Autoren haben. Ein Autor kann mehrere Bücher schreiben.

Tab. L1.2: Verschiedene Typen von Objektbeziehungen

Eineindeutige Objektbeziehungen sind in der Realwelt eher selten anzutreffen. Häufiger tritt dagegen die *1:n*-Beziehung auf. Auch die *n:m*-Beziehung liefert oft eine adäquate Abbildung der Realwelt. Im Gegensatz zu der *1:1*- bzw. *1:n*-Beziehung, die in der Regel direkt durch das Einfügen von Fremdschlüsseln im relationalen Datenmodell abgebildet werden können, lässt sich die *n:m*-Beziehung nicht ohne Weiteres in ein relationales Datenmodell überführen. Liegt eine *n:m*-Beziehung vor, muss sie zuerst durch die Definition einer neuen Relation in zwei *1:n*-Beziehungen überführt werden. Das wird durch die Definition einer zusätzlichen Tabelle – die oft auch als Hilfstabelle bezeichnet wird – erreicht.

Beispiele

Die Relation *Buch* besitzt insgesamt fünf Attribute. Das Attribut *Buch-ID* ist dabei der Primärschlüssel der im Folgenden durch eine Unterstreichung gekennzeichnet wird.

Relation Buch				
Buch-ID	**Verlagsname**	**Verlagsort**	**Buchtitel**	**Autor**
1	bhv	Heidelberg	MySQL	Däßler
2	vmi	Bonn	HTML	Kobert
3	bhv	Heidelberg	VRML	Däßler

In der Relation *Buch* befinden sich zwei Attribute mit Verlagsangaben. Wir wollen jetzt diese Verlagsangaben in einer eigenen Relation speichern. Das hat zum Beispiel den Vorteil, dass wir ab sofort die Verlagsdaten unabhängig von den Buchdaten verwalten können. Dazu definieren wir zunächst eine neue Relation *Verlag*, die drei Attribute enthält: den Primärschlüssel *Verlags-ID*, den *Verlagsnamen* und den *Verlagsort*.

Relation Verlag		
Verlags-ID	**Verlagsname**	**Verlagsort**
100	bhv	Heidelberg
200	vmi	Bonn

Damit haben wir unsere Referenzrelation festgelegt, auf die wir mit der Relation *Buch* zugreifen wollen. Wir können jetzt die Verlagsangaben aus der Relation *Buch* entfernen und stattdessen ein Fremdschlüsselattribut, das im Folgenden durch eine gestrichelte Unterstreichung gekennzeichnet ist, einfügen. Dieses Attribut enthält die entsprechenden Werte des Primärschlüssels *Verlags-ID* aus der Relation *Verlag*.

Relation Buch			
Buch-ID	**Verlags-ID**	**Buchtitel**	**Autor**
1	100	MySQL	Däßler
2	200	HTML	Kobert
3	100	VRML	Däßler

1:n-Beziehung

Wie Sie sehen, sind die Werte in einem Fremdschlüsselattribut nicht eindeutig, d.h. für den Fall, dass ein Verlag mehrere Bücher herausgibt, muss derselbe Verlag natürlich mehrmals referenziert werden. In der Relation *Verlag* hingegen kommt jeder Verlag mit seiner spezifischen Verlagskennung nur einmal vor. Redundante Daten sind in dieser Relation durch die Festlegung des Primärschlüssels ausgeschlossen. Die eben beschriebene Art und Weise der Tabellenverknüpfung ist prinzipiell für *1:1* und *1:n*-Beziehungen anwendbar. Die Frage, welche der beteiligten Relationen im Fall einer 1:n-Beziehung den Fremdschlüssel enthält, hängt davon ab, von welchen Objekten mehrere Objektbeziehungen ausgehen. Der Fremdschlüssel wird in diejenige Relation eingefügt, von deren Objekten jeweils nur eine Beziehung ausgeht. In unserem Beispiel ist das die Relation *Buch*, da jedes Buch immer nur von einem einzigen Verlag herausgegeben wird.

Eine 1:n-Beziehung zwischen zwei Relationen wird in das relationale Datenmodell überführt, indem eine Relation als Fremdschlüssel den Primärschlüssel der anderen Relation enthält.

Im Zusammenhang mit Tabellenverknüpfungen können so genannte Fremdschlüsselverletzungen auftreten. Das passiert beispielsweise beim Löschen bzw. Ändern von Datensätzen. Nehmen wir einmal an, wir löschen in der Relation *Verlag* den Datensatz mit der *Verlags-ID 200*. Mit dem Löschen verschwindet ein Datensatz, der in der Relation *Buch* referenziert wird. Die Referenz *200* im Fremdschlüssel der Relation *Buch* zeigt jetzt ins

Leere. Das Löschen eines Datensatzes kann daher zu einer Inkonsistenz in dem bestehenden Datenbestand führen. Um diese Inkonsistenz zu vermeiden, gibt es in MySQL die Möglichkeit, dass automatisch der dazugehörige Referenzdatensatz in der Relation *Buch* gelöscht wird.

Relation Verlag

Verlags-ID	Verlagsname	Verlagsort
100	Däßler	Heidelberg

Relation Buch

Buch-ID	Verlags-ID	Buchtitel	Autor
1	100	MySQL	Däßler
3	100	VRML	Däßler

Ähnliches gilt auch, wenn man versucht, einen Datensatz in die Relation *Buch* einzufügen, der auf eine nicht vorhandene *Verlags-ID*, z.B. die *Verlags-ID* 300 in der Relation *Verlag* verweist. Das Datenbanksystem reagiert daraufhin mit einer Fehlermeldung. Analoges gilt auch für das Ändern von Daten.

Sehen wir uns jetzt ein Beispiel für eine *n:m*-Beziehung an. Bei der Beziehung zwischen einem Buch und einem Verlag handelt es sich um eine *1:n*-Beziehung, da jedem Buch jeweils nur ein Verlag zugeordnet ist. Komplizierter gestaltet sich dagegen die Beziehung zwischen Buch und Buchautor. Hier handelt es sich um eine *n:m*-Beziehung, da einerseits ein Buch von mehreren Autoren geschrieben werden kann und andererseits ein einzelner Autor mehrere Bücher schreiben kann (Abbildung L1.7). **n:m-Beziehung**

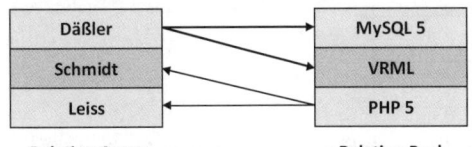

Relation Autor   Relation Buch

Abb. L1.7:   n:m-Beziehung zwischen Autor und Buch

Ausgangspunkt unserer Betrachtungen sind die Relationen *Buch* und *Autor*.

Relation Buch

Buch-ID	Verlagsname	Buchtitel
1	vmi	MySQL 5
2	bhv	VRML
3	bhv	PHP 5

Relation Autor

Autoren-ID	Autorenname
1	Däßler
2	Leiss
3	Schmidt

Zur Überführung einer *n:m-* Beziehung in ein relationales Datenmodell benötigen wir eine zusätzliche Tabelle *Autor_Buch*, die als Fremdschlüsselattribute die Primärschlüsselattribute der beteiligten Relationen *Autor* und *Buch* enthält. Diese Relation enthält als Tupel dann alle in Abbildung L1.7 dargestellten Kombinationen von Autoren und Büchern. Ohne diese zusätzliche Hilfstabelle lässt sich die Beziehung zwischen Autoren und Büchern nicht in einem relationalen Datenmodell abbilden.

Relation Autor_Buch

Buch-ID	Autoren-ID
1	1
2	1
3	2
3	3

Die Tabelle *Autor_Buch* kann dabei noch weitere Attribute enthalten, die den Prozess des Publizierens näher charakterisieren, z.B. das Abgabedatum des Manuskripts (*Datum*). Als Primärschlüssel kann entweder eine Kombination aus beiden Fremdschlüsselattributen benutzt werden oder es wird ein zusätzliches Attribut wie beispielsweise eine Publikationsnummer eingefügt.

Sind Primärschlüsselattribute gleichzeitig Fremdschlüsselattribute, bezeichnet man die Objektbeziehung als identifiziert (engl. *identified*), z.B. in der Relation *Autor_Buch (identified)*, ansonsten als nicht identifiziert (engl. *non-identified*), z.B. in der Relation *Autor_Buch (non-identified)*.

Relation Autor_Buch (identified)

Buch-ID	Autoren-ID	Datum

Relation Autor_Buch (non-identified)

Publikationsnummer	Buch-ID	Autoren-ID	Datum

Eine n:m-Beziehung zwischen zwei Relationen wird in das relationale Datenmodell überführt, indem eine zusätzliche Relation erstellt wird, die als Fremdschlüssel die Primärschlüssel der in Beziehung stehenden Relationen enthält.

Datenintegrität

Ein wichtiger Aspekt des relationalen Datenbankmodells ist die Gewährleistung der *Datenintegrität* eines Datenbestandes. Datenintegrität bedeutet, dass keine widersprüchlichen oder redundanten Daten in einer Datenbank gespeichert sind. Beim Entwurf von relationalen Datenbankanwendungen kann man Integritätsbedingungen formulieren, die automatisch eine Datenkonsistenz bei bestimmten Prozessen wie dem Einfügen, Löschen oder Ändern von Daten gewährleisten. Die Datenintegrität bietet ein hohes Maß an Flexibilität und Sicherheit für die Datenerfassung und Datenhaltung. Das gilt besonders für operationale Datenbanksysteme mit hoher Datendynamik.

Datenintegrität

Im relationalen Datenmodell unterscheiden wir zwei Arten der Integritätsprüfung, die *Datensatz-Integrität* und die *referenzielle Integrität*.

Datensatz-Integrität

Datensatz-Integrität

Mithilfe der *Datensatz-Integrität* wird sichergestellt, dass jeder Datensatz einer Tabelle eindeutig identifiziert werden kann. Dazu benötigt jede Tabelle einen Primärschlüssel mit den folgenden Eigenschaften:

- Der Primärschlüssel muss eindeutig sein, d.h. alle Werte des Primärschlüssels dürfen nur einmal auftreten.

- Der Primärschlüssel darf keine unbestimmten Werte, d.h. NULL-Werte, enthalten.

Referenzielle Integrität

Referenzielle Integrität

Durch die Gewährleistung der *referenziellen Integrität* wird sichergestellt, dass Tabellenverknüpfungen problemlos und konsistent ausgeführt werden können. Praktisch bedeutet referenzielle Integrität, dass referenzierte Datensätze in einer anderen Relation tatsächlich vorhanden sind.

Betrachten wir als Beispiel die Relation *Buch*. Über den Fremdschlüssel *Verlags-ID* referenziert die Relation *Buch* die Relation *Verlag*. Die referenzielle Integrität verlangt nun, dass alle Werte des Attributs *Verlags-ID* der Relation *Buch* auch tatsächlich in der Relation *Verlag* vorhanden sind. Andernfalls könnte das Datenbanksystem keine Verlagsdaten für ein in der Datenbank eingetragenes Buch ausgeben, der Datensatz wäre unvollständig und unter Umständen wertlos.

Datenbankoperationen

Relationale Algebra

Die *relationale Algebra* beschreibt Operationen, die das Datenbankmanagementsystem ausführt, um auf Daten zuzugreifen, die in der Regel in verschiedenen Tabellen abgelegt sind. Diese

Operationen sind für das Grundverständnis des relationalen Datenmodells von großer Bedeutung. Die wichtigsten Operationen (Tabelle L1.3) werden wir im Folgenden anhand von Beispielen erläutern.

Operation	Beschreibung
Selektion	Auswahl von Datensätzen einer Tabelle.
Projektion	Auswahl von Spalten einer Tabelle.
Union	Vereinigung von zwei Tabellen mit gleichen Attributen, identische Datensätze treten nur einmal in der Ergebnistabelle auf.
Join	Verbundoperation zwischen Tabellen, die die Kombinationen des Kartesischen Produkts zweier Relationen durch Selektion einschränkt.
Kartesisches Produkt	Vereinigung von zwei Tabellen durch Kombination aller Datensätze beider Tabellen.

Tab. L1.3: Ausgewählte relationale Operationen

Selektion

Die *Selektion* stellt eine der wichtigsten Datenbankoperationen dar. Sie wird eingesetzt, um aus einer Relation die Menge derjenigen Tupel herauszufiltern, die bestimmten Bedingungen genügen.

Selektion

Betrachten wir dazu als Beispiel die Relation *Buch* mit den Attributen *Autor*, *Buchtitel*, *Preis* und *Jahr* sowie insgesamt drei Datensätzen.

Buch			
Autor	**Buchtitel**	**Preis**	**Jahr**
Däßler	MySQL	9.95	2004
Kobert	HTML	9.95	2003
Staas	SQL	9.95	2002

Wir wollen jetzt mithilfe der Selektion bestimmte Suchanfragen an die Tabelle *Buch* richten. Die Anweisung: »*Selektiere alle Bücher des Autors Däßler aus der Tabelle Buch*« benötigt die Bedingung

```
Autor = "Däßler"
```

und liefert als Ergebnis die folgende Tabelle:

Buch (Selektion)			
Autor	**Buchtitel**	**Preis**	**Jahr**
Däßler	MySQL	9.95	2004

Als Nächstes wollen wir alle Bücher herausfinden, die vor dem Jahr 2003 erschienen sind. Dazu benötigen wir eine Bedingung, die folgendermaßen aussieht:

```
Jahr < 2003
```

Als Ergebnis erhalten wir folgende Tabelle:

Buch (Selektion)			
Autor	**Buchtitel**	**Preis**	**Jahr**
Staas	SQL	9.95	2002

Im Allgemeinen benötigen wir für die Selektion eine Bedingung, d.h. einen so genannten *booleschen Ausdruck*, der zwei Zustände liefert: wahr oder falsch bzw. 0 oder 1. Für die Formulierung von Bedingungen benötigen wir in der Regel Vergleichsoperatoren, z.B. = , <> ,< , > , <= , >= .

Gültige Bedingungen sind:

```
Jahr < 2004
Autor = "Kobert"
```

Tabelle L1.4 fasst die wichtigsten Vergleichsoperatoren für die Selektion zusammen.

Operator	Bedeutung
=	gleich
<> oder !=	ungleich
<	kleiner als
>	größer als
<=	kleiner als oder gleich
>=	größer als oder gleich

Tab. L1.4: Vergleichsoperatoren

Es ist auch möglich, zwei oder mehrere Bedingungen miteinander zu kombinieren. Beispielsweise könnte eine Problemstellung lauten, alle Bücher des Autors *Kobert* zu finden, die im Jahre 2003 publiziert wurden. Die Bedingungen dafür würden lauten:

```
(Autor = "Kobert") AND (Jahr = 2003)
```

Beide Bedingungen werden mit einer logischen UND-Operation (AND) miteinander verknüpft. Als Ergebnis erhalten wir folgende Tabelle:

Buch (Selektion)			
Autor	Buchtitel	Preis	Jahr
Kobert	HTML	9.95	2003

Eine andere Problemstellung könnte lauten, entweder alle Bücher des Autors *Kobert* oder des Autors *Däßler* zu suchen. In diesem Fall müssen wir eine andere logische Verknüpfung von Bedingungen benutzen, die ODER-Operation (OR):

```
(Autor = "Däßler") OR (Autor = "Kobert")
```

Als Ergebnis erhalten wir folgende Tabelle:

Buch (Selektion)			
Autor	**Buchtitel**	**Preis**	**Jahr**
Däßler	MySQL	9.95	2004
Kobert	HTML	9.95	2003

Eine weitere Problemstellung könnte lauten, alle Bücher mit Ausnahme des Autors *Däßler* zu suchen. In diesem Fall müssen wir die logische Verneinung benutzen, d.h. den VERNEINUNGS-Operator (NOT):

```
NOT (Autor = "Däßler")
```

Als Ergebnis erhalten wir folgende Tabelle:

Buch (Selektion)			
Autor	**Buchtitel**	**Preis**	**Jahr**
Staas	SQL	9.95	2002
Kobert	HTML	9.95	2003

Tabelle L1.5 fasst noch einmal die wichtigsten Verknüpfungsoperatoren für selektive Bedingungen zusammen.

Logische Operatoren

Operator	Bedeutung	Erläuterung
AND oder &&	Durchschnitt	Bedingungen, die mit AND verknüpft werden, müssen beide erfüllt (wahr) sein.
OR oder ||	Vereinigung	Von den Bedingungen, die mit OR verknüpft werden, muss nur eine erfüllt (wahr) sein.
NOT oder !	Verneinung	Die Bedingung, auf die sich NOT bezieht, darf nicht erfüllt (falsch) sein.

Tab. L1.5: Verknüpfungsoperatoren

Um festzustellen, ob eine logische Verknüpfung von Bedingungen für die Datenbankabfrage erfüllt ist oder nicht, kann man Tabelle L1.6 verwenden. 1 bedeutet dabei, dass die Bedingung erfüllt ist, und 0, dass sie nicht erfüllt ist. Die Ergebnisspalte zeigt dann, ob ein Datensatz angezeigt wird (1) oder nicht (0) – je nachdem, ob er keiner (0/0), einer (1/0 oder 0/1) oder beiden Bedingungen (1/1) genügen muss.

Operator	Bedingung 1	Bedingung 2	Ergebnis
AND	0	0	0
	0	1	0
	1	0	0
	1	1	1
OR	0	0	0
	0	1	1
	1	0	1
	1	1	1
NOT		1	0
		0	1

Tab. L1.6:   Ergebnistabelle für logische Verknüpfungen

Projektion

Die *Projektion* ist eine einfache Operation, die nichts anderes macht, als bestimmte Attribute einer Relation auszuwählen. Diese Operation ist oft erforderlich, da in der Regel nicht immer alle Eigenschaften eines Objekts ausgewertet bzw. aufgelistet werden müssen. Betrachten wir die Relation *Buch*, können wir durch Projektion eine neue Relation bilden, deren Kardinalität (Anzahl Zeilen) gleich bleibt, aber deren Grad (Anzahl Spalten) sich verringert. Wollen Sie beispielsweise nur den Buchtitel und den Buchautor ermitteln, führen Sie eine Projektion der Attribute *Autor* und *Buchtitel* durch. Als Ergebnis erhalten Sie folgende Tabelle:

Projektion

Buch (Projektion)	
Autor	**Buchtitel**
Däßler	MySQL
Kobert	HTML
Staas	SQL

Projektionen werden meist in Verbindung mit anderen Operationen benutzt, wie beispielsweise der Selektion. Für das Beispiel der Buchtabelle könnte eine Problemstellung lauten: »*Ermitteln Sie alle Buchtitel, die vor 2004 erschienen sind. Zeigen Sie Buchtitel und Erscheinungsjahr an.*« Hier würde man zunächst mithilfe einer Selektion alle Datensätze suchen, die folgender Bedingung genügen:

Jahr < 2004

Nachdem die Selektion ausgeführt ist, werden die Spalten *Buchtitel* und *Jahr* in die Ergebnistabelle projiziert. Als Ergebnis erhalten Sie folgende Tabelle:

Buch (Selektion und Projektion)	
Buchtitel	**Jahr**
HTML	2003
SQL	2002

Vereinigung (UNION)

Vereinigung Zwei Relationen A und B werden vereinigt, indem eine neue Relation entsteht, die alle Tupel der Relation A und der Relation B enthält, mit einer Einschränkung: Tupel, die sowohl in Relation A als auch in Relation B vorkommen, kommen in der resultierenden Relation C nur einmal vor (Abbildung L1.8).

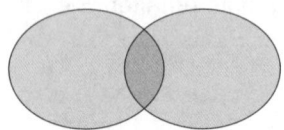

Abb. L1.8: Vereinigungsmenge

Beispiel

Betrachten wir dazu das folgende Beispiel. Die neue Relation C, die durch die Vereinigung der Relation A mit der Relation B entsteht, enthält alle Tupel aus Relation A und Relation B. Da der Buchtitel *MySQL* sowohl in der Relation A als auch in der Relation B vorkommt, wird er in der Relation C nur einmal aufgeführt. Damit verringert sich die Kardinalität (Anzahl Datensätze) der Relation C genau um 1.

Relation A

Buch-ID	Titel
1	MySQL
2	HTML

Relation B

Buch-ID	Titel
1	MySQL
3	PHP

Relation C

Buch-ID	Titel
1	MySQL
2	HTML
3	PHP

Verbund (JOIN)

Die JOIN-Anweisung ist eine Operation mit praktischer Bedeutung, wenn es um die Verknüpfung von mehreren Tabellen geht. Im Prinzip handelt es sich hierbei um eine Kombination aus den relationalen Operationen kartesisches Produkt und Selektion. Das *kartesische Produkt* zweier Relationen ergibt dabei eine neue Relation, die als neue Tupel alle möglichen Kombinationen der Tupel beider Relationen enthält.

Verbund

Beispiel

Betrachten wir auch hierzu ein Beispiel. Wir bilden zunächst das kartesische Produkt der Relation A und der Relation B. Im nächsten Schritt selektieren wir alle Tupel, die in den Attributen *Verlagsnummer* identische Werte haben. Das entspricht folgender Bedingung:

```
Verlagsnummer(Relation A) = Verlagsnummer(Relation B)
```

Relation A

Autor	Buchtitel	Verlagsnummer
Däßler	MySQL	1
Kobert	HTML	2

Relation B

Verlagsnummer	Verlagsname
1	mitp
2	bhv

Kartesisches Produkt – Relation A und Relation B

Autor	Buchtitel	Verlagsnummer	Verlagsnummer	Verlagsname
Däßler	MySQL	1	1	mitp
Kobert	HTML	2	1	mitp
Däßler	MySQL	1	2	bhv
Kobert	HTML	2	2	bhv

JOIN – Verlagsnummer (Relation A) = Verlagsnummer (Relation B)

Autor	Buchtitel	Verlagsnummer	Verlagsnummer	Verlagsname
Däßler	MySQL	1	1	mitp
Kobert	HTML	2	2	bhv

Als Ergebnis eines Verbundes erhalten wir eine Ergebnistabelle, die Daten aus unterschiedlichen Tabellen in richtiger Weise miteinander verknüpft. Das hier erläuterte Prinzip wird durch das Datenbanksystem prinzipiell bei der Verknüpfung von mehreren Tabellen angewendet, wobei stets die Primär- und Fremdschlüssel der beteiligten Tabellen gleichgesetzt werden.

MySQL-Grundlagen

MySQL basiert auf der *Structured Query Language*, kurz SQL. SQL ist eine Skriptsprache, die gleichermaßen dem Datenbankadministrator, dem Datenbankentwickler und dem Datenbankbenutzer einen Zugriff auf die Datenstruktur und die Daten in einer Datenbank ermöglicht. Mit SQL sind Sie in der Lage, Datenbanken und Tabellen einzurichten und zu löschen oder Daten in den Tabellen zu ändern und abzufragen. SQL agiert dabei als Schnittstelle entweder zwischen dem Datenbankanwender und dem Datenbankverwaltungssystem oder über eine Programmschnittstelle (API) zwischen einem Anwendungsprogramm und dem Datenbanksystem (Abbildung L1.9).

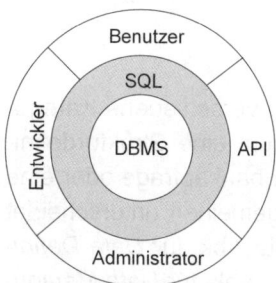

Abb. L1.9: SQL als Kommunikationsschnittstelle zum Datenbanksystem

Alle Datenbankoperationen können mithilfe der SQL-Programmschnittstelle ausgeführt werden.

SQL

SQL ist eine einfache und strukturierte Skriptsprache, die eine beschreibende Vorgehensweise unterstützt. Mit SQL beschreibt der Benutzer das Ergebnis einer Datenbankoperation, ohne zu definieren, wie dieses Ergebnis erzielt wird. SQL unterscheidet sich stark von Programmier- und Skriptsprachen wie C, PHP oder Perl, da sie sehr viele datenbankspezifische Anweisungen, aber beispielsweise keine algorithmischen Elemente enthält.

SQL ist relativ leicht zu erlernen und besteht eigentlich nur aus wenigen Basisanweisungen. Die Komplexität und Stärke von SQL begründet sich allerdings nicht so sehr aus den Basisbefehlen wie CREATE, INSERT, DELETE oder SELECT, sondern vielmehr aus den zahlreichen Anweisungsoptionen, auch Klauseln genannt. Je nach Datenbankhersteller ist der SQL-Standard entweder erweitert worden oder nur eingeschränkt verfügbar. Einschränkungen im Befehlsumfang treten oft aus Gründen der Performance bei kleinen und mittleren Datenbanksystemen auf.

Einer der mächtigsten Befehle in SQL ist die SELECT-Anweisung. Mit diesem Befehl können Sie komplexe Anfragen an die Datenbank stellen und Tabellen zu einem relationalen Datenmodell verknüpfen.

Befehlsübersicht

**Befehls-
übersicht**

Die Anweisungen von SQL kann man in verschiedene Kategorien einteilen, je nachdem, ob es sich um eine Strukturdefinition, eine Datenmanipulation, eine Datenbankabfrage oder eine Datenkontrollanweisung handelt. Im Allgemeinen unterscheidet man die Kategorien Datendefinition DDL (Abk. für *Data Definition Language*), Datenverarbeitung DML (Abk. für *Data Manipulation Language*) und Datenbankkontrolle DCL (Abk. für *Data Control Language*). Tabelle L1.7 fasst die wichtigsten Befehle von MySQL nach Gruppen geordnet zusammen.

Operationen	Anweisung	Beschreibung
Datenbankkontrolle DCL		
Datenbank-administration	GRANT	Zugriffsrechte festlegen.
	REVOKE	Zugriffsrechte aufheben.
Datenbanken anlegen, löschen und auswählen	CREATE/DROP DATABASE	Datenbank anlegen und löschen.
	CREATE/DROP USER	Datenbankbenutzer einrichten und löschen.
	USE	Datenbank auswählen.
Datendefinition DDL		
Tabellen und Indexe anlegen, löschen und ändern	CREATE/DROP TABLE	Tabellenstruktur anlegen und löschen.
	ALTER TABLE	Tabellenstruktur ver-ändern.
	CREATE/DROP INDEX	Index anlegen und löschen.
Prozedurale Elemente benutzen	CREATE/DROP PROCE-DURE/ FUNCTION/TRIGGER	Prozeduren, Funktionen oder Trigger definieren und löschen.
Transaktionen durchführen	START TRANSACTION COMMIT/ROLLBACK	Transaktionen ausführen bzw. wieder zurücknehmen.
Datenbanken, Tabellen und Tabellenstruktur anzeigen	EXPLAIN	Tabellenstruktur anzeigen.
	SHOW	Informationen über Datenbanken, Tabellen, Zugriffsrechte anzeigen.

Operationen	Anweisung	Beschreibung
Datenverarbeitung DML		
Datenbank-abfrage	SELECT	Datenbankabfragen
Daten in Tabellen eingeben, ändern und löschen	INSERT	Datensätze in Tabellen einfügen.
	DELETE	Datensätze aus Tabellen löschen.
	UPDATE	Einträge in Datenfeldern verändern.
	LOAD DATA	Datensätze aus einer Datei in eine Tabelle laden.

Tab. L1.7: Die wichtigsten MySQL-Anweisungen

Die Datendefinition fasst dabei alle Operationen zusammen, die unmittelbar etwas mit der Struktur des relationalen Datenmodells zu tun haben, beispielsweise die Definition der Tabellen und der verwendeten Datentypen, im Wesentlichen also Aktivitäten, die zu den Aufgaben eines Datenbankentwicklers gehören. Die Befehle zur Datenverarbeitung kann man theoretisch in Anweisungen zur Datenmanipulation und eine Anweisung (SELECT) zur Datenbankabfrage DQL (Abk. für *Data Query Language*). unterteilen. Die Datenmanipulationssprache beinhaltet Befehle für die Eingabe, das Ändern und das Löschen von Daten in einer Datenbank und ist daher vor allem für den Datenbankadministrator von Bedeutung. Der SELECT-Befehl ist natürlich in erster Linie für den Datenbankbenutzer relevant.

Die SQL-Anweisungen werden oft auch als Abfragen bezeichnet. Eine Abfrage ist ein vollständiger Befehl, der an das Datenbanksystem übermittelt wird und das System veranlasst, die erforderlichen Operationen auszuführen. Diese Abfragen können leider nicht natürlichsprachig gestellt werden, etwa in der Form: *»Suchen Sie aus der Datenbank alle Angaben zu den Büchern des Autors xyz heraus, die vor dem Jahr 2000 im Verlag vmi* *erschienen sind«.* Vielmehr unterliegen sowohl die Befehlswörter als auch die Reihenfolge der Anweisungen in einer SQL-Abfrage wohl definierten Regeln, den so genannten Syntaxregeln. Mit diesen Regeln wollen wir uns jetzt ausführlicher beschäftigen. MySQL hält sich dabei weitgehend an den Standard SQL-92.

Syntaxregeln

Bevor wir uns den eigentlichen MySQL-Sprachanweisungen zuwenden, müssen wir erst noch einige Konventionen festlegen, die zur Beschreibung der Sprachelemente von SQL verwendet werden. Eine SQL-Abfrage besteht aus einer Folge von unveränderlichen Befehlswörtern und frei wählbaren Objektnamen. Betrachten wir jetzt die folgende Anweisung:

Syntaxregeln

```
SELECT name FROM person WHERE name LIKE 'D%';
```

Die Abfrage bedeutet übersetzt Folgendes: *»Suche alle Namen aus der Tabelle person, die mit dem Buchstaben 'D' beginnen«.* In der Abfrage sind die Befehlswörter SELECT, FROM, WHERE sowie der Operator LIKE enthalten, die alle durch Großschreibung hervorgehoben sind. Diese Begriffe nennt man Schlüsselwörter oder auch reservierte Wörter, da sie einen fest definierten unveränderlichen SQL-Befehlsvorrat beschreiben. Diese Wörter dürfen vom SQL-Benutzer nicht für benutzerdefinierte Namen verwendet werden. Tabelle L1.8 zeigt eine Übersicht der wichtigsten reservierten Wörter in MySQL. Eine vollständige Übersicht der reservierten Wörter für die jeweils aktuelle Datenbankversion finden Sie im MySQL-Referenzhandbuch.

Anweisungen	CREATE, DROP, ALTER, DELETE, INSERT, UPDATE, SELECT, SET, ORDER, GROUP, JOIN, INNER JOIN, LEFT OUTER JOIN, VIEW, COMMIT, ROLLBACK, LIMIT, PROCEDURE, FUNCTION, GRANT, REVOKE, SHOW, EXPLAIN, TABLE, DATABASE ...
Operatoren	LIMIT, LIKE, AND, OR, NOT, BETWEEN, IN, MATCH ...
Separatoren	FROM, ON, INTO, WHERE, AS, BY ...

Reservierte Wörter

Tab. L1.8: Beispiele für reservierte Wörter in MySQL

Wie Sie sehen, sind die kleingeschriebenen Namen *person* und *name* in unserem Abfragebeispiel keine reservierten Wörter und daher frei wählbar. In der Beispielabfrage sind das Bezeichnungen für eine Tabelle und eine Tabellenspalte. SQL unterscheidet bei reservierten Wörtern nicht zwischen Groß- und Kleinschreibung. Bei *select*, *Select* und *SELECT* handelt es sich daher jeweils um den gleichen Befehl.

Durch eine geeignete Wahl von Groß- und Kleinschreibung können in einer Abfrage Schlüsselwörter und benutzerdefinierte Namen unterschieden werden.

Jede SQL-Abfrage ist immer nach dem gleichen Schema aufgebaut: Das erste Element ist stets ein SQL-Befehlswort, beispielsweise CREATE, SELECT, DROP. Es folgen Objekte, mit denen diese Anweisung ausgeführt werden soll, und Daten, die für die Operation benötigt werden. Dieses allgemeine Schema wird häufig durch Klauseln und Prädikate ergänzt, die spezifische Bedingungen definieren, unter denen eine Datenbankoperation ausgeführt werden soll. Der allgemeine Aufbau einer Abfrage ist also folgendermaßen:

```
Anweisung - Datenobjekte - Daten - Klauseln
```

Bei der Erstellung von SQL-Abfragen sind darüber hinaus einige weitere Regeln zu beachten:

- Eine SQL-Abfrage kann in einer oder mehreren Zeilen eingegeben werden.

- Jede SQL-Abfrage wird mit einem Semikolon ; abgeschlossen.

Zur Beschreibung der Sprachsyntax werden wir in Übereinstimmung mit anderen SQL-Referenzen Symbole und Konventionen verwenden, die im Anhang des Buches beschrieben sind.

Namensvereinbarungen

In jeder SQL-Abfrage verwenden Sie vorgegebene oder selbst gewählte Namen, beispielsweise für Datenbanken, Tabellen oder Tabellenspalten. Namen unterliegen bestimmten Regeln, die jetzt erläutert werden.

Erlaubte Zeichen und Namenslängen

Ein Name besteht aus alphanumerischen Zeichen, das sind Buchstaben und Ziffern. Zusätzlich kann der Unterstrich _ und das Dollarzeichen $ verwendet werden. Namen dürfen mit einem beliebigen Zeichen beginnen, jedoch nicht ausschließlich aus Ziffern bestehen. Die Namenslänge darf 64 Zeichen nicht überschreiten. Eine Ausnahme bilden Bezeichner für Aliasnamen, die bis zu 256 Zeichen umfassen können. Ein Name darf keine Leerzeichen enthalten.

Nach diesen Regeln sind folgende Namen gültige Bezeichner:

`buch, buch_titel, buchtitel10, $10abc`

Folgende Namen sind dagegen unzulässig:

`12345, buch titel, buch(titel)`

Namensqualifikation

Die Namensqualifikation gibt an, auf welche Datenbankobjekte ein Bezeichner verweist. In MySQL ist es prinzipiell erlaubt, in verschiedenen Tabellen Spalten mit gleichen Namen zu verwenden. Zur eindeutigen Identifikation einer Tabellenspalte müssen Sie daher auch den Namen der Tabelle angeben, für die die entsprechende Spalte definiert wurde. Gleiches trifft für die Verwendung von Datenbanken zu. Dazu bedient man sich einer Punkt-Schreibweise, die auch in der objektorientierten

Programmierung verwendet wird. Eine Tabellenspalte beschreiben Sie, falls erforderlich, so:

`Datenbankname.Tabellenname.Spaltenname`

Der Bezeichner für die Spalte *autor* in der Beispieltabelle *buch* des Datenbankschemas *test* sähe dann folgendermaßen aus:

`test.buch.autor`

Geben Sie keine Qualifikation einer Datenbank an, bezieht sich die Namensangabe immer auf die aktuell ausgewählte Datenbank.

Groß- und Kleinschreibung

Die Groß- und Kleinschreibung von Namen unterscheidet sich, je nachdem ob es sich um Schlüsselwörter, Tabellennamen oder um Aliasnamen handelt. Auch die Wahl des Betriebssystems hat Einfluss auf die Unterscheidung von Groß- und Kleinschreibung. In Tabelle L1.9 finden Sie entsprechende Regeln für die Unterscheidung von Groß- und Kleinschreibung.

Elemente	Regel
SQL-Schlüsselwörter	Groß- und Kleinschreibung wird nicht unterschieden.
Datenbanknamen Tabellennamen	Groß- und Kleinschreibung hängt von der Namensverwaltung der Dateien auf dem Datenbankserver ab. Unter UNIX wird Groß- und Kleinschreibung unterschieden, unter Windows dagegen nicht.
Spaltennamen	Groß- und Kleinschreibung wird nicht unterschieden.
Indexnamen	Groß- und Kleinschreibung wird nicht unterschieden.
Aliasnamen	Groß- und Kleinschreibung wird unterschieden.

Tab. L1.9: Groß- und Kleinschreibung in MySQL

Benutzerschnittstellen

Wir wollen uns nun der Frage zuwenden, wie man mit dem Datenbanksystem MySQL kommuniziert. MySQL stellt dazu standardmäßig den Kommandozeileninterpreter *mySQL-Monitor* zur Verfügung, den Sie unter Windows in der Eingabeaufforderung und unter UNIX/LINUX in der Konsole aufrufen müssen. Dieses Programm stellt lokal oder auf Basis des TCP/IP-Protokolls im Netzwerk eine Verbindung zum Datenbankserver her. Anschließend können Sie auf der Kommandozeilenebene über SQL mit dem Datenbanksystem kommunizieren. Sie können beispielsweise Tabellen anlegen, Datensätze in der Datenbank speichern oder die Datenbank abfragen.

Benutzer-
schnittstellen

Eine andere Möglichkeit ist der Zugang zum Datenbanksystem über eine grafische Benutzeroberfläche. Hier bietet die Firma Oracle das Programm *MySQL-Workbench* zur kostenfreien Nutzung an.

Eine weitere Möglichkeit ist die Nutzeroberfläche *phpMyAdmin*, eine frei zur Verfügung stehende Datenbankschnittstelle, die vollständig in der Sprache PHP programmiert ist. Der Vorteil ist hier, dass Sie dieses Programm plattformunabhängig und nur mithilfe eines Webbrowsers ausführen können. Wollen Sie das Programm selbst installieren, benötigen Sie vorab einen funktionsfähigen Webserver und eine PHP-Installation, die oft auch als LAMP- (*LINUX/Apache/MySQL/PHP*), WAMP- (*Windows/ Apache/MySQL/PHP*)- oder MAMP-Konfiguration (*Mac OS/ Apache/MySQL/PHP*) bezeichnet wird.

Die vierte Möglichkeit ist die Kommunikation über ODBC (Abk. für *Open Database Connectivity*), eine standardisierte SQL-basierte Schnittstelle zum Austausch von Daten zwischen verschiedenen Datenbanksystemen. Damit können Sie mit Werkzeugen und Nutzeroberflächen anderer Datenbanksysteme, z.B. mit den grafischen Oberflächen von Microsoft Access, auf die Daten des MySQL-Datenbankservers zugreifen.

Tabelle L1.10 fasst die wichtigsten Varianten der Kommunikation mit dem Datenbanksystem MySQL zusammen.

Typ	Beschreibung	Beispiele
befehls-basiert	Klientenprogramme zur Kommunikation mit der Datenbank über SQL, SQL-Kenntnisse erforderlich, betriebssystemabhängig.	mySQL-Monitor
grafisch klienten-basiert	Klientenbasierte Programme für die menügestützte Kommunikation mit der Datenbank, SQL-Kenntnisse nicht erforderlich, betriebssystemabhängig.	MySQL-Workbench
grafisch server-basiert	Serverbasierte Programme für die menügestützte Kommunikation mit der Datenbank, SQL-Kenntnisse nicht erforderlich, Benutzung über Webbrowser, Voraussetzung: Webserver und PHP.	phpMyAdmin
ODBC	Standardisierte Schnittstelle zum Austausch von Daten zwischen verschiedenen Datenbanksystemen, betriebssystemunabhängig.	MySQL ODBC Connector

Tab. L1.10: MySQL-Kommunikationsschnittstellen

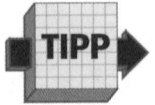 **TIPP** Kommunizieren Sie mit dem Datenbankserver über das Internet, müssen Sie, bevor Sie ein MySQL-Klientenprogramm ausführen, eine gültige Netzwerkverbindung aufgebaut haben.

mySQL-Monitor

Der Datenbankklient *mysql*, auch *mySQL-Monitor* genannt, wird mit einer Reihe von Optionen aufgerufen und führt Sie dann auf eine eigene Kommandoebene, die durch die spezielle Eingabeaufforderung

mySQL-Monitor

```
mysql>
```

erkennbar ist.

> Achten Sie bei der Benutzung von mySQL-Monitor immer darauf, ob Sie sich auf der Betriebssystemebene (Konsole oder Eingabeaufforderung) oder auf der Datenbanksystemebene (mySQL-Monitor) befinden.

Syntax

```
mysql [Option[en]] [Datenbank]
```

Die Optionen beinhalten u.a. den Namen des Datenbankservers, den Benutzernamen und, falls festgelegt, ein Benutzerpasswort. Die wichtigsten Optionen sind in Tabelle L1.11 zusammengefasst.

Option	Beschreibung
`-? oder --help`	Zeigt alle Optionen und Anweisungen.
`-h oder --host`	Angabe des Datenbankhosts.
`-p oder --password=Passwort`	Angabe des Passwortes des Datenbankbenutzers.
`-u oder --user`	Angabe des Namens des Datenbankbenutzers.

Tab. L1.11: Wichtige Optionen des Klientenprogramms *mySQL-Monitor*

Beispiel

Das folgende Beispiel zeigt eine typische Befehlszeile, die Sie eingeben müssen, um sich von einem entfernten Netzklienten in den MySQL-Datenbankserver einzuwählen. Der fiktive Benutzername ist *nutzer* und der fiktive Servername *http://server.uni.de*. Ist ein Passwort erforderlich, erfolgt durch die Angabe der Option *–p* noch eine Passwortabfrage, bevor der Nutzer auf die Kommandoebene des Datenbankservers gelangt.

```
# mysql -u nutzer -h http://server.uni.de -p
```

Natürlich setzt eine Verbindungsaufnahme des Klienten mit dem Datenbankserver immer voraus, dass für den Nutzer auf dem MySQL-Datenbankserver ein Benutzerkonto eingerichtet wurde. Dazu sind in der Regel Datenbankadministratorrechte erforderlich.

Sind Datenbankserver und Datenbankklient lokal auf demselben Rechner installiert, können Sie sich mit folgender Anweisung als Administrator *root* einwählen und müssen als Servernamen *localhost* angeben. Sie benötigen dazu das Administratorpasswort.

```
# mysql -u root -h localhost -p
```

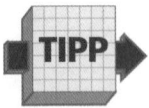

Der Ablauf für das lokale Einwählen in den Datenbankserver auf der Kommandoebene ist in Abbildung L1.10 dargestellt.

```
Console                                                    [_][□][x]
C:\>mysql -u root -h localhost -p
Enter password: ****
Welcome to the MySQL monitor.  Commands end with ; or \g.
Your MySQL connection id is 6
Server version: 5.6.10 MySQL Community Server (GPL)

Copyright (c) 2000, 2013, Oracle and/or its affiliates. All rights reserved.

Oracle is a registered trademark of Oracle Corporation and/or its
affiliates. Other names may be trademarks of their respective
owners.

Type 'help;' or '\h' for help. Type '\c' to clear the current input statement.

mysql> SHOW DATABASES;
+--------------------+
| Database           |
+--------------------+
| information_schema |
| mysql              |
| performance_schema |
| test               |
+--------------------+
4 rows in set (0.00 sec)

mysql> EXIT
Bye

C:\>
```

Abb. L1.10: Kommandozeilenorientierter Datenbankklient *mySQL-Monitor*

Wenn Sie eine Datenbankverbindung mit dem Programm *mySQL-Monitor* hergestellt haben, befinden Sie sich auf der Datenbank-Kommandoebene. Sie erkennen diese Ebene an der Eingabeaufforderung `mysql>`. Nun können Sie alle in diesem Buch beschriebenen SQL-Befehle ausprobieren.

Die Befehle des Kommandointerpreters mySQL-Monitor werden nicht mit einem Semikolon abgeschlossen.

Die Kommandoschnittstelle stellt eine Reihe von Befehlen zur Verfügung, von denen die wichtigsten in Tabelle L1.12 näher beschrieben sind. Mithilfe dieser Befehle können Sie beispielsweise Datenbankanweisungen ausführen bzw. abbrechen oder die Kommandoebene verlassen.

Befehl	Option	Beschreibung
help	\h	Zeigt alle Befehlsoptionen.
clear	\c	Anweisung löschen.
edit	\e	Anweisung editieren.
exit	\q	Kommandoshell verlassen.
go	\g oder ;	Anweisung ausführen.
use	\u Datenbankname	Datenbank auswählen.

Tab. L1.12: Wichtige Befehle für die Arbeit mit dem *mySQL-Monitor*

Mit dem edit-Befehl rufen Sie unter LINUX einen Kommandozeileneditor auf, z.B. vi, mit dessen Hilfe Sie SQL-Anweisungen auf der MySQL-Kommandoebene editieren können. Unter Windows ist diese Editierfunktion nicht verfügbar. Hilfreich ist unter Windows allerdings die Möglichkeit, mithilfe der Pfeiltasten nach oben bzw. nach unten alle Eingaben der Kommandoebene bei Bedarf wieder herstellen zu können.

Bearbeiten Sie die SQL-Anweisungen in einem externen grafischen Texteditor Ihrer Wahl und kopieren Sie sie zur Ausführung einfach in die MySQL-Kommandoebene.

MySQL-Workbench

MySQL-Workbench

Oracle hat ein Kommunikationsprogramm mit grafischer Oberfläche für die Betriebssysteme LINUX, MacOS und Windows entwickelt, die *MySQL-Workbench*. Mit diesem Programm können Sie lokal mit dem Datenbankserver arbeiten oder unter der Voraussetzung einer Netzwerkverbindung auch auf andere MySQL-Datenbankserver im Internet zugreifen. Der Bezug der grafischen Nutzeroberfläche ist kostenlos und am einfachsten über das Internet möglich. Suchen Sie dazu die MySQL-Webseite auf. In der Rubrik *Downloads* finden Sie aktuelle Programmversionen, die sich problemlos unter allen gängigen Betriebssystemen installieren lassen.

Nach dem Programmstart öffnet sich eine Benutzeroberfläche (Abbildung L1.11), mit deren Hilfe Sie einen MySQL-Datenbankserver verwalten (*Server Administration*), ein relationales Datenmodell entwickeln (*Data Modeling*) bzw. Tabellen anlegen, Tabellendaten bearbeiten und Datenbankabfragen stellen (*SQL Development*) können. Wir werden in den nächsten Kapiteln detailliert auf die einzelnen Komponenten eingehen. Für die Optionen *Data Modeling* und *Server Administration* benötigen Sie Zugangsdaten für den Datenbankserver.

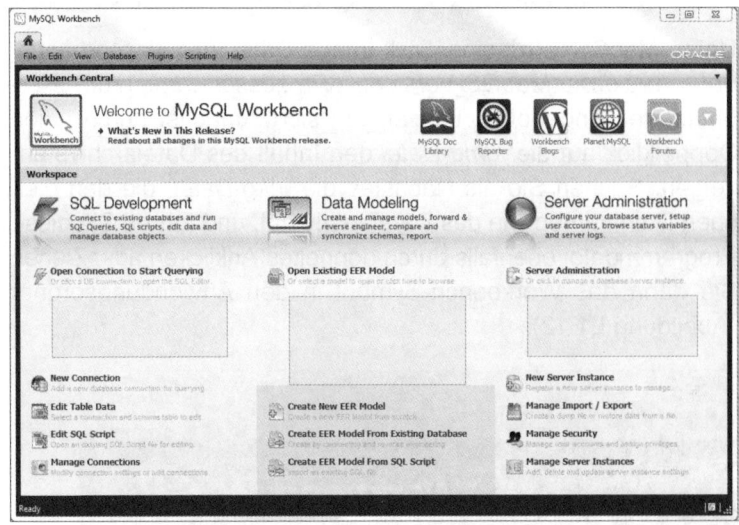

Abb. L1.11: MySQL-Workbench

Installation

Für die Betriebssysteme LINUX und LINUX/DEBIAN stehen *.RPM-* bzw. *.DEB*-Dateien zur Verfügung, mit deren Hilfe Sie das Anwendungsprogramm *MySQL-Workbench* automatisch installieren und konfigurieren können.

Zur Installation eines RPM-Pakets geben Sie auf der Kommandoebene des Betriebssystems folgenden Befehl ein:

```
# rpm -i mysql-workbench-gpl-<Version>-<LINUX-Version>
.<Prozessor>.rpm
```

Danach können Sie das Programm auf der Kommandoebene aufrufen.

```
# mysql-workbench
```

Unter Windows führen Sie einfach das Installationsprogramm *mysql-workbench-gpl-<Version>-win32.msi* aus.

Unter Windows kann MySQL-Workbench auch mithilfe des Programms MySQL Installer installiert werden.

Unter MacOS wird eine Disk-Image-Datei *mysql-workbench-gpl-<Version>-<MacOS-Version>-<Prozessor>.dmg* zum Herunterladen angeboten. Lassen Sie sich zunächst durch einen Doppelklick auf die *.dmg-Datei* den Inhalt des Dateiarchivs anzeigen. Suchen Sie als Nächstes die *.pkg-Datei*, die den gleichen Dateinamen wie das Dateiarchiv hat, und führen Sie diese Programmdatei ebenfalls durch doppeltes Anklicken aus. Ziehen Sie dann das Workbench-Symbol in den Anwendungsordner (Abbildung L1.12).

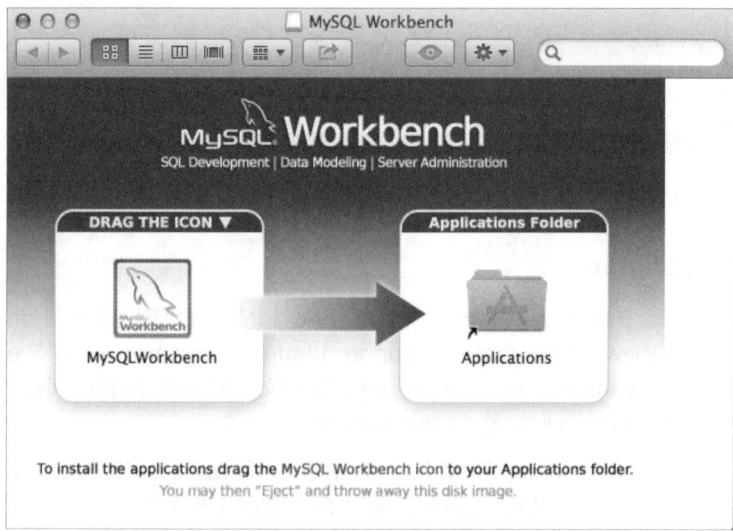

Abb. L1.12: Installation von MySQL-Workbench unter MacOS

phpMyAdmin

Die grafische Nutzeroberfläche für MySQL-Datenbanken phpMyAdmin können Sie über das Internet unter der Webadresse *http://www.phpmyadmin.net* beziehen.

Voraussetzung für die Benutzung des Programms *phpMyAdmin* ist ein Webserver mit PHP-Installation. Als Erstes müssen Sie das Programmpaket (das als Dateiarchiv heruntergeladen wird) auspacken, und zwar in das Verzeichnis des Webservers, in dem Webdokumente abgelegt werden. Danach müssen Sie nur noch die Konfigurationsdatei *config.sample.inc.php* (die sich im *phpMyAdmin*-Hauptverzeichnis befindet) in *config.inc.php* umbenennen.

Nach der Installation können Sie mithilfe einer grafischen Nutzeroberfläche im Webbrowser von einem vernetzten Rechner im Internet auf einen MySQL-Datenbankserver zugreifen. Mit *phpMyAdmin* können Sie alle wichtigen Datenbankoperationen ausführen: Tabellen anlegen und ändern, Datensätze eingeben, suchen, anzeigen und ändern, Daten importieren und exportieren.

Abbildung L1.13 zeigt den Inhalt einer zuvor erstellten MySQL-Datenbanktabelle. Die Menüleiste in Abbildung L1.13 zeigt dabei den *phpMyAdmin*-Funktionsumfang: Datenanzeige, Tabellenstruktur, SQL-Abfrage, Datensuche, Dateneingabe, Datenexport oder Datenimport. Zudem zeigt Ihnen die Pfadangabe *Server > Datenbank > Tabelle*, in welcher Datenbank und in welcher Tabelle Sie gerade Änderungen vornehmen.

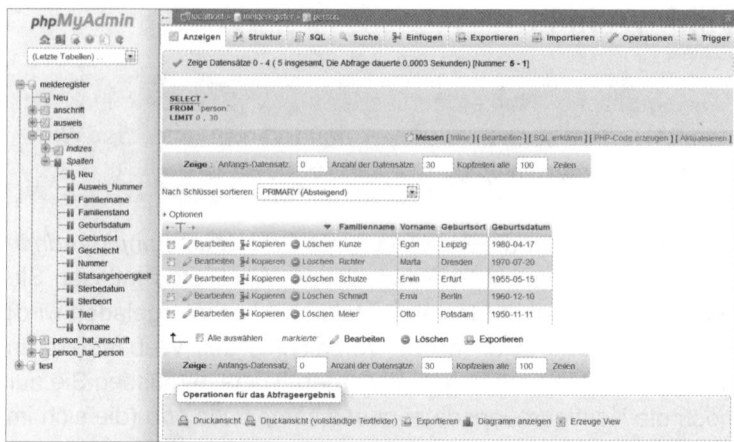

Abb. L1.13: *phpMyAdmin*: Tabellenanzeige

Natürlich können Sie die Datenbank auch nach Daten durchsuchen lassen. *phpMyAdmin* stellt Ihnen dazu zwei Möglichkeiten zur Verfügung: die SQL-Abfrage und die grafische Benutzeroberfläche *Suche*. Mithilfe der grafischen Benutzeroberfläche können Sie menügesteuert Suchkriterien und Anzeigeoptionen festlegen.

Dokumentation und Hilfe

Eine ausführliche Dokumentation aller Funktionen und Sprachelemente von MySQL finden Sie auf den MySQL-Webseiten. Das Handbuch steht u.a. in englischer und deutscher Sprache entweder als Online-Version im HTML-Format oder zum Herunterladen im *PDF*- und *EPUB* (elektronisches Buch)-Format zur Verfügung. Aktuelle Änderungen finden Sie aber in der Regel zuerst in der englischsprachigen Version.

L2 Datenbankverwaltung

In diesem Kapitel lernen Sie Grundlegendes über die Administration des Datenbankservers kennen wie die Installation und Konfiguration des Datenbankservers, die Verwaltung von Datenbanken und Benutzerkonten, die Gewährleistung der Datensicherheit und die Sicherung von Datenbankinhalten. Zu den administrativen Aufgaben gehört außerdem das Einrichten von Zugriffsberechtigungen für Datenbankbenutzer. Für die Datenbankadministration steht Ihnen ein Administrationsprogramm mit grafischer Nutzeroberfläche zur Verfügung, auf das wir in diesem Kapitel näher eingehen werden.

Aufgaben des Datenbankadministrators

Ein Datenbankserver ist ein zentrales System, das verschiedene Verwaltungsaufgaben zu erfüllen hat, z.b. Prozessabläufe koordinieren, Benutzerkonten verwalten, im Netz mit anderen Klientenrechnern kommunizieren oder Zugriffsberechtigungen regeln. Alle diese Aufgaben können nicht allein durch das Datenbanksystem überwacht werden. Hier bedarf es einer manuellen Kontrolle durch einen Datenbankadministrator. Allerdings müssen Sie nicht unbedingt ein Datenbankexperte sein, um in MySQL Systemverwaltungsaufgaben auszuführen. MySQL ist nicht nur einfach zu bedienen, sondern genauso einfach zu administrieren. Dazu steht eine Reihe von Dienstprogrammen zur Verfügung, die Ihnen die Datenbankverwaltung erleichtern sollen.

Wir werden im Folgenden auf die wichtigsten administrativen Aufgaben eingehen. Zunächst geben wir Ihnen einen Überblick der Aufgaben eines Datenbankadministrators. Diese Arbeiten sind nicht nur für Datenbankserver relevant, sondern gelten ganz allgemein für jede Art von Serverbetrieb. Zu den wichtigsten Aufgaben eines Datenbankadministrators gehören:

- *Installation, Konfiguration und Updates.* Zu den elementaren Aufgaben der Systemadministration gehört die Installation von Softwarekomponenten. Durch die Konfiguration der Software, während oder nach einer Installation, kann das System an die individuelle Nutzung angepasst werden. Regelmäßige Software-Updates sind ebenfalls wichtig, da gerade Softwareprodukte einer ständigen Weiterentwicklung unterliegen.

- *Server starten und beenden.* Das Hochfahren und Herunterfahren eines Servers kann in vielen Fällen automatisiert erfolgen, allerdings ist es sinnvoll, regelmäßig die ordnungsgemäße Ausführung dieser Operationen zu überprüfen. Für den Systemstart sind bestimmte Systemeinstellungen erforderlich, die der Systemadministrator für die Nutzung anpasst.

- *Einrichten und Überwachen von Benutzerkonten.* Eine wichtige Administrationsaufgabe ist die Verwaltung von Benutzerkonten. Ein Datenbanksystem hat in diesem Zusammenhang zwei wichtige Funktionen: Zum einen sollen möglichst viele Anwender die Datenbank nutzen können, zum anderen sollen sensible Daten vor unberechtigtem Zugriff geschützt werden. Dazu muss der Administrator für jeden Benutzer des Datenbanksystems spezielle Zugriffsrechte vergeben. Das Einrichten von Benutzerkonten und die Änderung der Benutzungsrechte gehören zu den alltäglichen Routineaufgaben eines Datenbankadministrators. Aus Gründen des Datenschutzes sollten diese Aufgaben auch nur von speziell dazu autorisierten Personen ausgeführt werden.

- *Datensicherung und Datenbank-Backups.* Eine andere wichtige Aufgabe des Administrators besteht darin, Daten die in der Datenbank gespeichert sind, zu sichern und auf diese Weise Datenverluste zu verhindern. Es empfiehlt sich, den gesamten Datenbestand in regelmäßigen Abständen auf einem externen Speichermedium wie einem Magnetband, einer externen Festplatte oder einem optischen Datenträger zu sichern. Bei Datenverlusten durch hardwarebedingte Ausfälle oder auf Grund von Programm- oder Bedienungsfehlern ist der Administrator in der Lage, den Datenbestand vollständig oder zumindest teilweise wiederherzustellen.

- *Fehler lokalisieren und beheben.* Bei einem laufenden Serverbetrieb kann es immer mal wieder zu unvorhergesehenen Fehlfunktionen kommen, sei es durch fehlerhafte Bedienung, falsche Konfigurationen oder fehlerhafte Programmierung. Tritt ein derartiger Fall ein, muss der Administrator schnell in der Lage sein, Fehler zu erkennen und zu beheben. Dazu müssen spezifische Dateien, so genannte Server-Protokolldateien, analysiert werden. In diesen Dateien werden wichtige Aktivitäten des Datenbankservers zeitlich protokolliert. Falls ein Fehler auftritt, werden Zeit und Art des Fehlers protokolliert. Oftmals genügt für den Administrator ein Blick in diese Dateien, um einen aufgetretenen Fehler beheben zu können. Kommen Sie allein nicht weiter, können Sie mithilfe der Fehlermeldungen auch Diskussionsforen konsultieren.

Obwohl die Datenbankverwaltung zum Teil in SQL implementiert ist und praktisch von jedem Datenbankbenutzer ausgeführt werden kann, ist es sinnvoll, dass nur autorisierte Administratoren die Datenbankverwaltung durchführen.

Die Autorisierung der Datenbankverwaltung verhindert, dass unberechtigte Zugriffe auf geschützte Datenbestände ausgeführt bzw. Daten unabsichtlich gelöscht oder verändert werden.

Betrachten wir nun einige administrative Aufgaben etwas genauer. Die folgenden Abschnitte sollen Ihnen dabei helfen, grundlegende Administrationsaufgaben auszuführen. Dazu gehören die Installation des Datenbankservers, die Verwaltung von Benutzerkonten, die Datensicherung und die Gewährleistung der Datensicherheit.

Administrationswerkzeuge

Tabelle L2.1 zeigt Ihnen eine Übersicht der wichtigsten externen Dienstprogramme zur MySQL-Serveradministration. Diese Programme können Sie auf der Kommandoebene des Betriebssystems ausführen. Sie finden diese Dienstprogramme im Ver-

---

zeichnis *bin*. Auf der Datenbankebene gibt es für die meisten Dienstprogramme entsprechende MySQL-Befehle. In einigen Fällen ist es aber erforderlich, Serverprozesse von außen zu steuern, wie z.b. das Starten und Beenden des Datenbankservers. Unter Windows besitzen die ausführbaren Programme die Dateierweiterung *.exe*.

Programm	Beschreibung
`mysqladmin(.exe)`	Datenbank-Administrationsprogramm.
`mysqldump(.exe)`	Datenbank-Backup-Programm.
`mysqlimport(.exe)`	Programm zum Datenimport. Kommandozeilenoberfläche für die MySQL-Anweisung LOAD DATA.
`mysqlshow(.exe)`	Programm zur Anzeige der Datenbanken, Tabellen und Tabellenstrukturen. Kommandozeilenoberfläche für die MySQL-Anweisung SHOW.

Tab. L2.1:   Die wichtigsten Administrationsprogramme in MySQL

Zuerst wollen wir Ihnen zeigen, wie man mithilfe des Dienstprogramms *mysqladmin* wichtige Administrationsaufgaben auf dem Datenbankserver ausführen kann.

Dienstprogramm mysqladmin

mysqladmin

mysqladmin ist ein kommandoorientiertes Administrationsprogramm für den MySQL-Datenbankserver. Es wird auf der Kommandoebene des Betriebssystems ausgeführt.

Syntax

`# mysqladmin [Option[en]] Befehl[e]`

Dieses Dienstprogramm wird in jeder MySQL-Distribution mitgeliefert. Sie aktivieren es auf der Kommandoebene unter Angabe von Optionen und Befehlen. Diese Befehle beeinflussen direkt die Funktionsweise des Datenbankservers. Tabelle L2.2 zeigt die wichtigsten Optionen des *mysqladmin*-Programms.

Option	Beschreibung
`-?` oder `--help`	Zeigt alle Optionen und Anweisungen des Programms.
`-h` oder `--host`	Datenbankhost.
`-p` oder `--password=Passwort`	Passwort des Datenbankbenutzers.
`-u` oder `--user`	Name des Datenbankbenutzers.

Tab. L2.2: Ausgewählte Optionen des *mysqladmin*-Programms

Mit den Optionen legen Sie in erster Linie den Datenbank-Hostnamen und die Zugangsdaten fest. Mit *mysqladmin* können Sie einen Datenbankserver auch von einem entfernten Rechner aus administrieren. Mithilfe der Option *–h* geben Sie dazu die Internetadresse des Datenbankservers an. Diese Option kann unter Umständen durch die Konfiguration des Datenbankservers gesperrt sein.

Beachten Sie, dass die Option *–h* localhost optional ist, wenn Sie die Administrationsprogramme lokal auf dem Datenbankserver ausführen.

Aus Gründen der Vereinfachung werden wir im Weiteren auf die Angabe *–h* localhost verzichten.

Die Optionen in Tabelle L2.2 gelten in der Regel auch für alle anderen Dienstprogramme aus Tabelle L2.1.

Nun können Sie mithilfe der Tabelle L2.3 Befehle definieren, die der Datenbankserver ausführen soll.

Befehl	Beschreibung
create Datenbankname	Neue Datenbank anlegen.
drop Datenbankname	Datenbank löschen.
kill Id [,...]	Ein oder mehrere Datenbankprozesse löschen. *Id* ist dabei die Prozessnummer, die Nummern der laufenden Prozesse werden mit der Anweisung *processlist* angezeigt.
password Name	Ändern des Benutzerpasswortes. Name steht für das neue Passwort.
ping	Überprüfen, ob der Datenbankserver aktiv ist.
processlist	Liste mit den Nummern für die laufenden Prozesse anzeigen.
reload	Alle Benutzerkonten aktualisieren.
refresh	Alle temporären Datenbankspeicherbereiche löschen.
shutdown	Datenbankserver herunterfahren.
status	Status des Datenbankservers anzeigen.
version	Versionsnummer der MySQL-Distribution anzeigen.

Tab. L2.3: Ausgewählte Befehle zur Datenbankadministration

Beispiele

Wenn Sie sich nicht sicher sind, ob der lokale Datenbankserver noch aktiv ist, können Sie das mit dem Befehl *ping* überprüfen:

```
# mysqladmin -u root -p ping
```

Serverinformationen erhalten Sie beispielsweise mit dem Befehl *version*:

```
# mysqladmin -u root -p version
```

Auf der Kommandoebene des Betriebssystems können Sie als Datenbankadministrator den lokalen Datenbankserver mit dem Befehl *shutdown* beenden:

```
# mysqladmin -u root -p shutdown
```

Beispiele für die Serveradministration mit dem Programm *mysql-admin* sehen Sie in Abbildung L2.1.

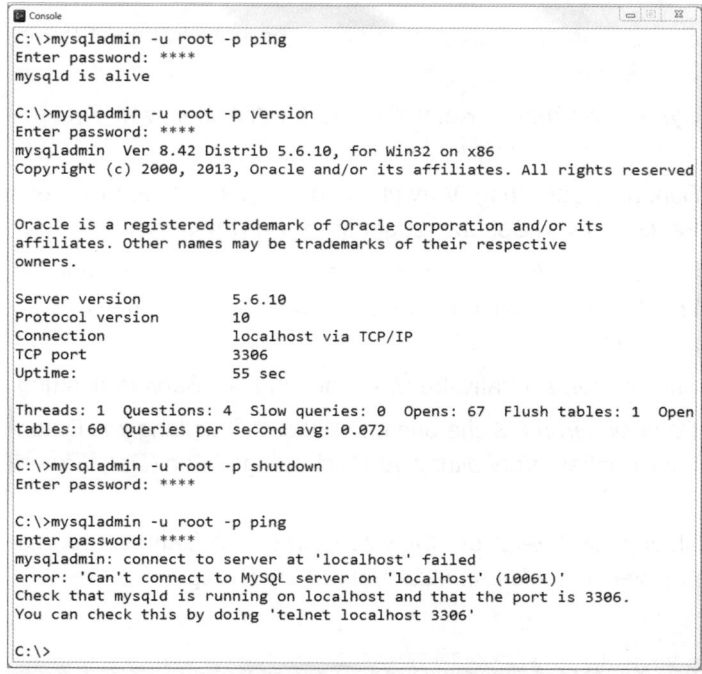

```
Console                                              □ ⊡ ⊠
C:\>mysqladmin -u root -p ping
Enter password: ****
mysqld is alive

C:\>mysqladmin -u root -p version
Enter password: ****
mysqladmin  Ver 8.42 Distrib 5.6.10, for Win32 on x86
Copyright (c) 2000, 2013, Oracle and/or its affiliates. All rights reserved

Oracle is a registered trademark of Oracle Corporation and/or its
affiliates. Other names may be trademarks of their respective
owners.

Server version          5.6.10
Protocol version        10
Connection              localhost via TCP/IP
TCP port                3306
Uptime:                 55 sec

Threads: 1  Questions: 4  Slow queries: 0  Opens: 67  Flush tables: 1  Open
tables: 60  Queries per second avg: 0.072

C:\>mysqladmin -u root -p shutdown
Enter password: ****

C:\>mysqladmin -u root -p ping
Enter password: ****
mysqladmin: connect to server at 'localhost' failed
error: 'Can't connect to MySQL server on 'localhost' (10061)'
Check that mysqld is running on localhost and that the port is 3306.
You can check this by doing 'telnet localhost 3306'

C:\>
```

Abb. L2.1: Beispiele für die Datenbankadministration mit *mysqladmin*

Server Administration (MySQL-Workbench)

Zur Administration des Datenbankservers stellen die Entwickler von MySQL eine grafische Nutzeroberfläche für die Betriebssysteme LINUX, Windows und MacOS zur Verfügung, die *MySQL-Workbench*. Sie können dieses Programm kostenlos von den MySQL-Webseiten herunterladen. Die Installation wird in Kapitel *L1 Grundlagen* beschrieben. Unter dem Auswahlfeld *Server Administration* der *MySQL-Workbench* steht Ihnen eine Reihe von Funktionen zur Serververwaltung zur Verfügung. Dabei spielt es in der Regel keine Rolle, ob Sie auf einem lokalen oder einem entfernten MySQL-Datenbankserver arbeiten. Die wichtigsten Funktionen des Programms sind:

Server Admi-
nistration

- *Serverinformation.* Informationen über den Datenbankserver, das Datenbanksystem und den Datenbankklienten (*Server Logs*).

- *Serverkontrolle.* Server starten und herunterfahren (*Startup/ Shutdown*).

- *Systemparameter.* Kontrolle und Modifikation von Systemparametern (*Configuration*).

- *Benutzerverwaltung.* Verwaltung der Datenbankbenutzer und Festlegen von Benutzerzugriffsrechten (*Security*).

- *Serververbindungen.* Anzeige der aktuellen Datenbankverbindungen lokaler oder externer Datenbankbenutzer (*Connections*).

- *Server Status.* Grafische Überwachung der Serverbelastung.

- *Datensicherung.* Sicherung und Wiederherstellung von Datenbankinhalten. Verwaltung von Sicherungsdaten (*Data Export/ Restore*).

Abbildung L2.2 zeigt die *MySQL-Workbench* Benutzeroberfläche *Server Administration* zur Serververwaltung.

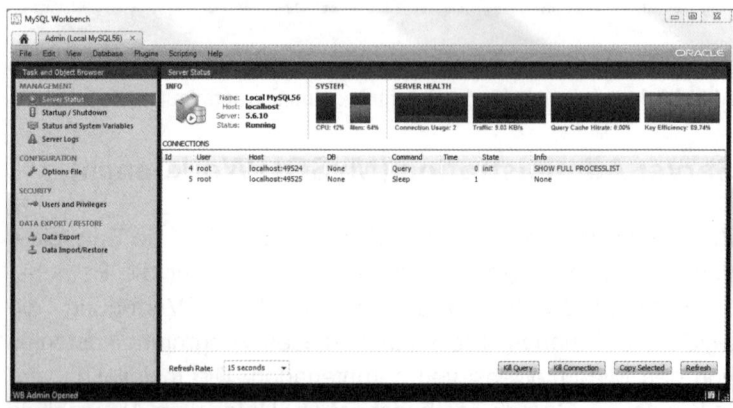

Abb. L2.2: Serververwaltung mit *MySQL-Workbench*

Unter dem Menüpunkt *Options File* können Sie eine Reihe von Systemparametern des Datenbankservers ändern. Alle Änderungen werden allerdings erst mit einem Neustart des Datenbankservers wirksam. Den Datenbankserver können Sie im Hauptmenü herunterfahren und wieder starten. Im Menü *Users and Privileges* können Sie die vollständige Verwaltung aller Datenbankbenutzer durchführen. Dazu wird Ihnen eine Liste aller eingerichteten Datenbankbenutzer angezeigt. Außerdem können Sie auf sehr komfortable Weise einen neuen Datenbankbenutzer anlegen und neben der Zugangskennung auch ein Passwort speichern. In einem weiteren Untermenü erhalten Sie außerdem die Möglichkeit, für jeden Benutzer detaillierte Zugriffsberechtigungen einzurichten. Eine andere komfortable Möglichkeit der Datenbankadministration bietet das Menü *Data Export*, wo Sie Bereiche der Datenbank auswählen, für die Sie eine Sicherungskopie erstellen wollen. Gesicherte Daten können in analoger Weise auch wieder hergestellt werden (Menüpunkt *Data Import/Restore*).

Falls Probleme bei der Verwaltung von Nutzerkonten in MySQL-Workbench auftreten, sollten Sie in der Systemkonfigurationsdatei my.cnf bzw. my.ini den SQL-Modus ändern (`sql-mode ="MYSQL40"`).

Datenbankserver installieren

Die frei verfügbare MySQL-Community-Distribution ist am einfachsten über das Internet zu beziehen. Suchen Sie dazu die MySQL-Webseite auf. In der Rubrik *Downloads* finden Sie die aktuellen Binärcode- und Quellcode-Programmversionen. Binärcode-Versionen sind bereits fertige Versionen, die für ein spezielles Betriebssystem erstellt wurden. Quellcode-Versionen liegen dagegen in einem plattformunabhängigen Programmcode vor und müssen vom Anwender zunächst manuell an ein spezifisches System angepasst und danach in einen hardwarespezifischen Binärcode übersetzt werden. Der Vorteil besteht darin, dass man auf diese Weise Änderungen im Programmcode vornehmen und so das Datenbanksystem und seine Komponenten an spezifische Erfordernisse anpassen kann.

Installation

Die Übersetzung des Quellcodes und die Systemanpassung erfordern Erfahrungen im Umgang mit Übersetzungsprogrammen und sind daher für Einsteiger nicht zu empfehlen.

Die Installation eines bereits übersetzten Binärcodes verläuft dagegen ohne größere Schwierigkeiten. Hierzu bedarf es keinerlei weiterer Vorkenntnisse.

MySQL-Binärcode-Versionen stehen für alle gängigen Betriebssysteme zur Verfügung. Sie enthalten neben dem Datenbankserver auch verschiedene ausführbare Dienstprogramme. Wir werden uns im Folgenden auf die drei populärsten Rechnerplattformen *LINUX*, *MacOS* und *Windows* beschränken und detailliert die Installation der Binärcode-Distributionen erläutern. Die Installationsanleitungen für die Quellcode-Distributionen bzw. für andere Betriebssysteme entnehmen Sie bitte der entsprechenden MySQL-Dokumentation.

Um alle im Buch beschriebenen Beispiele ausführen zu können, reicht es aus, die Standardversion des MySQL-Community-Servers zu installieren.

Falls Sie auf Ihrem Rechner bereits über einen MySQL-Datenbankserver verfügen und nur eine Versionsänderung durchführen wollen, sollten Sie zuerst Ihre Daten sichern und danach den Datenbankserver herunterfahren. Das können Sie unabhängig vom Betriebssystem auf der Kommandoebene des Betriebssystems mit folgenden Befehlen tun:

```
# mysqldump –u root –p –A > backup.txt
# mysqladmin –u root –p shutdown
```

Zur Installation von MySQL unter LINUX und MacOS benötigen Sie Systemadministratorrechte. Die Installation unter Windows sollten Sie als Systemadministrator (Standardkonto Administrator) durchführen.

Installation unter LINUX

Unter dem Betriebssystem LINUX steht eine Reihe von unter- LINUX
schiedlichen Lösungen für die Installation des MySQL-Datenbankservers zur Verfügung.

Die empfohlene Installationsmethode ist eine automatische
Installation mithilfe einer *RPM*-Datei (Abk. für *Red Hat Packet
Manager*), die entsprechende Pfadangaben einrichtet sowie
den Datenbankserver konfiguriert und automatisch startet. RPM
ist unter anderem ausführbar unter *Red Hat LINUX* und *SuSE-
LINUX*.

Mit RPM-Paketen können Sie Anwendungsprogramme installieren, erneuern und wieder deinstallieren. Alle notwendigen
Systemeinstellungen werden dabei automatisch durch das Programm vorgenommen. Diese Art der Installation erspart Ihnen
also eine Menge Arbeit. Beachten Sie, dass Sie bei dieser Installationsmethode mehrere Programmpakete installieren müssen.

> Die RPM-Installationsroutinen des MYSQL-Datenbankser-
> vers sind einsetzbar für alle LINUX-Versionen, die RPM
> unterstützen und die GNU C-Bibliothek (glibc) ab der Version
> 2.3 benutzen.

In der Minimalvariante, die für die Übungen des Einsteigerseminars völlig ausreicht, ist jeweils ein Paket für den Datenbankserver und ein Paket für die Klientenprogramme zu installieren.

Dazu geben Sie auf der Kommandoebene des Betriebssystems
folgende Befehle ein:

```
# rpm -i MySQL-server-<MySQL-Version><LINUX-Version>
.<Prozessor>.rpm
# rpm -i MySQL-client-<MySQL-Version>-<LINUX-Version>
.<Prozessor>.rpm
```

Auf den Webseiten von MySQL finden Sie für das Betriebssystem LINUX eine große Auswahl von *RPM*-Installationsdateien
für unterschiedliche Rechnerplattformen und LINUX-Versionen.

Achten Sie bei der Installation von MySQL mit RPM auf die richtige Auswahl Ihrer Rechnerplattform.

Zur Deinstallation geben Sie auf der Kommandoebene des Betriebssystems folgende Befehle ein:

```
# rpm -e MySQL-server-<MySQL-Version>
# rpm -e MySQL-client-<MySQL-Version>
```

Datenbankserverstart

Nach der erfolgreichen Installation haben Sie nun die Möglichkeit, den Datenbankserver zu starten. Mit dem Kommando

```
# /etc/init.d/mysql start
```

starten Sie den Datenbankserver als Hintergrundprozess. Mit dem Befehl

```
# /etc/init.d/mysql stop
```

beenden Sie den Serverbetrieb. Das System ist so konfiguriert, dass der Datenbankserver automatisch mit jedem Systemstart aktiviert wird.

Konfigurationsdatei my.cnf

my.cnf

Eine Reihe von Systemparametern des Datenbankservers wird in einer Konfigurationsdatei verwaltet, die bei jedem Start des Datenbankservers aufgerufen wird. Auf diese Weise ist es möglich, jederzeit bestimmte Eigenschaften des Datenbankservers an die individuelle Nutzung anzupassen. An einigen Stellen im Buch werden wir auf diese Datei verweisen. Unter UNIX, LINUX und MacOS heißt diese Datei *my.cnf*. Sie befindet sich standardmäßig im Verzeichnis *etc*. Einige Parameter dieser Konfigurationsdatei können Sie auch menügesteuert mit dem Programm *MySQL-Workbench (Server Administration)* einrichten und ändern.

Installation unter MacOS

Ab der Betriebssystemversion MacOS 10.2 können Sie MySQL   **MacOS**
auch als Paket installieren. Dazu benötigen Sie die Binärcode-
Distribution für den Mac, die als eine Disk-Image-Datei (.*dmg*)
zum Herunterladen angeboten wird. Der Dateiname des kom-
primierten Dateiarchivs hat dabei stets folgenden Aufbau:

```
mysql-<MySQL-Version>-<MacOS-Version>-<Prozessor>.dmg
```

z.B. *mysql-5.6.10-osx10.7-x86.dmg.*

Lassen Sie sich zunächst durch Doppelklick auf die .*dmg-Datei*
den Inhalt des Dateiarchivs anzeigen. Suchen Sie als Nächstes
die .*pkg-Datei*, die den gleichen Dateinamen wie das Dateiarchiv
hat, und führen Sie diese Programmdatei ebenfalls durch doppeltes Anklicken aus. Es startet eine Installationsroutine, in deren
Verlauf Sie alle vom Programm angebotenen Standardoptionen
beibehalten können. Die MySQL-Distribution enthält Installationspakete (Abbildung L2.3) für den MySQL-Server, eine automatische Startroutine (*MySQLStartupItem*) und eine grafische Oberfläche zur Serververwaltung (*MySQL Preference Pane*).

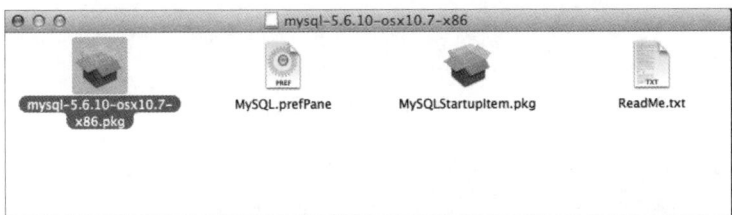

Abb. L2.3:   Installationspakete der MacOS-Distribution

Die Installation des Datenbankservers startet durch Doppelklick
auf das entsprechende Installationspaket. Beginnen Sie mit der
Installation des Datenbankservers entsprechend Abbildung L2.4.

Führen Sie die Installationsschritte aus, bis die Software erfolgreich installiert wurde. In gleicher Weise installieren Sie im Anschluss die MySQL-Startup-Routinen durch Doppelklick auf das
Installationspaket *MySQLStartupItem.pkg*. Durch die abschlie-
ßende Installation der grafischen Nutzeroberfläche zur Bedie-

nung des MySQL-Servers (Doppelklick auf *MySQL.prefPane*) können Sie den MySQL-Server starten und anhalten sowie den Datenbankserver automatisch mit dem Systemstart aktivieren (Abbildung L2.5). Das Programm MySQL können Sie über ein Symbol in den Systemeinstellungen unter dem Menüpunkt *Sonstige* aufrufen.

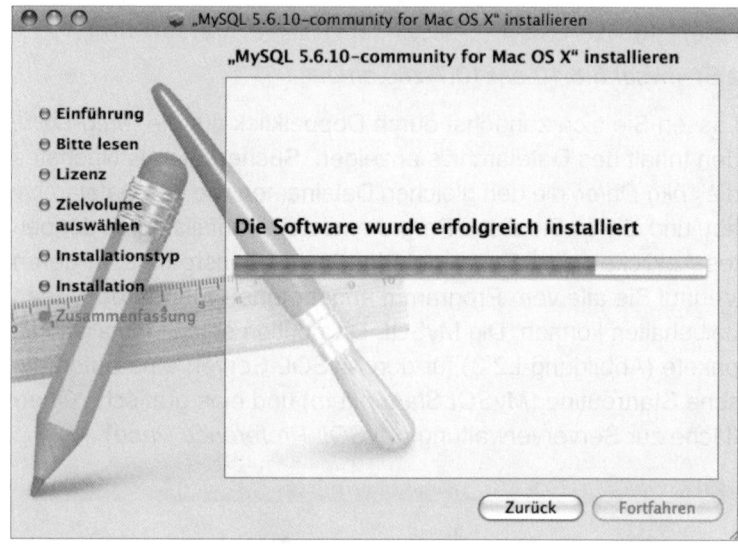

Abb. L2.4:   Installationsroutine für den MySQL-Datenbankserver

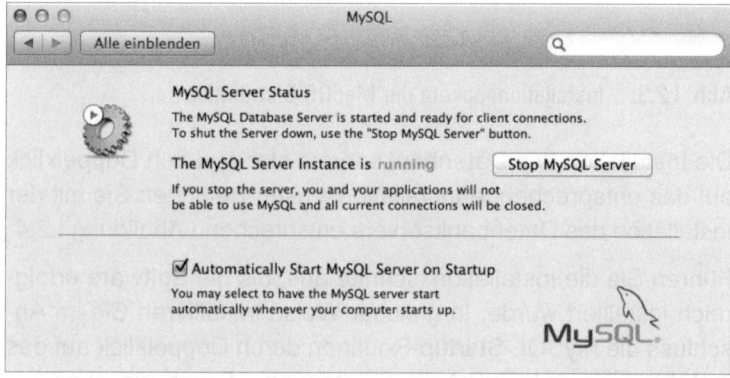

Abb. L2.5:   MySQL-Serverkontrolle unter MacOS

Installation unter Windows

Der MySQL-Datenbankserver kann unter allen gängigen Windows-Versionen installiert werden. Dabei haben Sie die Auswahl zwischen einer automatischen Installation mit Unterstützung eines mitgelieferten Installationsprogramms oder einer manuellen Installation:

Windows

- *MySQL-Installer für Windows (.msi)*: Vollständige oder nutzerspezifische Programmversion mit Installationsunterstützung.

- *Dateiarchiv (.zip)*: Vollständige Programmversion ohne Installationsunterstützung. Hier ist eine manuelle Installation und Konfiguration notwendig. Zum Auspacken des Dateiarchives benötigen Sie zuerst ein Entpackprogramm, z.B. *WinZip*.

Die empfohlene Variante ist, MySQL menügesteuert mithilfe des Installationsprogramms *MySQL-Installer* zu installieren.

Falls unter älteren Windowsversionen Fehlermeldungen auftreten, müssen Sie zuerst das Windows-Installationsprogramm (*InstMsi.exe*) einrichten, das Sie kostenlos von den Microsoft-Webseiten herunterladen können.

Nach dem Aufruf des Installationsprogramms erscheint ein Startfenster mit dessen Hilfe Sie MySQL-Produkte installieren oder mehr zum Datenbankserver und zur Installation bzw. Konfiguration von MySQL-Komponenten erfahren können (Abbildung L2.6). Wählen Sie hier die Option *Install MySQL Products*.

Beim ersten Start des Programms *MySQL-Installer* müssen Sie die Lizenzbedingungen akzeptieren, bevor Sie mit der Installation fortfahren können (Abbildung L2.7).

Abb. L2.6: MySQL-Installationsprogramm: Startfenster

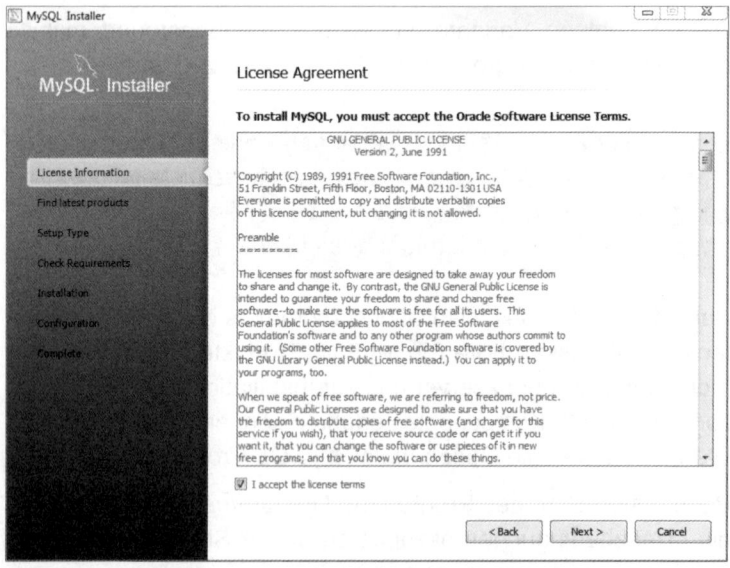

Abb. L2.7: MySQL-Installationsprogramm: Lizenzbedingungen

Mit dem nächsten Menü können Sie Produktaktualisierungen suchen lassen (Abbildung L2.8). Voraussetzung dafür ist eine Internetverbindung.

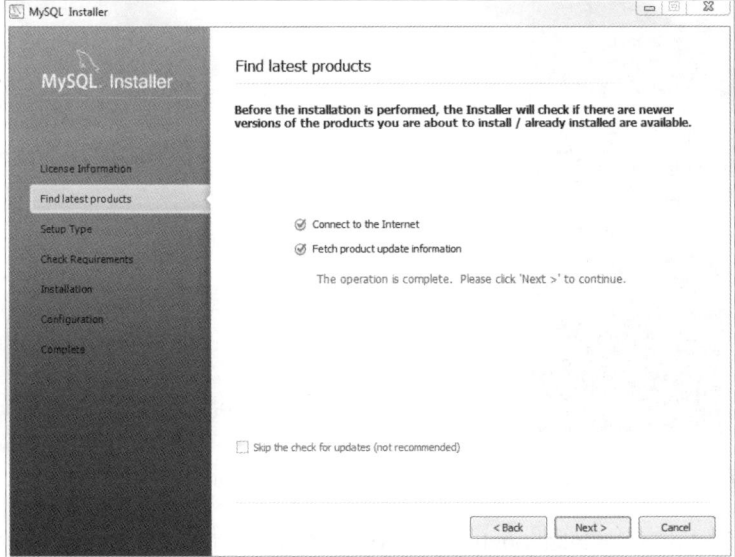

Abb. L2.8:   MySQL-Installationsprogramm: Produktaktualisierung

Im nächsten Fenster können Sie einen Installationstyp auswählen (Abbildung L2.9). Dazu stehen fünf Varianten zur Auswahl:

■ *Developer Default*. Installation aller Komponenten, die für die Datenbankentwicklung erforderlich sind.

■ *Server only*. Installation des Datenbankservers.

■ *Client only*. Installation der Klientenprogramme ohne den Datenbankserver.

■ *Full*. Installation aller Komponenten.

■ *Custom*. Nutzerspezifische Installation ausgewählter Komponenten.

Wählen Sie hier den Installationstyp *Custom* aus.

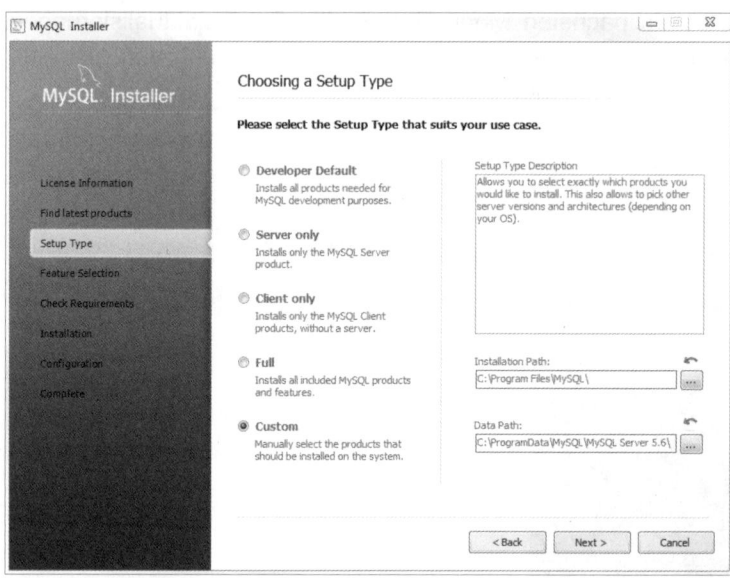

Abb. L2.9: MySQL-Installationsprogramm: Auswahl des Installationstyps

Für den Installationstyp *Custom* können Sie jetzt individuell auswählen, welche MySQL-Programmkomponenten Sie installieren wollen (Abbildung L2.10). Zur Ausführung der im Buch beschriebenen Beispiele wählen Sie bitte die Komponenten *MySQL-Server*, die Anwendung *MySQL-Workbench* unter *Applications* und die ODBC-Schnittstelle *Connector/ODBC* unter dem Punkt *MySQL Connectors* aus.

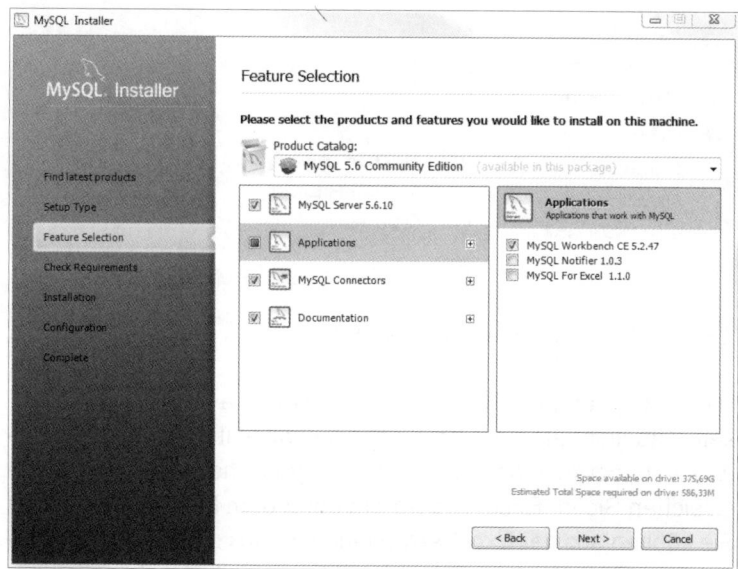

Abb. L2.10: MySQL-Installationsprogramm: Komponentenauswahl

Neben der grafischen Datenbankbedienoberfläche und dem Datenbankmodellierungswerkzeug *MySQL-Workbench* können Sie die MySQL-Anwendungen *MySQL Notifier* und *MySQL for Excel* installieren. Das Programm *MySQL-Workbench* wird an verschiedenen Stellen des Einsteigerseminars ausführlich beschrieben. Das Programm *MySQL Notifier* startet nach dessen Aufruf einen Hintergrundprozess, der als Symbol in der Windows-Taskleiste angezeigt wird. Beim Anklicken des MySQL-Symbols erscheint ein Auswahlmenü, mit dessen Hilfe Sie den Datenbankserver anhalten und starten sowie Funktionen von *MySQL-Workbench* bzw. den *MySQL Installer* aufrufen können (Abbildung L2.11).

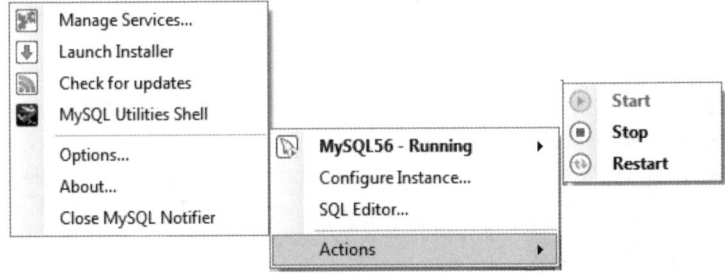

Abb. L2.11: MySQL-Anwendung: *MySQL Notifier*

Die Anwendung *MySQL for Excel* bietet eine einfache Möglichkeit, Tabellendaten mit dem Tabellenkalkulationsprogramm *Microsoft Excel* zu synchronisieren. Die grafische Nutzeroberfläche erreichen Sie im Excel-Programm unter dem Menüpunkt *Daten*. Sie können aus der Excel-Anwendung heraus direkt auf Tabellendaten im Datenbanksystem zugreifen und mit dem Tabellenkalkulationsprogramm bearbeiten. Außerdem können Datensätze importiert, exportiert oder an bereits vorhandene Tabellendaten angehängt werden (Abbildung L2.12).

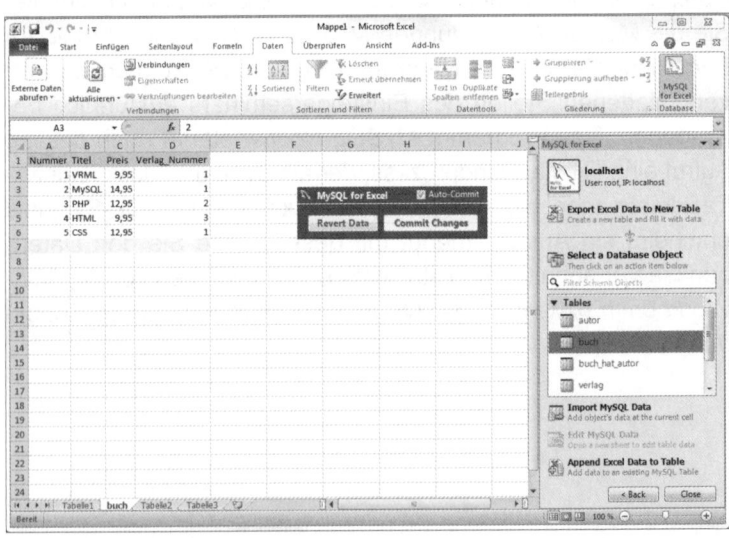

Abb. L2.12: MySQL-Anwendung: *MySQL for Excel*

Im nächsten Fenster des Installationsprogramms werden Ihnen jetzt Programmpakete angezeigt, die für die Ausführung der zuvor ausgewählten MySQL-Programme erforderlich sind und in der Regel bereits in einer aktuellen Windows-Standardversion enthalten sind. Ist eine notwendige Programmkomponente noch nicht vorhanden, wird sie automatisch geladen und installiert (Abbildung L2.13).

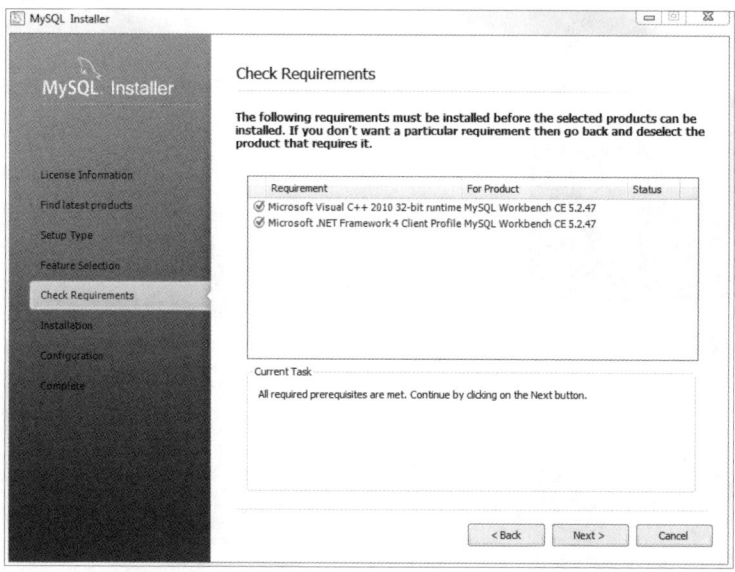

Abb. L2.13: MySQL-Installationsprogramm: Überprüfung der Systemumgebung

In der nächsten Anzeige werden Sie über den Installationsfortschritt der ausgewählten Programme informiert (Abbildung L2.14).

An dieser Stelle ist die eigentliche Installation abgeschlossen, und Sie können jetzt unmittelbar mit der Serverkonfiguration fortfahren (Abbildung L2.15).

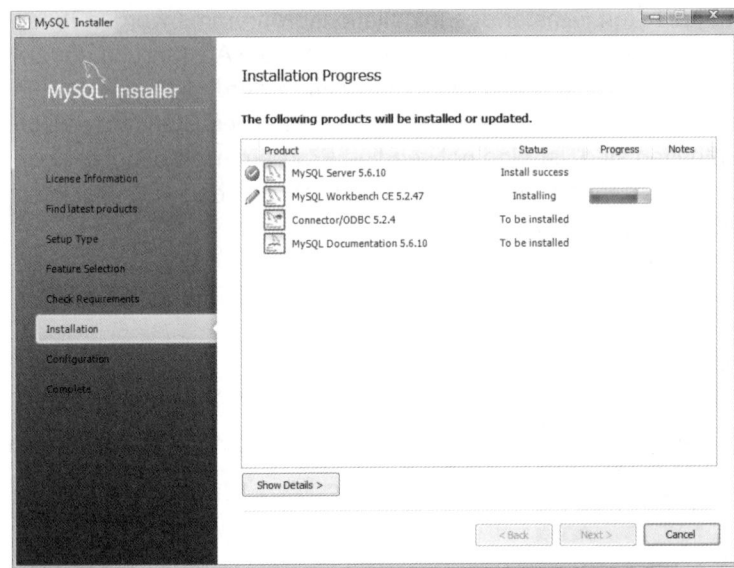

Abb. L2.14: MySQL-Installationsprogramm: Installationsfortschritt

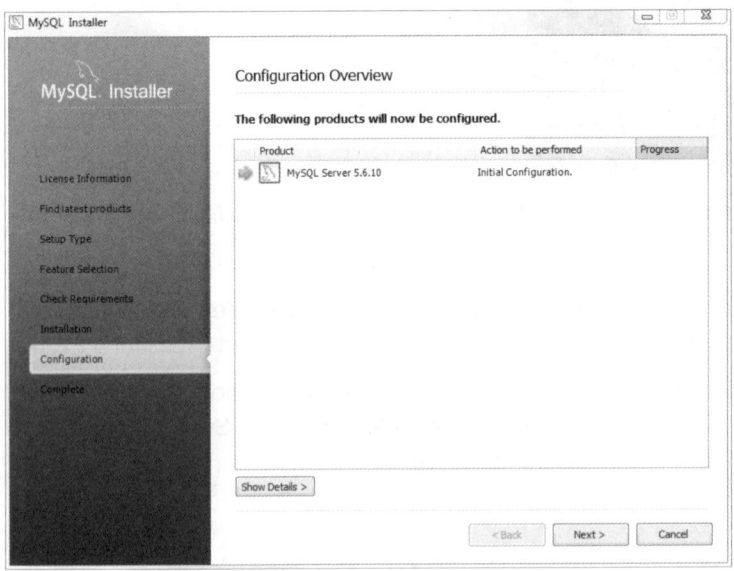

Abb. L2.15: MySQL-Installationsprogramm: Serverkonfiguration

Serverkonfiguration unter Windows

Die automatische Serverkonfiguration bietet Ihnen unter Windows eine einfache Möglichkeit, mit wenigen Schritten und menübasiert eine Standardkonfiguration des Datenbankservers zu erstellen. Diese Konfiguration ist für die Beispiele des Einsteigerseminars völlig ausreichend. Mithilfe der Standardkonfiguration können Sie folgende Einstellungen vornehmen:

Server-konfiguration

- Datenbankserver-Konfigurationstyp festlegen,

- Datenbankzugriff über das Netzwerk zulassen und Firewall konfigurieren,

- Passwort für den Datenbankadministrator vergeben,

- Datenbankbenutzer einrichten oder

- MySQL-Server als Windows-Service installieren (als automatisch ausgeführtes Hintergrundprogramm).

Im ersten Konfigurationsmenü können Sie den Server-Konfigurationstyp einstellen. Die Konfigurationstypen (*Development Machine*, *Server Machine*, *Dedicated Machine*) unterscheiden sich jeweils durch die Größe des für den Datenbankserver verwendeten Speichers (minimal, medium, maximal). Darüber hinaus können Sie hier den Netzzugriff für den Datenbankserver zulassen sowie die Firewall-Einstellungen und die MySQL-Portnummer (Standardeinstellung: 3306) konfigurieren (Abbildung L2.16). Eine fortgeschrittene Serverkonfiguration ist im Rahmen des Einsteigerseminars nicht erforderlich.

Im nächsten Schritt sollten Sie zur Absicherung des Datenbankservers ein Administratorpasswort eingeben. Optional besteht hier auch die Möglichkeit, Datenbankbenutzer mithilfe einer grafischen Nutzeroberfläche anzulegen. In der Minimalvariante muss dazu in einem weiteren Eingabefenster der Benutzername und das zugehörige Benutzerpasswort definiert werden (Abbildung L2.17).

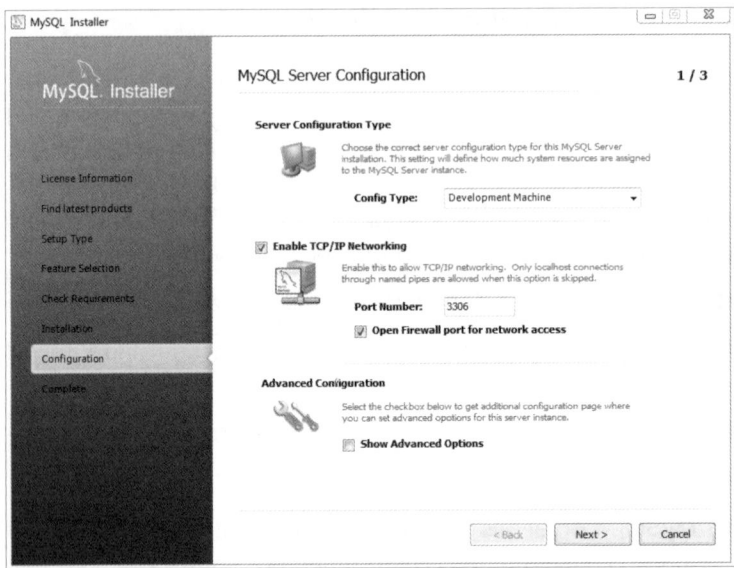

Abb. L2.16: MySQL-Server Konfiguration: Schritt 1 von 3

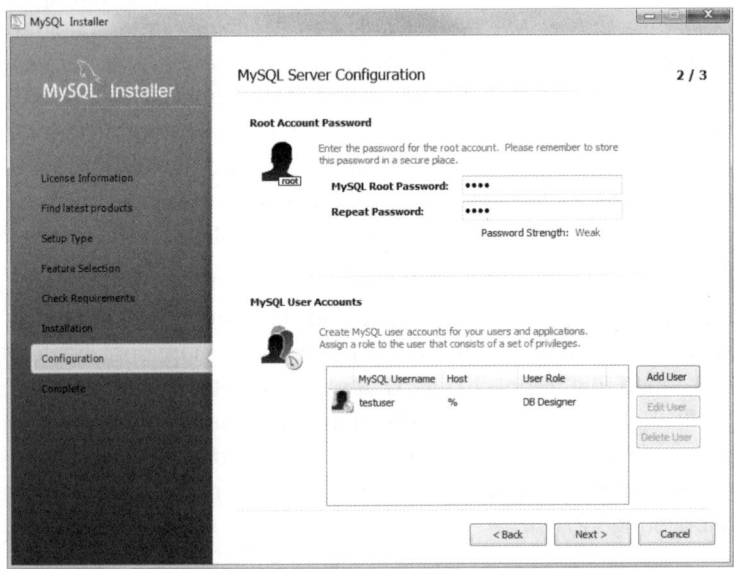

Abb. L2.17: MySQL-Serverkonfiguration: Schritt 2 von 3

Im letzten Konfigurationsschritt richten Sie für den Datenbank-server einen Windows-Dienst ein. Der MySQL-Datenbankser-ver läuft damit als Hintergrundprozess und wird automatisch mit jedem Systemstart aufgerufen (Abbildung L2.18).

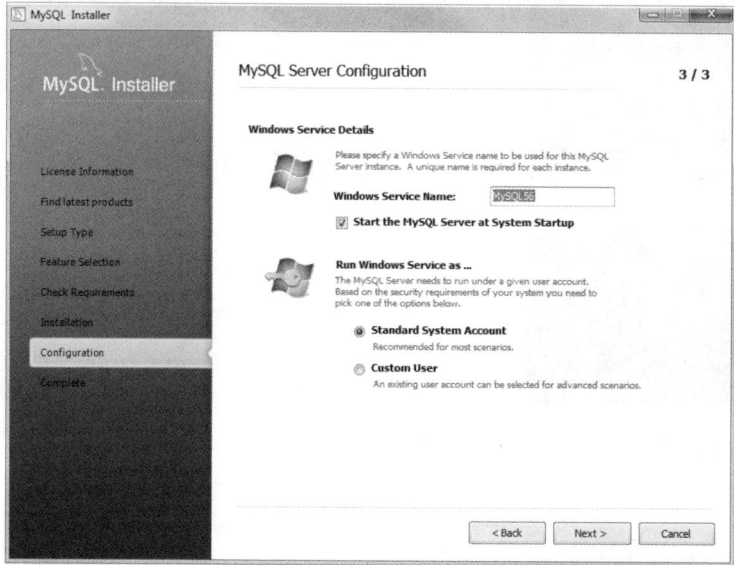

Abb. L2.18: MySQL-Serverkonfiguration: Schritt 3 von 3

Mit der Anzeige des Konfigurationsfortschritts wird die Konfigu-ration des Datenbankservers und weiterer Zusatzkomponenten abgeschlossen (Abbildung L2.19)

Damit ist die Konfiguration der ausgewählten Komponenten ab-geschlossen, und Sie können mit dem Aufruf des Datenbank-verwaltungsprogramms *MySQL-Workbench* fortsetzen (Abbil-dung L2.20).

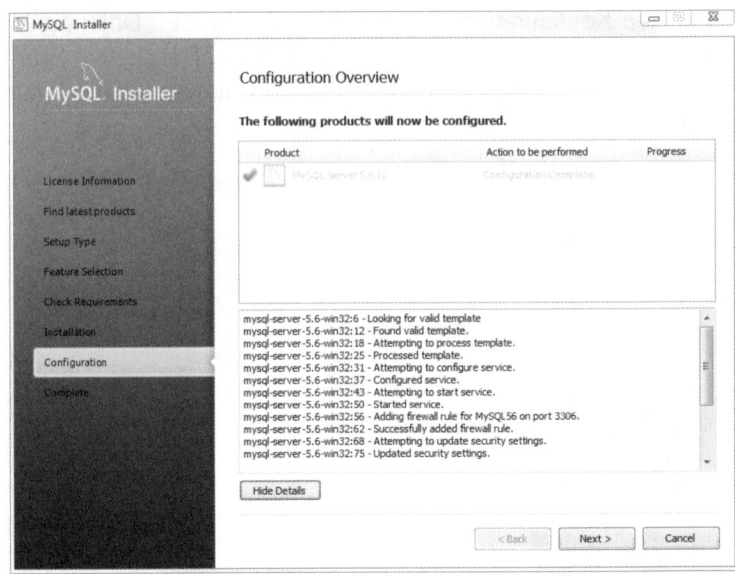

Abb. L2.19: MySQL-Serverkonfiguration: Anzeige Konfigurationsfortschritt

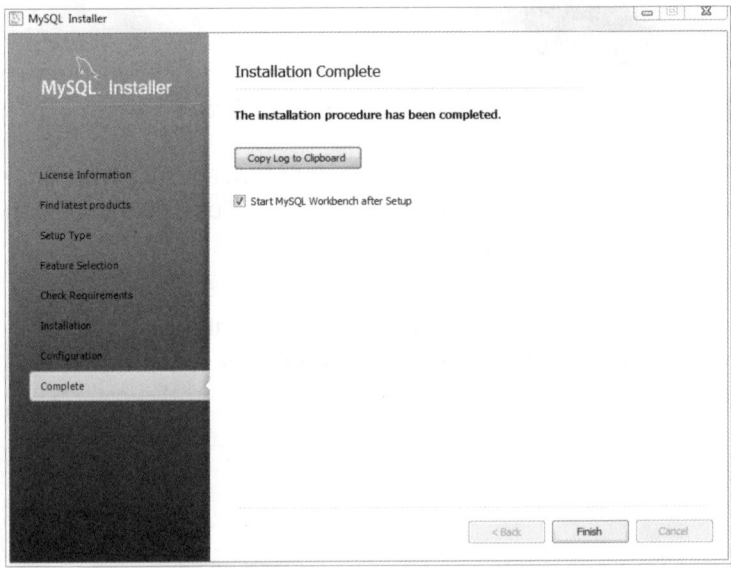

Abb. L2.20: MySQL-Installationsprogramm: Abschluss der Installation

Nach erfolgreicher Installation der MySQL-Programmkomponenten können Sie über das Windows-Startmenü unter dem Menüeintrag MySQL eine Kommandokonsole zur kommandozeilenorientierten Kommunikation mit dem Datenbankserver aufrufen (Abbildung L2.21). Die Konsole verbindet Sie direkt als Datenbankadministrator (*Root Account*) mit dem MySQL-Datenbankserver.

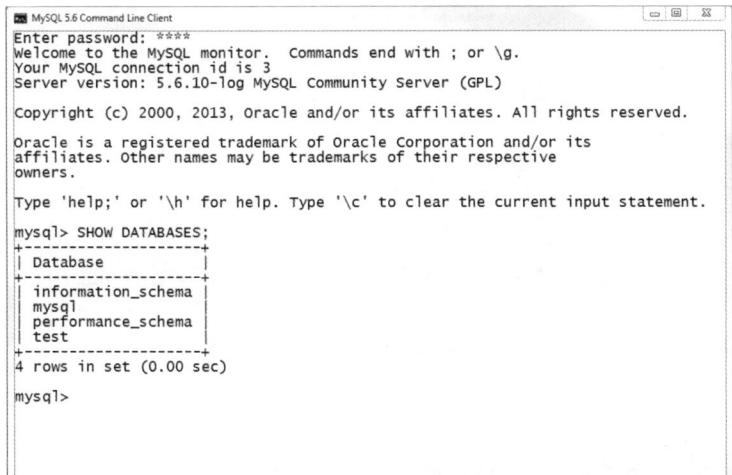

Abb. L2.21: Konsole für die kommandoorientierte Datenbankadministration

Das Installationsprogramm *MySQL-Installer* können Sie auch dazu benutzen, um vorhandene Programminstallationen zu verändern, zu löschen, um weitere Programmkomponenten zu ergänzen oder Programmaktualisierungen vorzunehmen. Rufen Sie dazu nach erfolgreicher Installation erneut das Installationsprogramm auf. Es erscheint automatisch ein Fenster, mit dessen Hilfe Sie die genannten Operationen ausführen können (Abbildung L2.22).

Je nach ausgewählter Aktion werden Sie aufgefordert, entsprechende Programmkomponenten auszuwählen, die im weiteren Verlauf installiert, aktualisiert oder gelöscht werden. Abbildung L2.23 zeigt als Beispiel eine Auswahl von Programmkomponenten, die anschließend gelöscht werden sollen (Abbildung L2.24).

Abb. L2.22: Wartung des MySQL-Datenbanksystems

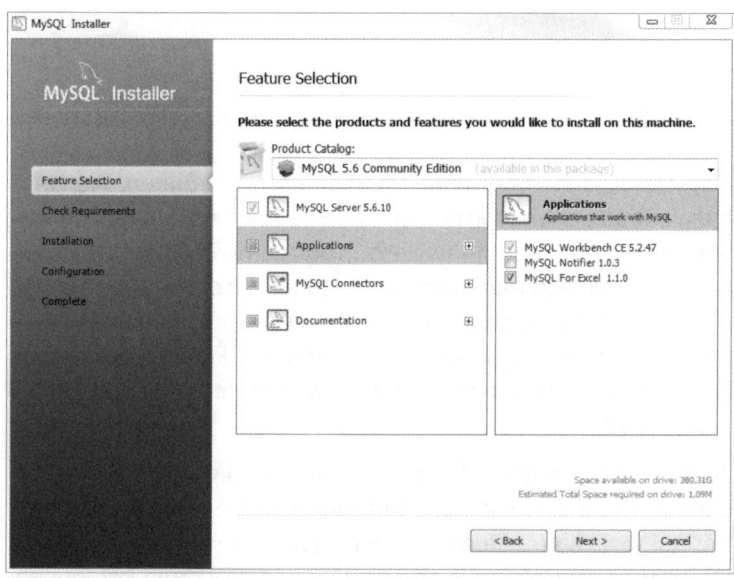

Abb. L2.23: Wartung: Auswahl von Programmkomponenten

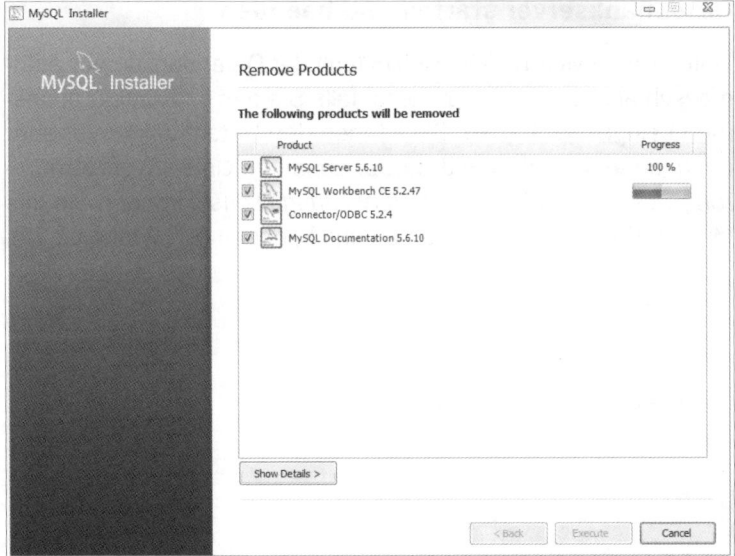

Abb. L2.24: Wartung: Löschen von Programmkomponenten

Konfigurationsdatei my.ini

Auch unter Windows wird eine Reihe von Systemparametern
des Datenbankservers in einer Konfigurationsdatei verwaltet, die
bei jedem Start des Datenbankservers aufgerufen wird. Diese
Datei heißt *my.ini*. Sie befindet sich standardmäßig im Installationsverzeichnis des Datenbankservers. Falls Sie das Installationsverzeichnis nicht geändert haben, ist die Datei im Verzeichnis *C:\Programme\MySQL\MySQLServer<Version>* zu finden.

my.ini

In der Konfigurationsdatei my.ini ist auch der Dateipfad zur
MySQL-Datenbasis (database root) festgelegt. In diesem Dateiverzeichnis befinden sich alle Nutzerdaten des Datenbankservers.

Datenbankserver starten und beenden

Unter Windows NT/2000/XP/7/8 läuft der Datenbankserver automatisch als Hintergrundprozess, falls Sie das im Konfigurationsmenü eingestellt haben. Sie können den Datenbankserver aber auch manuell starten und wieder anhalten. Unter *Systemsteuerung/System und Sicherheit/Verwaltung/Dienste* können Sie das MySQL-Dienstprogramm starten und beenden (Abbildung L2.25).

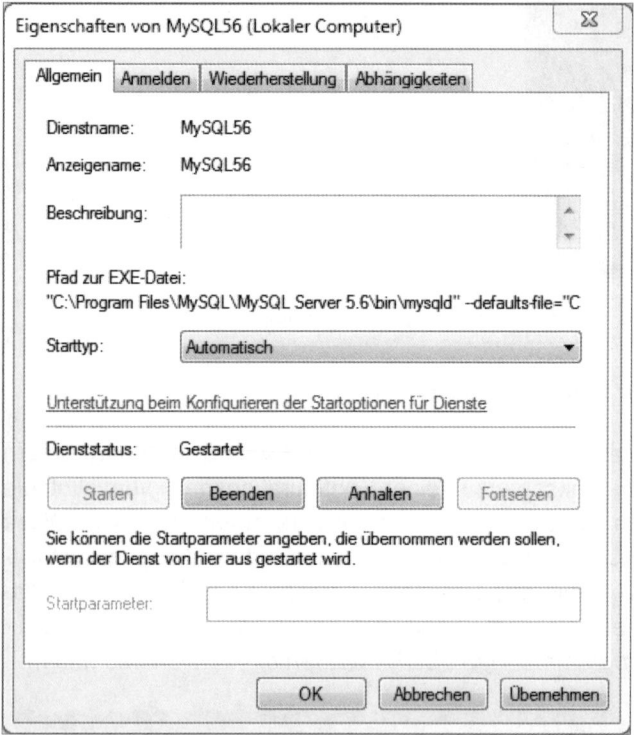

Abb. L2.25: MySQL-Dienst unter Windows starten und beenden

Auf der Kommandoebene des Betriebssystems kann der MySQL-Dienst mit folgenden Befehlen kommandozeilenorientiert gestartet und beendet werden (Abbildung L2.26):

```
# net start mysql56
# net stop mysql56
```

Sie benötigen zum Ausführen der Befehle Systemadministrator-rechte.

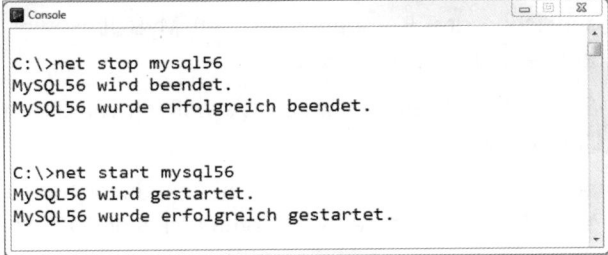

Abb. L2.26: MySQL-Dienst auf der Kommandoebene starten und beenden

Servertest

Abschließend sollten Sie unabhängig vom verwendeten Betriebs-system überprüfen, ob der Datenbankserver ordnungsgemäß läuft. Starten Sie dazu den Server und geben Sie in der Eingabe-aufforderung folgenden Befehl ein:

Servertest

```
# mysqlshow –u root -p
```

Wenn der Datenbankserver ordnungsgemäß läuft, werden, wie in Abbildung L2.27 zu sehen ist, mit dem Programm *mysqlshow* alle bereits vorhandenen Datenbanken aufgelistet. Haben Sie den Datenbankserver neu installiert, werden standardmäßig die Datenbankschemata *information_schema, mysql, performance _schema* und *test* eingerichtet.

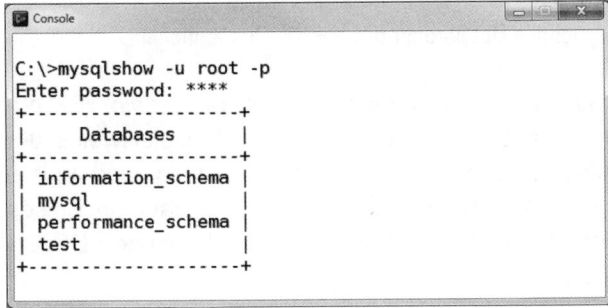

Abb. L2.27: Datenbankservertest

Verzeichnisstruktur und Dateien

Für den Datenbankbenutzer beinhalten die MySQL-Distributionen im Wesentlichen drei Komponenten: den MySQL-Server, Dienstprogramme und Zusatzsoftware:

- *MySQL-Server.* Datenbanksystem zur Verwaltung von Daten in einer Datenbank.

- *Dienstprogramme.* Programme zur Datenbankadministration und Datenbankabfrage sowie SQL-Kommunikationsschnittstellen.

- *Zusatzsoftware.* Zusätzliche Programmwerkzeuge, z.B. grafische Benutzeroberflächen für die Administration des Datenbankservers und die Kommunikation mit der Datenbank sowie Konfigurationsprogramme.

Im Datenbankserver-Verzeichnis befindet sich eine Reihe von Dateiordnern, die unabhängig vom verwendeten Betriebssystem angelegt werden. In Tabelle L2.4 sind die wichtigsten zusammengefasst.

Dateiordner	Beschreibung
bin	Enthält alle ausführbaren Programme.
data	Enthält die Systemdaten des Datenbankservers.
share	Enthält in verschiedenen Sprachen die Texte für eventuelle Fehlermeldungen des Datenbanksystems.

Tab. L2.4:   Wichtige Dateiordner der MySQL-Distributionen

Das wichtigste Dateiverzeichnis ist der Dateiordner *bin*. Hier befinden sich alle ausführbaren Programme, beispielsweise der Datenbankserver, diverse Administrationswerkzeuge und andere Datenbankdienstprogramme. Wir werden im Rahmen dieses Einsteigerseminars alle in Tabelle L2.5 beschriebenen Dienstprogramme erläutern.

Programm	Beschreibung
mysql(.exe)	Kommandozeileninterpreter zur Datenbank-kommunikation, gleichzeitig Datenbankklient.
mysqladmin(.exe)	Datenbankadministrationsprogramm.
mysqldump(.exe)	Datenbank-Backup-Programm.
mysqlimport(.exe)	Programm zum Datenimport, Kommandozeilen-oberfläche für die MySQL-Anweisung LOAD DATA.
mysqlshow(.exe)	Programm zur Anzeige der Datenbanken, Tabellen und Tabellenstrukturen, Kommando-zeilenoberfläche für die MySQL-Anweisung SHOW.
mysqld(.exe)	MySQL-Server.

Dienst-programe

Tab. L2.5: Die wichtigsten ausführbaren Dienstprogramme in MySQL

Dateipfad zum MySQL-Programmordner einstellen

Um auf der Windows-Kommandoebene die MySQL-Dienstpro-gramme von jedem beliebigen Dateiverzeichnis aus aufrufen und damit auf Pfadangaben beim Programmaufruf verzichten zu können, müssen Sie den Dateipfad zum MySQL-Programm-ordner *bin* in die Umgebungsvariable PATH des Betriebssys-tems eingeben. Dazu müssen Sie im Systemfenster *Umge-bungsvariablen* die Systemvariable PATH ändern. Öffnen Sie über die Menüauswahl *Startmenü/Systemsteuerung/System und Sicherheit/System/Erweiterte Systemeinstellungen* das Fenster *Systemeigenschaften* (Abbildung L2.28). Rufen Sie hier das Menü *Umgebungsvariablen* auf. Wählen die System-variable PATH aus und öffnen Sie mit der Schaltfläche *Bearbei-ten* das Eingabefenster *Systemvariable bearbeiten*. Ergänzen Sie in der Eingabezeile *Wert der Variablen* den vollständigen Pfad zum MySQL-Programmordner, z.B.:

Windows
Dateipfad
einrichten

```
C:\Program Files\MySQL\MySQL Server 5.6\bin
```

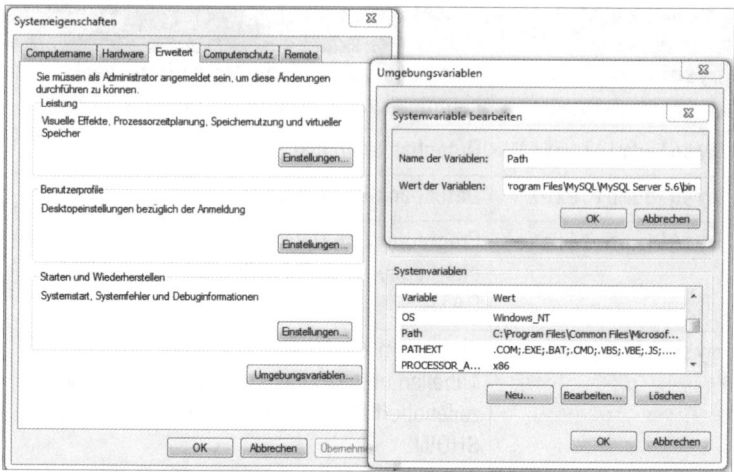

Abb. L2.28: Dateipfad zum MySQL-Programmordner in der Umgebungs-variable PATH einstellen

Datenbanksystem absichern und konfigurieren

Nach der Installation des Datenbankservers ist es sinnvoll, den Datenbankserver für den laufenden Betrieb abzusichern. Die wichtigste Maßnahme ist dabei das Einrichten eines Passworts für den Systemadministrator und das Löschen anonymer Konten, die einen ungehinderten Zugriff auf die Datenbank ermöglichen. Ziel ist es, alle unkontrollierten Zugriffe auf den Datenbankserver zu unterbinden.

Administratorpasswort einrichten

Passwort ändern

Nachdem Sie MySQL erfolgreich installiert haben, sollten Sie als ersten Schritt den Datenbankserver absichern, indem Sie ein Passwort für den Datenbankadministrator (Benutzername *root*) vergeben. Nach einer Neuinstallation des Datenbankservers ist der Server unter Umständen für jeden Benutzer zugänglich, der sich als Datenbankbenutzer anmeldet. Der Benutzer *root* besitzt uneingeschränkte Administrationsrechte und kann Zugriffsrechte für andere Benutzer vergeben bzw. alle Daten der Datenbank ändern oder löschen. *root*-Rechte sollte einzig und allein der Datenbankadministrator haben. Mit der folgenden Anweisung können Sie für den Benutzer *root* ein Passwort vergeben. Sie benötigen dazu das Administrationsprogramm *mysqladmin:*

```
# mysqladmin -u root [-p] password Passwort
```

Falls Sie sich jetzt immer noch ohne die Angabe eines Passwortes als Benutzer *root* einloggen können, weisen Sie mit dem nächsten Befehl den Datenbankserver an, die Berechtigungstabelle *mysql* in der Systemdatenbank *mysql* neu einzulesen.

```
# mysqladmin -u root reload
```

Beispiele

```
# mysqladmin -u root password admin
```

Mit diesem Befehl richten Sie das Passwort *admin* für den Datenbankadministrator ein. Nachdem Sie ein Passwort eingerichtet haben, müssen Sie ab sofort als Benutzer *root* mit der Option –p eine Passworteingabe anfordern, andernfalls wird der Befehl verweigert:

```
# Enter password: ****
```

Um beispielsweise mit dem Kommandozeileninterpreter auf den lokalen Datenbankserver zugreifen zu können, müssen Sie sich als Administrator jetzt in folgender Weise anmelden:

```
# mysql -u root -p
```

Falls Sie bereits ein Passwort für den Datenbankadministrator vergeben haben, können Sie dieses auch in der beschriebenen Weise ändern.

Anonyme Nutzerkonten löschen

MySQL erstellt bei der Installation unter Umständen anonyme Benutzerkonten, die keine Nutzernamen bzw. keine Kennwörter

Konten löschen

zur Anmeldung verlangen. Zur Sicherung der Datenbank vor unbefugtem Zugriff ist es erforderlich, dass Sie diese Konten deaktivieren bzw. löschen. Führen Sie dazu folgende Anweisungsfolge auf der MySQL-Kommandoebene aus. Sie benötigen dazu Datenbankadministratorrechte.

```
USE mysql;
DELETE FROM user WHERE User='';
DELETE FROM db WHERE User='';
FLUSH PRIVILEGES;
```

Mit diesen Anweisungen löschen Sie in den Systemtabellen alle Eintragungen von anonymen Nutzern, d.h. Nutzern ohne spezifischen Namen. Mit dem Befehl FLUSH PRIVILEGES werden die MySQL-Systemtabellen aktualisiert. Anonyme Zugriffe auf den Datenbankserver sind zukünftig nicht mehr möglich. Sie führen dann beispielsweise zu folgender Fehlermeldung:

```
ERROR 1045 (28000): Access denied for user
'ODBC'@'localhost' (using password: NO)
```

Das Löschen anonymer Nutzerkonten ist in Abbildung L2.29 zu sehen.

```
Console                                                              _ □ x
mysql> USE mysql;
Database changed
mysql> DELETE FROM user WHERE User='';
Query OK, 2 rows affected (0.00 sec)

mysql> DELETE FROM db WHERE User='';
Query OK, 2 rows affected (0.00 sec)

mysql> FLUSH PRIVILEGES;
Query OK, 0 rows affected (0.00 sec)

mysql> EXIT
Bye

C:\>mysql
ERROR 1045 (28000): Access denied for user 'ODBC'@'localhost' (using password: NO)

C:\>
```

Abb. L2.29: Anonyme Nutzerkonten löschen

Beachten Sie, dass Sie sich nach dem Löschen anonymer Konten stets mit einem Benutzernamen und einem Kennwort am Datenbankserver anmelden müssen.

Mit dem bereits beschriebenen Programm *MySQL Installer* zur menügesteuerten Installation und Konfiguration des MySQL-Datenbankservers können Sie auch ein Administratorpasswort festlegen und Konten für Datenbankbenutzer einrichten.

Systemkonfiguration ändern

Das Datenbanksystem benötigt eine Vielzahl von Einstellungen, die mithilfe von Serverparametern eingestellt und teilweise durch den Datenbankadministrator verändert werden können. Serverparameter werden beim Start des Datenbankservers aktiviert. Es besteht aber auch die Möglichkeit, eine Reihe dieser Parameter bei laufendem Serverbetrieb zu ändern. Auf der Kommandoebene des Datenbanksystems können Sie sich mit der Anweisung SHOW VARIABLES

System-konfiguration

```
SHOW VARIABLES [LIKE 'Suchbegriff']
```

entweder alle Serverparameter oder nur ausgewählte Parameter auflisten lassen. Die Anzeige können Sie mit entsprechenden Suchbegriffen einschränken. Gesucht wird allerdings nur in Parameternamen.

Beispiel

Im folgenden Beispiel lassen wir uns alle Parameter anzeigen, die die Größe des Arbeitsspeichers (engl. *cache*) für verschiedene Datenbankaufgaben festlegen:

```
SHOW VARIABLES LIKE '%cache%';
```

Wir wollen nun als Beispiel die Größe des Tabellenarbeitsspeichers verdoppeln. Im laufenden Serverbetrieb geht das mit der Anweisung zum Zuweisen von Werten an eine Variable.

```
SET GLOBAL table_open_cache = 4000;
```

Das Ergebnis können wir nun mit dem Befehl

```
SHOW VARIABLES LIKE 'table_open_cache';
```

anschauen. Das Ändern der Systemkonfiguration im laufenden Serverbetrieb ist in Abbildung L2.30 zu sehen.

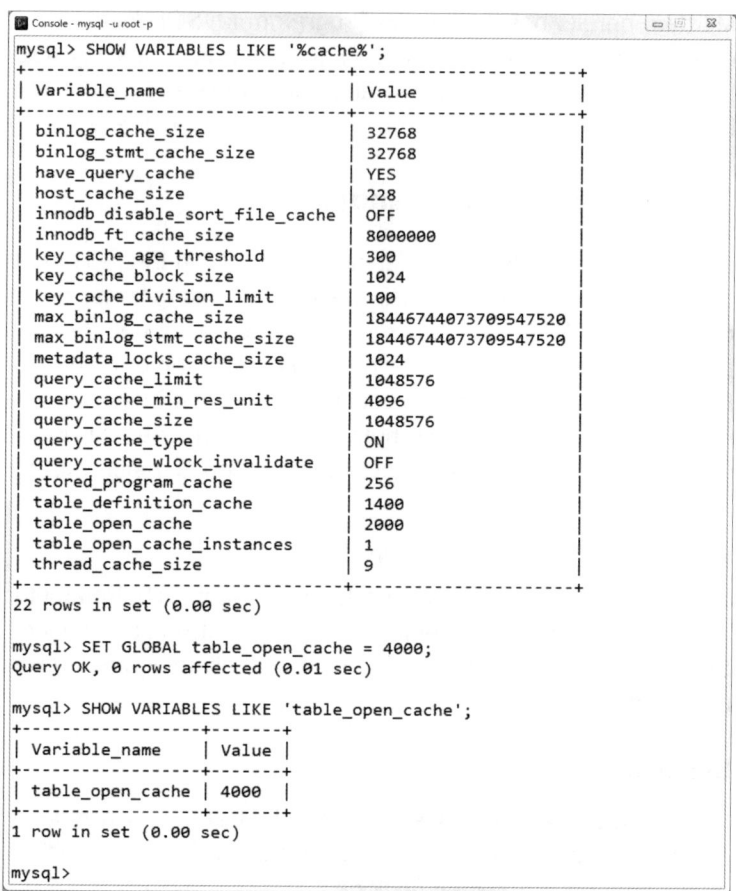

```
Console - mysql -u root -p                                              ☐ ⊠ ⊠

mysql> SHOW VARIABLES LIKE '%cache%';
+---------------------------------+----------------------+
| Variable_name                   | Value                |
+---------------------------------+----------------------+
| binlog_cache_size               | 32768                |
| binlog_stmt_cache_size          | 32768                |
| have_query_cache                | YES                  |
| host_cache_size                 | 228                  |
| innodb_disable_sort_file_cache  | OFF                  |
| innodb_ft_cache_size            | 8000000              |
| key_cache_age_threshold         | 300                  |
| key_cache_block_size            | 1024                 |
| key_cache_division_limit        | 100                  |
| max_binlog_cache_size           | 18446744073709547520 |
| max_binlog_stmt_cache_size      | 18446744073709547520 |
| metadata_locks_cache_size       | 1024                 |
| query_cache_limit               | 1048576              |
| query_cache_min_res_unit        | 4096                 |
| query_cache_size                | 1048576              |
| query_cache_type                | ON                   |
| query_cache_wlock_invalidate    | OFF                  |
| stored_program_cache            | 256                  |
| table_definition_cache          | 1400                 |
| table_open_cache                | 2000                 |
| table_open_cache_instances      | 1                    |
| thread_cache_size               | 9                    |
+---------------------------------+----------------------+
22 rows in set (0.00 sec)

mysql> SET GLOBAL table_open_cache = 4000;
Query OK, 0 rows affected (0.01 sec)

mysql> SHOW VARIABLES LIKE 'table_open_cache';
+------------------+-------+
| Variable_name    | Value |
+------------------+-------+
| table_open_cache | 4000  |
+------------------+-------+
1 row in set (0.00 sec)

mysql>
```

Abb. L2.30: Systemkonfiguration ändern

Alle Änderungen der Systemeinstellungen, die wir während des
laufenden Serverbetriebs vornehmen, gelten allerdings nur, so-
lange der Server läuft. Damit das Datenbanksystem modifizierte Systemparameter gleich bei einem Neustart des Servers
übernimmt, müssen Sie eine Konfigurationsdatei mit dem Namen *my.cnf* (UNIX/LINUX/MacOS) bzw. *my.ini* (Windows) anlegen oder ändern. MySQL überprüft bei jedem Serverstart, ob
diese Datei existiert, und lädt gegebenenfalls die dort definierten Systemeinstellungen. Diese Konfigurationsdatei befindet

sich standardmäßig unter UNIX/LINUX oder MacOS im Verzeichnis *etc* und unter Windows im Installationsverzeichnis *C:\Programme\MySQL\MySQL Server <Version>*.

In der Konfigurationsdatei können Sie unter Einstellungen des Datenbankservers *[mysqld]* neue Werte für einige Systemparameter festlegen. Für unser obiges Beispiel, die Erweiterung des Tabellenarbeitsspeichers, müsste die Konfigurationsdatei folgenden Eintrag enthalten:

```
[mysqld]
set-variable = table_cache = 4000
```

Einstellungen für die Volltextsuche ändern

In einigen Fällen ist es notwendig, auch die voreingestellten Parameter für die Volltextsuche, die im Teil *Anwenden* ausführlich erläutert wird, zu ändern. Erfahrungsgemäß ist es in der Praxis oftmals erforderlich, die minimale bzw. maximale Länge eines Suchbegriffs zu ändern, die Stoppwortliste zu erweitern bzw. zu modifizieren oder die 50%-Grenze für die Worthäufigkeit anzupassen. Die meisten Systemparameter für die Volltextsuche müssen beim Systemstart bereits gesetzt sein. Ihre Änderung erfordert daher in der Regel einen Neustart des Datenbankservers. Außerdem ist es in den meisten Fällen erforderlich, den Index neu aufzubauen.

Beispiel

Um beispielsweise die minimale und maximale Länge eines Suchbegriffs festzulegen und eine eigene Stoppwortliste zu benutzen, müssen Sie in der Konfigurationsdatei des Datenbankservers folgende Einträge einfügen bzw. ändern, falls sie bereits vorhanden sind:

```
[mysqld]
set-variable = ft_min_word_len = 3
set-variable = ft_max_word_len = 80
set-variable = ft_stopword_file = stoppwortliste.txt
```

In unserem Beispiel legen wir fest, dass Suchbegriffe mindestens 3 und maximal 80 Zeichen enthalten können. Außerdem benutzen wir eine Stoppwortliste, die sich in der Datei *stoppwortliste.txt* befindet. Die geänderten Systemeinstellungen werden erst nach einem Neustart des Datenbankservers gültig.

Datenbanken einrichten und löschen

Eine wichtige Aufgabe des Systemadministrators ist es, Datenbanken einzurichten bzw. zu löschen und, nachdem die Datenbanken eingerichtet sind, Zugriffsrechte für eine Datenbank festzulegen. Mit folgender Anweisung richten Sie mit dem Dienstprogramm *mysqladmin* auf der Betriebssystemkommandoebene eine neue Datenbank mit dem Namen *testdb* ein:

```
# mysqladmin -u root -p create testdb
```

Um die Datenbank *testdb* wieder zu löschen, benutzen Sie die folgende Anweisung:

```
# mysqladmin -u root -p drop testdb
```

Mit jeder neuen Installation von MySQL werden automatisch vier Datenbanken eingerichtet: die Datenbank *mysql*, die Tabellen für die Datenbankadministration enthält, eine Testdatenbank mit dem Namen *test* und die Datenbanken *information_schema* sowie *performance_schema* mit Systeminformationen.

In der Systemdatenbank mysql sollten Sie keine neuen Tabellen anlegen bzw. vorhandene Tabellen modifizieren. Änderungen der Einträge in diesen Tabellen sollten nur vom Datenbankadministrator vorgenommen werden.

Alternativ können Sie auch auf der Datenbankebene Datenbanken mithilfe von MySQL-Anweisungen einrichten, auswählen und löschen. Dazu wollen wir uns zunächst die logische Struktur der Datenverwaltung anschauen (Abbildung L2.31). Das Datenbanksystem verwaltet auf der obersten Ebene Datenbanken, die Datenbanktabellen enthalten. Eine Tabelle besteht wiederum aus Tabellenspalten.

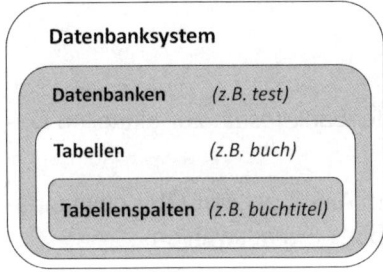

Abb. L2.31: Logische Struktur der Datenverwaltung

CREATE DATABASE

Die CREATE DATABASE-Anweisung erzeugt eine Datenbank unter dem angegebenen Namen. Innerhalb einer Datenbank können dann Tabellen angelegt werden.

Syntax

```
CREATE DATABASE Datenbankname;
```

CREATE
DATABASE

Beispiel

```
CREATE DATABASE testdb;
```

In diesem Beispiel wird die Datenbank *testdb* angelegt.

USE

Die USE-Anweisung deklariert eine Datenbank als aktuelle Datenbank. Damit beziehen sich alle folgenden SQL-Anweisungen auf die ausgewählte Datenbank. Das hat zur Folge, dass Sie in den SQL-Anweisungen den Datenbanknamen nicht mehr explizit angeben müssen.

Syntax

```
USE Datenbankname;
```

USE

Beispiel

```
USE testdb;
```

In diesem Beispiel wird die Datenbank *testdb* zur aktuellen Datenbank erklärt.

Alternativ können Sie gleich beim Aufruf der MySQL-Kommandoebene angeben, welche Datenbank Sie auswählen:

```
# mysql -u root -p testdb
```

DROP DATABASE

Die DROP DATABASE-Anweisung löscht eine Datenbank mit dem angegebenen Namen.

**DROP
DATABASE**

Syntax

```
DROP DATABASE Datenbankname;
```

Beispiel

```
DROP DATABASE testdb;
```

In diesem Beispiel wird die Datenbank *testdb* und damit alle in ihr enthaltenen Tabellen einschließlich aller darin abgelegten Daten gelöscht.

Beachten Sie, dass beim Löschen einer Datenbank alle darin verwalteten Tabellen und Daten unwiderruflich verloren gehen. Eine direkte Wiederherstellung der Daten ist nicht möglich.

In Abbildung L2.32 sehen Sie noch einmal die Operationen zum Anlegen, Auswählen und Löschen von Datenbanken auf der Datenbankebene.

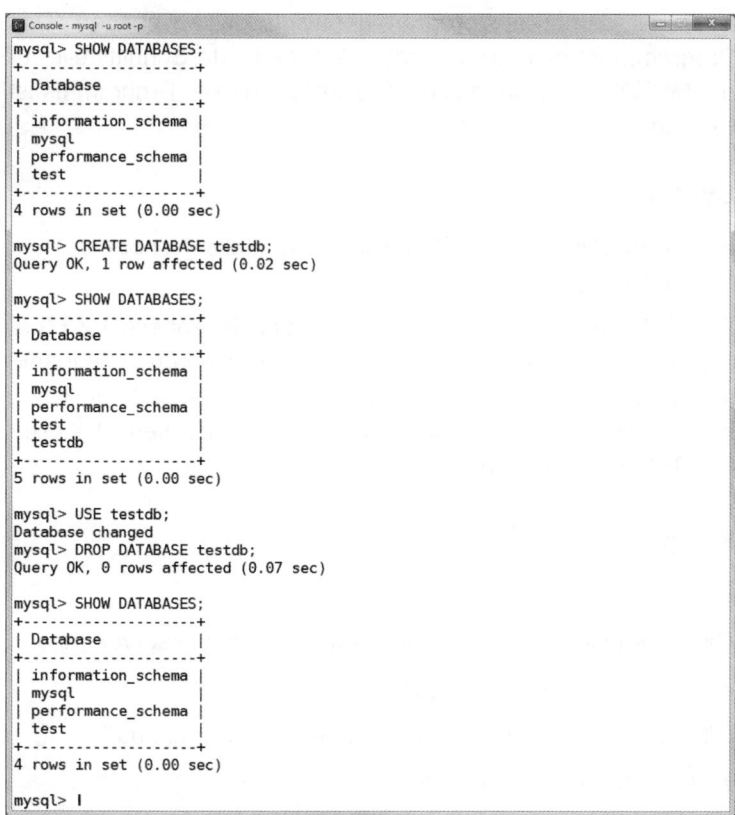

```
Console - mysql -u root -p                                    [_][□][X]
mysql> SHOW DATABASES;
+--------------------+
| Database           |
+--------------------+
| information_schema |
| mysql              |
| performance_schema |
| test               |
+--------------------+
4 rows in set (0.00 sec)

mysql> CREATE DATABASE testdb;
Query OK, 1 row affected (0.02 sec)

mysql> SHOW DATABASES;
+--------------------+
| Database           |
+--------------------+
| information_schema |
| mysql              |
| performance_schema |
| test               |
| testdb             |
+--------------------+
5 rows in set (0.00 sec)

mysql> USE testdb;
Database changed
mysql> DROP DATABASE testdb;
Query OK, 0 rows affected (0.07 sec)

mysql> SHOW DATABASES;
+--------------------+
| Database           |
+--------------------+
| information_schema |
| mysql              |
| performance_schema |
| test               |
+--------------------+
4 rows in set (0.00 sec)

mysql> |
```

Abb. L2.32: Datenbank anlegen, auswählen und löschen

Informationen über die Datenbank

Informationen über ein Datenbankschema erhalten Sie mithilfe verschiedener SQL-Befehle oder MySQL-Dienstprogramme und über die MySQL-Systemtabellen.

Dienstprogramm mysqlshow

Die Struktur der Datenbanken, Tabellen oder Tabellenspalten können Sie sich auf der Kommandoebene eines Betriebssys-

---

tems mit dem Dienstprogramm *mysqlshow* anschauen. Das Programm ist eine kommandozeilenorientierte Schnittstelle für die MySQL-Anweisung `SHOW`. Die Syntax dieses Programms ist folgende:

mysqlshow

Syntax

`mysqlshow` [Option[en]] [Datenbankname [Tabellenname [Spaltenname]]]

Die Optionen für dieses Programm sind in Tabelle L2.2 beschrieben. Nachdem Sie eine Verbindung mit dem Datenbankserver hergestellt haben und die nötigen Zugriffsrechte besitzen, können Sie sich Informationen über Datenbanken, Tabellen und Tabellenspalten anschauen.

Beispiele

`# mysqlshow -u root -p`

Gibt eine Liste aller Datenbanken des Datenbankservers aus.

`# mysqlshow -u root -p mysql`

Gibt eine Liste der Tabellen der Datenbank *mysql* aus.

`# mysqlshow -u root -p mysql user`

Gibt eine Liste der Tabellenspalten und deren Definitionen für die Tabelle *user* in der Datenbank *mysql* aus.

Auf der Datenbankebene benutzen Sie den Befehl `SHOW`, um Informationen über Datenbanken, Tabellen, Prozeduren und Funktionen zu erhalten. Um die Tabellenstruktur anzuzeigen, benutzen Sie den Befehl `EXPLAIN`.

SHOW

SHOW

Mithilfe der MySQL-Anweisung `SHOW` können Sie Informationen über Datenbanken, Tabellen, Funktionen und Prozeduren in MySQL erhalten. Mit dem Befehl

`SHOW {DATABASES|TABLES}`

wird Ihnen eine Liste mit allen verfügbaren Datenbanken oder eine Liste mit allen Tabellen einer Datenbank angezeigt. Um die Tabellenliste anzeigen zu können, müssen Sie zuerst mit dem Befehl USE eine Datenbank auswählen. Mit dem Befehl

```
SHOW CREATE {TABLE|VIEW|FUNCTION|PROCEDURE} Name
```

können Sie sich die Definition einer Tabelle, einer Sicht, einer Funktion oder einer Prozedur anzeigen lassen. Statusinformationen zu Funktionen und Prozeduren erhalten Sie mit dem Befehl

```
SHOW {PROCEDURE|FUNCTION} STATUS
```

EXPLAIN

Mit dem Befehl EXPLAIN können Sie sich die gesamte Tabellenstruktur anzeigen lassen, d.h. die Struktur aller Spalten bzw. nur die Struktur einer einzelnen Tabellenspalte. Ausgabeparameter sind dabei der Spaltenname, der Datentyp, die Schlüsseldefinition, Voreinstellungen, NULL-Werte und Extras. **EXPLAIN**

Syntax

```
EXPLAIN Tabellenname [Spaltenname]
```

Beispiele

Nachdem Sie sich am Datenbankserver angemeldet haben, können Sie sich alle Datenbanken, die das Datenbanksystem verwaltet, anzeigen lassen:

```
SHOW DATABASES;
```

Jetzt können Sie die Datenbank *test* auswählen und sich alle Tabellen dieser Datenbank auflisten lassen.

```
USE test;
SHOW TABLES;
```

Die Tabellenstruktur der Tabelle *person* können Sie mit folgendem Befehl ansehen:

```
EXPLAIN person;
```

Die Ergebnisse der oben beschriebenen Anweisungen sind in Abbildung L2.33 zu sehen.

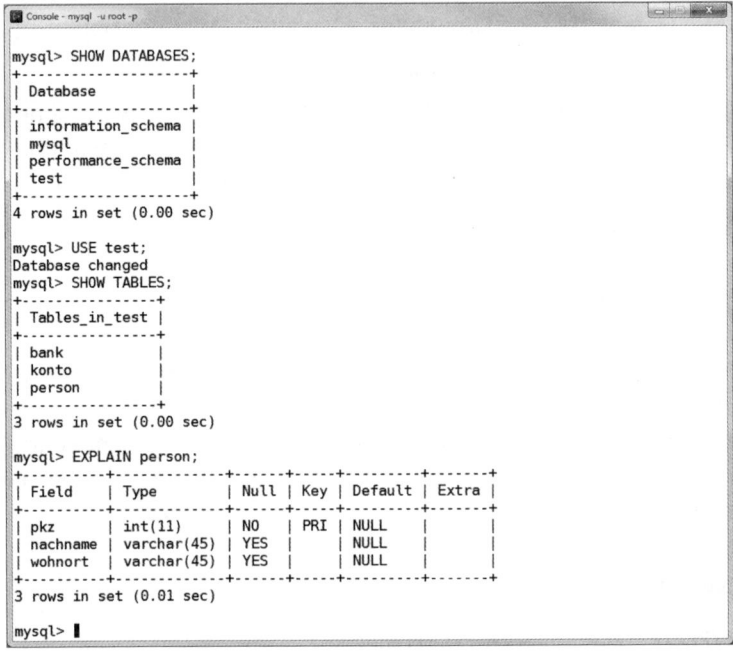

```
Console - mysql -u root -p

mysql> SHOW DATABASES;
+--------------------+
| Database           |
+--------------------+
| information_schema |
| mysql              |
| performance_schema |
| test               |
+--------------------+
4 rows in set (0.00 sec)

mysql> USE test;
Database changed
mysql> SHOW TABLES;
+----------------+
| Tables_in_test |
+----------------+
| bank           |
| konto          |
| person         |
+----------------+
3 rows in set (0.00 sec)

mysql> EXPLAIN person;
+----------+-------------+------+-----+---------+-------+
| Field    | Type        | Null | Key | Default | Extra |
+----------+-------------+------+-----+---------+-------+
| pkz      | int(11)     | NO   | PRI | NULL    |       |
| nachname | varchar(45) | YES  |     | NULL    |       |
| wohnort  | varchar(45) | YES  |     | NULL    |       |
+----------+-------------+------+-----+---------+-------+
3 rows in set (0.01 sec)

mysql>
```

Abb. L2.33: Datenbankinformationen anzeigen

Ab der Version 5 stellt Ihnen MySQL eine Zusammenstellung aller wichtigen Information über den Datenbankserver und alle angelegten Datenstrukturen in Tabellenform zur Verfügung. Diese Informationstabellen finden Sie in der Datenbank *information-_schema* (Abbildung L2.34). Sie finden hier beispielsweise Informationen über Tabellen, Zugriffsrechte, Zeichensätze, Prozeduren und Sichten. Sie können diese Informationen allerdings nur lesen, d.h. Sie können mithilfe dieser Tabellen keine Änderungen der Datenbanksystemeinstellungen vornehmen.

```
Console - mysql  -u root -p

mysql> USE information_schema;
Database changed
mysql> SHOW TABLES;
+---------------------------------------+
| Tables_in_information_schema          |
+---------------------------------------+
| CHARACTER_SETS                        |
| COLLATIONS                            |
| COLLATION_CHARACTER_SET_APPLICABILITY |
| COLUMNS                               |
| COLUMN_PRIVILEGES                     |
| ENGINES                               |
| EVENTS                                |
| FILES                                 |
| GLOBAL_STATUS                         |
| GLOBAL_VARIABLES                      |
| KEY_COLUMN_USAGE                      |
| PARAMETERS                            |
| PARTITIONS                            |
| PLUGINS                               |
| PROCESSLIST                           |
| PROFILING                            |
| REFERENTIAL_CONSTRAINTS               |
| ROUTINES                              |
| SCHEMATA                              |
| SCHEMA_PRIVILEGES                     |
| SESSION_STATUS                        |
| SESSION_VARIABLES                     |
| STATISTICS                            |
| TABLES                                |
| TABLESPACES                           |
| TABLE_CONSTRAINTS                     |
| TABLE_PRIVILEGES                      |
| TRIGGERS                              |
| USER_PRIVILEGES                       |
| VIEWS                                 |
| INNODB_CMP_RESET                      |
| INNODB_TRX                            |
| INNODB_CMPMEM_RESET                   |
| INNODB_LOCK_WAITS                     |
| INNODB_CMPMEM                         |
| INNODB_CMP                           |
| INNODB_LOCKS                          |
+---------------------------------------+
37 rows in set (0.00 sec)

mysql> |
```

Abb. L2.34: Informationstabellen der Datenbank *information_schema*

Benutzerkonten einrichten und löschen

Eine der wichtigsten Aufgaben des Datenbankadministrators ist ohne Zweifel die Verwaltung von Benutzerkonten. Diesen Aktivitäten sollten Sie aus Gründen der Datensicherheit besondere Aufmerksamkeit schenken.

Mit der SQL-Anweisung CREATE USER können Sie neue Datenbankbenutzer einrichten und mit dem Befehl DROP USER wieder löschen.

Syntax

CREATE/DROP
USER

```
CREATE USER Nutzername@Datenbankhost [ IDENTIFIED BY
Passwort ]
DROP USER Nutzername@Datenbankhost
```

Auf einen MySQL-Datenbankserver können Sie auch von einem entfernten Datenbankklienten zugreifen. Sie können daher angeben, von welchem Klientenrechner ein Datenbankzugriff erfolgen darf. Zur Identifikation eines Datenbankbenutzers verwenden Sie eine Syntax, die an eine elektronische E-Mail-Adresse erinnert:

```
'Benutzername'@'Hostspezifikation'
```

Neben Nutzernamen und Passwort müssen Sie den Datenbankserver (Host) spezifizieren. Tabelle L2.6 zeigt Ihnen dazu verschiedene Möglichkeiten der Hostspezifikation.

Argument	Beschreibung
localhost	Zugriff erfolgt nur von dem Server, auf dem der Datenbankserver läuft.
%	Zugriff kann von einem beliebigen Klientenrechner über ein Netzwerk erfolgen.
Hostadresse	Zugriff erfolgt von einem Klientenrechner, der durch eine Netzwerkadresse, d.h. durch einen Rechnernamen oder eine IP-Adresse spezifiziert wird.

Tab. L2.6: Hostspezifikationen für Zugriffsberechtigungen

Die Verwendung von Hochkomma bzw. Anführungszeichen oben für die Nutzer- bzw. Hostnamen ist nicht in jedem Fall erforderlich, sollte aber zur Vermeidung von Syntaxfehlern stets benutzt werden.

Beispiel

Um Benutzerkonten einzurichten, rufen Sie auf der Betriebssystemebene den MySQL-Kommandointerpreter auf.

```
# mysql –u root –p
```

Jetzt wollen wir auf dem lokalen Host einen Benutzer *nutzer* einrichten. Der Benutzer muss sich durch das Passwort *npw* identifizieren.

`CREATE USER 'nutzer'@'localhost' IDENTIFIED BY 'npw';`

Sie können diese Operation überprüfen, indem Sie sich die Zugriffsrechte für den Benutzer *nutzer* anschauen, die in der Tabelle *user* gespeichert sind. Wählen Sie die Datenbank *mysql* aus und führen Sie eine `SELECT`-Abfrage aus.

`USE mysql;`
`SELECT Host, User, Password FROM user;`

Mit dem Befehl `DROP USER` löschen Sie einen Benutzer wieder.

`DROP USER 'nutzer'@'localhost';`

Abbildung L2.35 zeigt das Einrichten und Löschen eines Benutzerkontos auf der Datenbankebene.

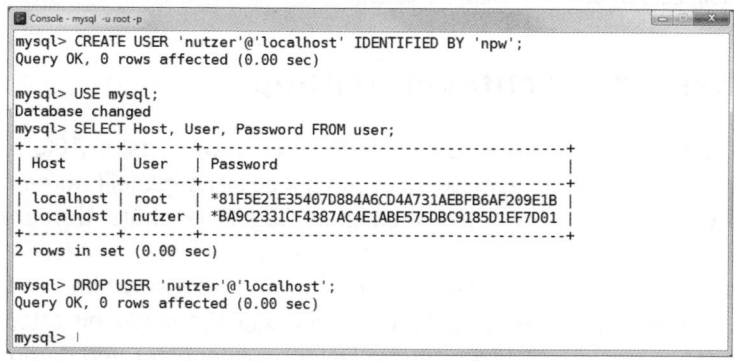

Abb. L2.35: Benutzerkonten einrichten und löschen

Benutzerkennwörter ändern

Häufig wird der Datenbankadministrator beauftragt, das Kennwort eines Benutzers zu ändern. Auf der Kommandoebene können nen Sie das mit dem Befehl `SET PASSWORD` tun. Um beispielsweise das Kennwort *npw* des Datenbanknutzers *nutzer* in *npw_neu* zu ändern, müssen Sie die Anweisung `SET PASSWORD FOR` verwenden. Das neue Kennwort wird dabei in kodierter Form in die Tabelle eingeschrieben.

Passwort ändern

SET PASSWORD FOR 'nutzer@localhost' = Password('npw_neu');

In Abbildung L2.36 sehen Sie, dass durch die Anweisung das kodierte Kennwort geändert wurde.

```
Console - mysql -u root -p
mysql> SELECT Host, User, Password FROM user;
+-----------+---------+-------------------------------------------+
| Host      | User    | Password                                  |
+-----------+---------+-------------------------------------------+
| localhost | root    | *81F5E21E35407D884A6CD4A731AEBFB6AF209E1B |
| localhost | nutzer  | *BA9C2331CF4387AC4E1ABE575DBC9185D1EF7D01 |
+-----------+---------+-------------------------------------------+
2 rows in set (0.00 sec)

mysql> SET PASSWORD FOR nutzer@localhost = Password('npw_neu');
Query OK, 0 rows affected (0.00 sec)

mysql> SELECT Host, User, Password FROM user;
+-----------+---------+-------------------------------------------+
| Host      | User    | Password                                  |
+-----------+---------+-------------------------------------------+
| localhost | root    | *81F5E21E35407D884A6CD4A731AEBFB6AF209E1B |
| localhost | nutzer  | *DFD74E95924B266AFAC6113B862EA67FED38638B |
+-----------+---------+-------------------------------------------+
2 rows in set (0.00 sec)
```

Abb. L2.36: Benutzerkennwort ändern

Benutzerrechteverwaltung

Die Benutzerrechteverwaltung gehört zu den wichtigsten Aufgaben der Datenbankadministration, da nur so sichergestellt werden kann, dass Daten vor unberechtigtem Zugriff geschützt werden können. Alle Daten über die MySQL-Benutzerkonten werden in speziellen Systemtabellen der Datenbank *mysql* verwaltet. Auf der Datenbankebene können Sie als Datenbankadministrator oder autorisierter Nutzer andere Datenbankbenutzer und deren Zugriffsrechte definieren. Benutzer können sich dabei über Klientenprogramme lokal oder über das Netz anmelden.

**Benutzer-
rechte**

Abbildung L2.37 zeigt die verschiedenen Ebenen der Festlegung von Zugriffsrechten und die dazugehörigen Systemtabellen, die Sie in der MySQL-Systemdatenbank *mysql* finden. Auf der Ebene der Datenbankbenutzer werden Klientenrechner und Zugangsdaten und auf der Datenbankebene die Zugriffsberechtigungen eines Benutzers für eine Datenbank festgelegt. Auf der Tabellen- und Tabellenspaltenebene werden die erlaubten SQL-Befehle für den Datenzugriff in den Datenbanktabellen definiert.

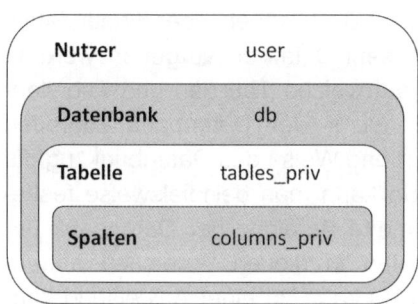

Nutzer	user
Datenbank	db
Tabelle	tables_priv
Spalten	columns_priv

Abb. L2.37: Ebenen und Systemtabellen zur Verwaltung von Zugriffsrechten

Tabelle L2.7 zeigt eine Übersicht der Systemtabellen, die für die Verwaltung von Benutzerrechten relevant sind.

Tabelle	Benutzerrechte
user	Zugriffsrechte für den Datenbankserver, d.h. Klientennamen, Benutzernamen, Benutzerpasswörter sowie Administrations- und SQL-Anweisungen, für die Zugriffsrechte erteilt werden.
db	Zugriffsrechte für Datenbanken, d.h. Klientennamen, Datenbanknamen, Benutzernamen und SQL-Anweisungen, für die Zugriffsrechte erteilt werden.
tables_priv	Zugriffsrechte für Tabellen, d.h. Klientennamen, Datenbanknamen, Benutzernamen, Tabellennamen und SQL-Anweisungen, für die Zugriffsrechte erteilt werden.
columns_priv	Zugriffsrechte für Tabellenspalten, d.h. Klientennamen, Datenbanknamen, Benutzernamen, Tabellennamen, Spaltennamen und SQL-Anweisungen, für die Zugriffsrechte erteilt werden.

Tab. L2.7: Systemtabellen für Benutzerberechtigungen

GRANT

Mit der GRANT-Anweisung legen Sie Datenzugriffsberechtigungen **GRANT**
für jeden Datenbankbenutzer fest. Da Datenbanken oftmals

sehr sensible Daten verwalten, z.B. Personen- oder Firmendaten, können auch Zugriffsrechte sehr detailliert vergeben werden. Der GRANT-Befehl legt fest, auf welche Tabellen und Tabellenspalten ein bestimmter Benutzer der Datenbank zugreifen kann. Zusätzlich kann die Art und Weise des Datenbankzugriffs genauer definiert werden. So kann man beispielsweise festlegen, ob ein Benutzer bestimmte Bereiche der Datenbank nur abfragen (SELECT) oder Daten in diesen Bereichen ändern (UPDATE) bzw. löschen (DELETE) kann. In einer Anweisung können dabei mehrere Zugriffsberechtigungen festgelegt werden.

Syntax

```
GRANT {Schlüsselwort [Spaltenname,... ] [,...]|ALL}
ON {Datenbankname.Tabellenname|Datenbankname.*|*.*}
TO 'Benutzername'@'Hostname'
[IDENTIFIED BY Passwort][,...]
[WITH GRANT OPTION]
```

In Tabelle L2.8 werden die wichtigsten Argumente und Klauseln der GRANT-Anweisung erläutert. Die Hostspezifikation entnehmen Sie der Tabelle L2.6.

Argumente	Beschreibung
Schlüsselwort	SQL-Befehl, für den Zugriffsberechtigungen erteilt werden. Zugriffsrechte können erteilt werden für: ALTER, CREATE, DELETE, DROP, INDEX, INSERT, SELECT, UPDATE etc.
Benutzername	Datenbankbenutzer, der Zugriffsrechte erhält.
Hostname	Klient, von dem aus ein Datenbankzugriff erfolgen soll.
ON	Nach ON werden Tabellen aufgeführt, auf die ein Zugriff erfolgen soll.
TO	Nach TO werden Benutzer definiert, die Zugriffsrechte erhalten.
IDENTIFIED BY	Nach dieser Klausel wird für die Benutzung der Datenbank ein Passwort vergeben.

Argumente	Beschreibung
Passwort	Passwort für einen Datenbankbenutzer.
WITH GRANT OPTION	Erteilt einem Benutzer das Recht, Zugriffs-rechte für andere Benutzer zu erteilen.

Tab. L2.8: Argumente und Klauseln der GRANT-Anweisung

Zur Festlegung von Zugriffsberechtigungen gibt es eine Reihe von Optionen, die in Tabelle L2.9 zusammengefasst sind.

Option	Beschreibung
%	Zugriffsrechte für alle Benutzer.
ALL [PRIVILEGES]	Zugriffsrechte für alle Datenbankoperationen.
.	Globale Zugriffsrechte für alle Datenbanken und alle Tabellen.
Datenbankname. Tabellenname	Zugriffsrechte für eine ausgewählte Tabelle einer Datenbank.
Datenbank . *	Zugriffsrechte für alle Tabellen einer Datenbank.

Tab. L2.9: Optionen für Zugriffsberechtigungen

Mit der TO-Klausel legen Sie den Benutzer fest, dem Zugriffs-rechte erteilt werden, und geben mit der IDENTIFIED BY-Klau-sel das Nutzerpasswort ein.

Falls ein Datenbankbenutzer noch nicht existiert, muss er vor der Zuweisung von Zugriffsrechten mit der Anweisung CREATE USER definiert werden.

Beispiele

Für die folgenden Beispiele ist es erforderlich, dass Sie sich als Datenbankadministrator anmelden.

```
# mysql –u root -p
```

Außerdem wird vorausgesetzt, dass die Datenbank *test* existiert und dort eine Testtabelle *buch* mit einer Tabellenspalte *autor* angelegt wurde. Beispielsweise mit folgender Anweisung:

```
USE test;
CREATE TABLE buch (autor CHAR(20));
```

In unserem ersten Beispiel wird dem lokalen Datenbankbenutzer *nutzer* das Recht zugewiesen, mit der SELECT-Anweisung Datenbankabfragen in allen Tabellen der Datenbank *test* auszuführen.

```
GRANT SELECT ON test.* TO 'nutzer'@'localhost';
```

Den Stern * benutzen Sie in diesem Fall als Ersetzungszeichen für alle Tabellen der Datenbank *test*.

```
GRANT SELECT ON test.buch TO 'nutzer'@'localhost';
```

In diesem Beispiel wird dem lokalen Benutzer *nutzer* das Zugriffsrecht erteilt, mit der SELECT-Anweisung Datenbankabfragen nur in der Tabelle *buch* der Datenbank *test* durchzuführen.

```
GRANT INSERT (autor) ON test.buch TO 'nutzer'@'localhost';
```

Im obigen Beispiel wird dem lokalen Benutzer *nutzer* das Zugriffsrecht zugewiesen, mit der INSERT-Anweisung nur Daten in das Datenfeld *autor* der Tabelle *buch* der Datenbank *test* einzugeben.

```
GRANT ALL ON test.buch TO 'nutzer'@'localhost';
```

Jetzt werden dem Benutzer *nutzer* auf dem lokalen Server alle Zugriffsrechte für die Tabelle *buch* in der Datenbank *test* zugewiesen.

```
GRANT ALL ON test.buch TO '%'@'klient.com';
```

In diesem Beispiel werden einem beliebigen Benutzer (%) eines Klientenrechners alle Zugriffsrechte für die Tabelle *buch* der Datenbank *test* zugewiesen. Er kann auf die Datenbank allerdings nur von einem Klientenrechner mit der Adresse *klient.com* zugreifen.

```
GRANT ALL ON test.buch TO 'nutzer'@'%' IDENTIFIED BY
'npw_neu';
```

Im letzten Beispiel werden dem Benutzer *nutzer* alle Zugriffsrechte für die Tabelle *buch* der Datenbank *test* zugewiesen. Er kann auf die Datenbank von einem beliebigen Klientenrechner (%) aus zugreifen, der Zugriff ist durch das Passwort *npw_neu* geschützt.

Nachdem Sie die Zugriffsrechte definiert haben, können Sie sich die Tabellen für die Benutzerberechtigungen anschauen. Wechseln Sie dazu zunächst in die Datenbank *mysql* und schauen Sie sich dann die Zugriffsrechte für die Datenbank *test*, die Tabelle *buch* und die Spalte *autor* an:

```
USE mysql;
SELECT Host, Db, User, Select_priv FROM db;
SELECT Host, Db, User, Table_name, Table_priv FROM
tables_priv;
SELECT Host, Db, User, Table_name, Column_name, Column_priv
FROM columns_priv;
```

Abbildung L2.38 zeigt die aktuellen Einträge in den Berechtigungstabellen, nachdem die ersten drei Anweisungen der Beispiele zur GRANT-Anweisung ausgeführt worden sind. Sie sehen, dass sowohl auf der Datenbankebene als auch auf der Tabellen- und der Spaltenebene Zugriffsrechte vergeben wurden.

```
Console - mysql -u root -p

mysql> SELECT Host, Db, User, Select_priv FROM db;
+-----------+------+--------+-------------+
| Host      | Db   | User   | Select_priv |
+-----------+------+--------+-------------+
| localhost | test | nutzer | Y           |
+-----------+------+--------+-------------+
1 row in set (0.00 sec)

mysql> SELECT Host, Db, User, Table_name, Table_priv FROM tables_priv;
+-----------+------+--------+------------+------------+
| Host      | Db   | User   | Table_name | Table_priv |
+-----------+------+--------+------------+------------+
| localhost | test | nutzer | buch       | Select     |
+-----------+------+--------+------------+------------+
1 row in set (0.00 sec)

mysql> SELECT Host, Db, User, Table_name, Column_name, Column_priv FROM columns_priv;
+-----------+------+--------+------------+-------------+-------------+
| Host      | Db   | User   | Table_name | Column_name | Column_priv |
+-----------+------+--------+------------+-------------+-------------+
| localhost | test | nutzer | buch       | autor       | Insert      |
+-----------+------+--------+------------+-------------+-------------+
1 row in set (0.00 sec)
```

Abb. L2.38: Berechtigungstabellen

REVOKE

Die REVOKE-Anweisung ist syntaktisch identisch mit der GRANT-Anweisung. Sie hat die Aufgabe, die Zugriffsberechtigungen in der gleichen Weise, wie sie erteilt wurden, wieder aufzuheben.

Syntax

REVOKE {Schlüsselwort [Spaltenname] [,...]|ALL}
ON {Datenbankname.Tabellenname|Datenbankname.*|*.*}
FROM 'Benutzername'@'Hostname' [,...]

Die Argumente und Klauseln der REVOKE-Anweisung sind in Tabelle L2.10 beschrieben.

Argumente	Beschreibung
Schlüsselwort	Liste mit Befehlen, für die Zugriffsberechtigungen beschränkt werden. Für folgende Befehle können u.a. die Zugriffsrechte beschränkt werden: ALTER, CREATE, DELETE, DROP, INDEX, INSERT, SELECT, UPDATE etc.
Benutzername	Datenbankbenutzer, für den die Zugriffsrechte beschränkt werden.
ON	Nach ON werden Tabellen aufgeführt, die eine Zugriffsbeschränkung erhalten.
FROM	Nach FROM werden Benutzer definiert, für die Zugriffsrechte beschränkt werden.

Tab. L2.10: Argumente und Klauseln der REVOKE-Anweisung

Beispiele

REVOKE SELECT ON **test.buch** FROM 'nutzer'@'localhost';

In diesem Beispiel wird für den lokalen Benutzer *nutzer* die Berechtigung aufgehoben, mit einer SELECT-Anweisung Datenbankabfragen in der Tabelle *buch* der Datenbank *test* durchzuführen.

REVOKE INSERT (autor) ON **test.buch** FROM 'nutzer'@'localhost';

Jetzt wird für den lokalen Benutzer *nutzer* die Berechtigung aufgehoben, mit der INSERT-Anweisung Daten in das Datenfeld *autor* der Tabelle *buch* der Datenbank *test* einzugeben.

Zugriffsrechte für Sichten und Routinen

In der Praxis kommt es häufig vor, dass Sie nur bestimmte Zugriffsrechte an einen Datenbankbenutzer vergeben wollen. Einige Rechte sollten Sie nur in Ausnahmefällen vergeben. Dazu gehören beispielsweise das Recht zum Erstellen von Sichten und Routinen und das Recht zur Vergabe von Zugriffsrechten. Wir wollen jetzt exemplarisch zeigen, wie man Rechte zum Einrichten von Sichten (CREATE VIEW) und Routinen (CREATE ROUTINE) an einen Datenbankbenutzer vergibt.

Beispiel

In unserem Beispiel vergeben wir die Rechte zum Erstellen von Sichten und Routinen (Prozeduren, Funktionen und Trigger) für den lokalen Nutzer 'nutzer'@'localhost'. Auf ein Passwort wird zur Vereinfachung verzichtet. Melden Sie sich dazu als Datenbankadministrator an und geben Sie die folgenden Befehle ein:

```
# mysql -u root -p
GRANT CREATE VIEW ON test.* TO 'nutzer'@'localhost';
GRANT CREATE ROUTINE ON test.* TO 'nutzer'@'localhost';
FLUSH PRIVILEGES;
EXIT
```

Datensicherung

Eine weitere zentrale Aufgabe des Datenbankadministrators ist die Gewährleistung der Datensicherheit des Datenbankservers. Sie steht neben der Verwaltung von Benutzerkonten im Zentrum administrativer Aufgaben. Der Datenbankadministrator muss verhindern, dass Daten in irgendeiner Weise beschädigt wer-

Datensicherung

den oder verloren gehen. Um das zu gewährleisten, sichert der Administrator in regelmäßigen Abständen den gesamten Datenbestand oder Teilbestände der Datenbasis. Oftmals ist es sogar sinnvoll, von besonders wichtigen Datenbeständen mehrere Sicherungskopien auf unterschiedlichen Speichermedien zu erstellen. Der Prozess einer regelmäßigen Datensicherung wird auch *Backup* genannt. Folgende Ereignisse können dazu führen, dass Datenbankinhalte beschädigt werden oder verloren gehen:

■ Systemabsturz, ohne Herunterfahren des Datenbankservers,

■ unbeabsichtigtes Löschen von Benutzerdaten durch die Datenbankbenutzer,

■ Datenverlust durch die Datenbankadministration, z.B. durch Software-Updates, Backups etc. oder

■ Datenverlust durch unberechtigte Eindringlinge.

Um den Datenbestand zu sichern, gibt es natürlich eine Reihe von Möglichkeiten. Zum einen können Sie regelmäßig alle Daten Ihrer Festplatte und damit auch die Daten Ihrer MySQL-Datenbank sichern. Andererseits ist es auch möglich, das Dateiverzeichnis zu sichern, in dem sich alle Nutzerdaten des MySQL-Datenbankservers befinden. Der Speicherort dieses Ordners wird in der MySQL-Konfigurationsdatei festgelegt. Jede Datenbank erhält in diesem Verzeichnis einen eigenen, gleichnamigen Dateiordner. In diesem Dateiordner werden dann alle Tabellendaten abgelegt. Jede Tabelle wird in Form von drei einzelnen Dateien gespeichert, die in Tabelle L2.11 beschrieben sind.

Dateityp	Dateiname	Beschreibung
Strukturdatei	.frm	Tabellenstruktur
Datendatei	.MYD	Datensätze
Indexdatei	.MYI	Index

Tab. L2.11: Systemverwaltungsdateien für Tabellen in MySQL

Zur gezielten Sicherung einzelner Datenbanken sollten Sie allerdings das Sicherungsprogramm *mysqldump* oder die Datensicherungsoptionen im Verwaltungsprogramm *MySQL-Workbench* benutzen.

Dienstprogramm mysqldump

Das Dienstprogramm *mysqldump* hilft Ihnen, vollständige Datenbanken oder auch nur einzelne Tabellen zu sichern. Dabei werden sowohl die Datenbankstruktur als auch alle Datensätze gesichert. Sie können dabei alle Datenbanken zugleich sichern oder nur einzelne Datenbanken bzw. Tabellen auswählen. Die Speicherung der Daten erfolgt in einer Textdatei. Diese Textdatei enthält alle Daten und die erforderlichen SQL-Befehle zur Wiederherstellung der Tabellen (CREATE TABLE) und Datensätze (INSERT).

mysqldump

Mithilfe der Sicherungsdatei können Sie auch MySQL-Datenbanken in andere Datenbanksysteme exportieren.

Syntax

```
mysqldump [Option[en]] Datenbankname [Tabellenname[,...]]
[Parameter] > Dateiname
```

Das Dienstprogramm beinhaltet eine Reihe von Parametern, mit deren Hilfe Sie das Ausgabeformat individuell definieren können. Im Allgemeinen können Sie jedoch auf die Angabe von Parametern verzichten und die Standardeinstellungen verwenden. Die Optionen für dieses Programm sind in Tabelle L2.2 beschrieben. Um eine Übersicht zu allen Optionen und Parametern des *mysqldump*-Programms zu erhalten, verwenden Sie folgenden Befehl:

```
# mysqldump --help
```

Wollen Sie alle Datenbanken des Datenbankservers speichern, benutzen Sie den Parameter –A.

```
# mysqldump –u root -p –A > backup.txt
```

Wollen Sie nur eine bestimmte Datenbank speichern, geben Sie den Namen der Datenbank an, in unserem Beispiel *test*:

```
# mysqldump –u root -p test > backup_test.txt
```

Das folgende Listing zeigt den Dateikopf der Sicherungsdatei *backup_test.txt* für die Datenbank *test*.

```
-- --------------------------------------------------------
-- MySQL dump 10.7
-- Host: localhost    Database: test
-- Server version 5.6
-- --------------------------------------------------------
```

XML

Wollen Sie Tabellenstrukturen und Daten im XML-Format speichern, benutzen Sie den Parameter –X.

```
# mysqldump –u root -p test –X > backup_test.xml
```

Wiederherstellen einer Datenbank

Zur Wiederherstellung der gesicherten Daten benutzen Sie auf der Kommandoebene des Betriebssystems das Programm *mySQL-Monitor*. Alle eben gesicherten Tabellen der Datenbank *test* importieren Sie beispielsweise mit folgendem Befehl:

```
# mysql –u root –p test < backup_test.txt
```

Beachten Sie, dass zur Wiederherstellung der Daten einer Datenbank die Datenbank existieren muss und bereits vorhandene gleichnamige Tabellen gelöscht werden müssen.

Abbildung L2.39 zeigt das Sichern und Wiederherstellen aller Tabellen der Datenbank *test*. Einen vollständigen Verlust aller Daten in dieser Datenbank, der eine Wiederherstellung der Daten mithilfe einer Sicherungskopie erfordert, haben wir dabei durch das Löschen der gesamten Datenbank herbeigeführt.

```
Console                                                      [_][□][✕]

C:\Users\rolf>mysqldump -u root -p test > test.txt
Enter password: ****

C:\Users\rolf>mysqladmin -u root -p drop test;
Enter password: ****
Dropping the database is potentially a very bad thing to do.
Any data stored in the database will be destroyed.

Do you really want to drop the 'test;' database [y/N] y
Database "test;" dropped
C:\Users\rolf>mysqladmin -u root -p create test;
Enter password: ****

C:\Users\rolf>mysql -u root -p test < test.txt
Enter password: ****
```

Abb. L2.39: Datenbanksicherung und Wiederherstellung der Datenbankinhalte

Dienstprogramm mysqlimport

Das Dienstprogramm *mysqlimport* importiert im Block Daten-   **mysqlimport**
sätze aus einer Textdatei in eine bestehende MySQL-Tabelle. Das
Programm ist eine kommandozeilenorientierte Schnittstelle für
die MySQL-Anweisung LOAD DATA (siehe auch Kapitel *L3 Datenbankentwicklung*).

Syntax

mysqlimport [Option[en]] Datenbankname Dateiname

Die Optionen für dieses Programm sind in Tabelle L2.2 beschrieben. Als Parameter geben Sie den Namen der Datenbank
an, in der sich die Tabelle befindet, in die Daten eingelesen
werden sollen, und den Namen einer Textdatei. Die Textdatei
enthält dabei die Datensätze einer Tabelle.

> Der Dateiname ohne Dateierweiterung muss mit dem Namen
> der Tabelle identisch sein, in die Datensätze eingelesen wird.

Der Inhalt einer Textdatei mit dem Namen *buch.txt* würde dem-
entsprechend in die Tabelle *buch* eingelesen werden.

Genau wie in der SQL-Anweisung LOAD DATA können Sie optional
angeben, welche Zeichen Datenfelder und Datensätze vonein-

ander trennen (vgl. MySQL-Anweisung LOAD DATA INFILE). Am einfachsten ist es allerdings, die Standardeinstellungen zu verwenden und die Textdatei entsprechend zu formatieren. Machen Sie keine weiteren Angaben zu den Trennzeichen, wird automatisch angenommen, dass in der Textdatei Datenfelder (Tabellenspalten) durch Tabulatoren und Datensätze (Tabellenzeilen) durch Zeilenumbrüche getrennt werden.

Beispiel

```
# mysqlimport –u root –p test buch.txt
```

In unserem Beispiel lesen wir als Block den Inhalt der Datei *buch.txt* in die Tabelle *buch* der Datenbank *test* ein. In der Textdatei sind dazu Tabellenspalten durch Tabulatoren und Tabellenzeilen durch Zeilenumbrüche voneinander getrennt.

Beachten Sie, dass Datenbank und Tabelle bereits existieren müssen, bevor Sie Daten mit dem Programm mysqlimport importieren.

Abschließend sei noch bemerkt, dass Sie bei einem Import von Daten aus Textdateien darauf achten müssen, dass die Tabellendefinition und die Struktur der Textdaten übereinstimmen, d.h. die Anzahl der Tabellenspalten muss übereinstimmen, und es muss eine Datentypverträglichkeit vorliegen.

Um Einlesefehler zu vermeiden, sollten Sie vor der Benutzung des mysqlimport-Programms die Datenstruktur der Tabelle in der Datenbank überprüfen und mit den Datensätzen in der Textdatei vergleichen.

ODBC

ODBC

ODBC (Abk. für *Open DataBase Connectivity*) ist eine standardisierte Schnittstelle zum Austausch von Daten zwischen verschiedenen Datenbankverwaltungssystemen. In der Regel wird diese Schnittstelle zur Verbindung von Datenbankservern verschiedener Hersteller benutzt. Es ist aber genauso gut möglich, andere Datenverwaltungssysteme einzubeziehen, deren Datenorganisation auf Tabellen- oder Datensatzstrukturen beruhen, z.B. Tabellenkalkulationssysteme. Einzige Voraussetzung ist ein gültiger ODBC-Treiber. Für den MySQL-Datenbankserver steht für alle gängigen Betriebssysteme ein ODBC-Schnittstellentreiber zur Verfügung, der mithilfe des Installationsprogramms *MSQL-Installer* installiert werden kann. Nach der Installation müssen Sie den MySQL-ODBC-Treiber in das Betriebssystem einbinden. Unter Windows können Sie das mithilfe des *ODBC-Datenquellen-Administrators* (Abbildung L2.40) vornehmen, den Sie unter *Systemsteuerung/System und Sicherheit/Verwaltung* finden können.

Abb. L2.40: Windows ODBC-Datenquellen-Administrator

ODBC Treiber Im Menüpunkt *Benutzer-DSN* können Sie mithilfe der Schaltflä-che *Hinzufügen* den MySQL-ODBC-Treiber auswählen (Abbil-dung L2.41) und damit den MySQL-Datenbankserver für den Datenaustausch mit anderen ODBC-Anwendungsprogrammen verfügbar machen.

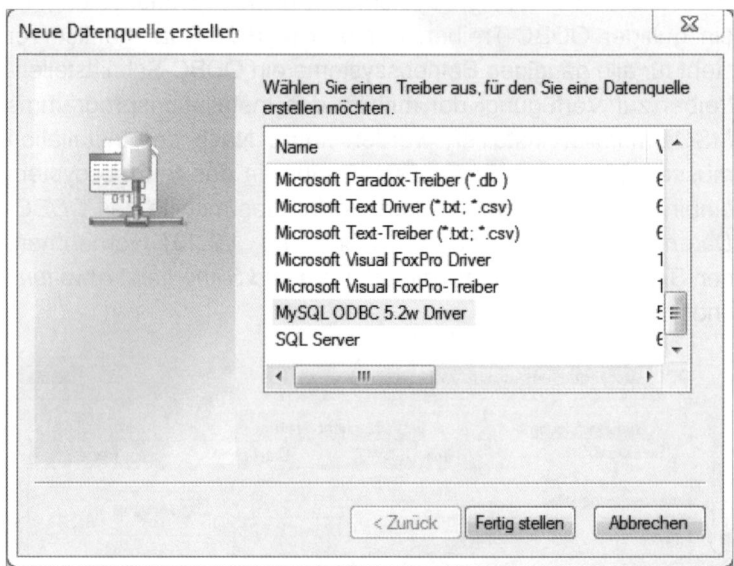

Abb. L2.41: Auswahl des MySQL ODBC-Treibers

ODBC-Schnittstelle Im nächsten Schritt (Abbildung L2.42) werden Sie nun aufgefor-dert, zuerst die Adresse des MySQL-Datenbankservers und Ihre Zugangsdaten einzugeben sowie danach eine Datenbank auszuwählen. Bevor Sie die Konfiguration der ODBC-Schnitt-stelle abschließen, können Sie die Datenbankverbindung mit-hilfe der Schaltfläche *Test* testen.

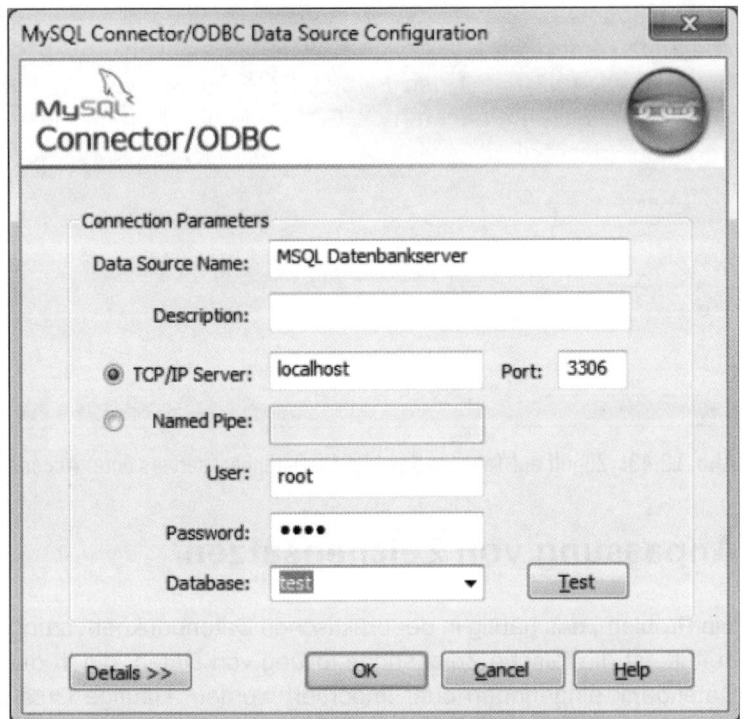

Abb. L2.42: MySQL ODBC-Schnittstelle – Konfiguration der Datenquelle

Als Beispiel wollen wir jetzt das Arbeitsplatz-Datenbanksystem **Microsoft** *Microsoft Access* benutzen, um auf die Daten in einer MySQL- **Access** Datenbanktabelle zuzugreifen. Öffnen Sie dazu Microsoft Office Access, legen Sie eine neue Datenbank an und wählen Sie dann mithilfe des Auswahlmenüs *Externe Dateien* den Menüpunkt *ODBC-Datenbank* aus.

In den nun folgenden Menüs wählen Sie zuerst die MySQL-ODBC-Datenquelle aus und dann die Tabellen der MySQL-Datenbank, die Sie in Access verwalten wollen. Über die ODBC-Verbindung können Sie jetzt die Tabellen des MySQL-Datenbankservers wie normale Access-Tabellen benutzen (Abbildung L2.43). Änderungen, die Sie im Editorfenster vornehmen, werden direkt in die MySQL-Datenbank übertragen.

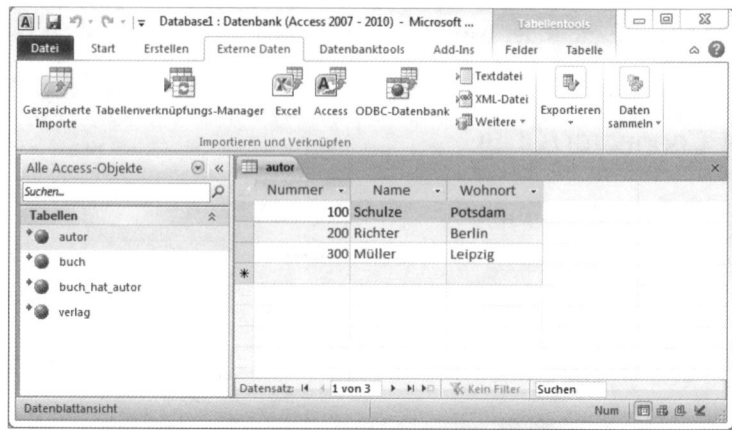

Abb. L2.43: Zugriff auf Tabellen des MySQL-Datenbankservers unter Access

Anpassung von Zeichensätzen

Zeichensätze

Ein Problem, das häufig in der praktischen Datenbankbenutzung auftritt, ist die falsche Zeichendarstellung von Daten, die in die Datenbank eingegeben oder importiert werden. Häufige Ursache für dieses Problem sind nicht übereinstimmende Zeichensätze. Wir werden daher in diesem Abschnitt erläutern, was Sie in einem solchen Fall tun können. Seit der Version 4.1 unterstützt MySQL die gleichzeitige Verwendung unterschiedlicher Zeichensätze. Sie können beispielsweise innerhalb einer Tabelle Daten in mehreren Sprachen verwalten. Welche Zeichensätze zur Verfügung stehen, können Sie sich mit der folgenden Datenbankanweisung anschauen (Abbildung L2.44).

```
SHOW CHARACTER SET;
```

```
Console - mysql -u root -p

mysql> SHOW CHARACTER SET;
+----------+---------------------------+----------------------+--------+
| Charset  | Description               | Default collation    | Maxlen |
+----------+---------------------------+----------------------+--------+
| big5     | Big5 Traditional Chinese  | big5_chinese_ci      |      2 |
| dec8     | DEC West European         | dec8_swedish_ci      |      1 |
| cp850    | DOS West European         | cp850_general_ci     |      1 |
| hp8      | HP West European          | hp8_english_ci       |      1 |
| koi8r    | KOI8-R Relcom Russian     | koi8r_general_ci     |      1 |
| latin1   | cp1252 West European      | latin1_swedish_ci    |      1 |
| latin2   | ISO 8859-2 Central European | latin2_general_ci  |      1 |
| swe7     | 7bit Swedish              | swe7_swedish_ci      |      1 |
| ascii    | US ASCII                  | ascii_general_ci     |      1 |
| ujis     | EUC-JP Japanese           | ujis_japanese_ci     |      3 |
| sjis     | Shift-JIS Japanese        | sjis_japanese_ci     |      2 |
| hebrew   | ISO 8859-8 Hebrew         | hebrew_general_ci    |      1 |
| tis620   | TIS620 Thai               | tis620_thai_ci       |      1 |
| euckr    | EUC-KR Korean             | euckr_korean_ci      |      2 |
| koi8u    | KOI8-U Ukrainian          | koi8u_general_ci     |      1 |
| gb2312   | GB2312 Simplified Chinese | gb2312_chinese_ci    |      2 |
| greek    | ISO 8859-7 Greek          | greek_general_ci     |      1 |
| cp1250   | Windows Central European  | cp1250_general_ci    |      1 |
| gbk      | GBK Simplified Chinese     | gbk_chinese_ci       |      2 |
| latin5   | ISO 8859-9 Turkish        | latin5_turkish_ci    |      1 |
| armscii8 | ARMSCII-8 Armenian        | armscii8_general_ci  |      1 |
| utf8     | UTF-8 Unicode             | utf8_general_ci      |      3 |
| ucs2     | UCS-2 Unicode             | ucs2_general_ci      |      2 |
| cp866    | DOS Russian               | cp866_general_ci     |      1 |
| keybcs2  | DOS Kamenicky Czech-Slovak | keybcs2_general_ci  |      1 |
| macce    | Mac Central European      | macce_general_ci     |      1 |
| macroman | Mac West European         | macroman_general_ci  |      1 |
| cp852    | DOS Central European      | cp852_general_ci     |      1 |
| latin7   | ISO 8859-13 Baltic        | latin7_general_ci    |      1 |
| utf8mb4  | UTF-8 Unicode             | utf8mb4_general_ci   |      4 |
| cp1251   | Windows Cyrillic          | cp1251_general_ci    |      1 |
| utf16    | UTF-16 Unicode            | utf16_general_ci     |      4 |
| utf16le  | UTF-16LE Unicode          | utf16le_general_ci   |      4 |
| cp1256   | Windows Arabic            | cp1256_general_ci    |      1 |
| cp1257   | Windows Baltic            | cp1257_general_ci    |      1 |
| utf32    | UTF-32 Unicode            | utf32_general_ci     |      4 |
| binary   | Binary pseudo charset     | binary               |      1 |
| geostd8  | GEOSTD8 Georgian          | geostd8_general_ci   |      1 |
| cp932    | SJIS for Windows Japanese | cp932_japanese_ci    |      2 |
| eucjpms  | UJIS for Windows Japanese | eucjpms_japanese_ci  |      3 |
+----------+---------------------------+----------------------+--------+
40 rows in set (0.00 sec)
```

Abb. L2.44: Zeichensatzunterstützung in MySQL

Besonders interessant sind die *Unicode*-Zeichensätze, beispielsweise *UTF-8* oder *UCS-2*. Diese Zeichensätze stellen einen einheitlichen Standardzeichensatz für alle Sprachen dar.
Ihre Verwendung ist besonders bei einem Austausch von Daten
zwischen unterschiedlichen Rechnerplattformen zu empfehlen.
Der ISO-Zeichensatz *latin1* ist dagegen in Westeuropa sehr
verbreitet.

Unterschiedliche Zeichensätze lassen sich in MySQL auf der
Server-, Datenbank-, Tabellen- oder Spaltenebene definieren.
Der Standardzeichensatz des Datenbankservers ist zwar in

einer Binärcode-Distribution festgelegt, kann jedoch beim Server-start überschrieben werden. Am einfachsten ist es, den Zeichen-satz in der Serverkonfigurationsdatei *my.cnf* (LINUX/MacOS) bzw. *my.ini* (Windows) zu definieren. Wenn Sie beispielsweise generell den *UTF-8-Zeichensatz* verwenden wollen, fügen Sie in der Konfigurationsdatei unter der Option [mysqld] folgende Zeile ein:

```
default-character-set = utf8
```

Mit der folgenden Anweisung definieren Sie einen Zeichensatz für ein gesamtes Datenbankschema.

Syntax

```
ALTER DATABASE Datenbankname DEFAULT CHARACTER SET
Zeichensatzname
```

Beispiele

Wenn Sie für die Datenbank *test* den Zeichensatz UTF-8 ein-stellen wollen, müssen Sie folgende Anweisung eingeben:

```
ALTER DATABASE test DEFAULT CHARACTER SET utf8;
```

Den Standardzeichensatz einer Tabelle und einer Tabellen-spalte können Sie gleich bei der Erstellung einer Tabelle fest-legen, indem Sie jeweils die Option CHARACTER SET verwen-den.

Als Beispiel erstellen wir die Tabelle *buch* mit den Spalten *titel* und *autor*. Wir definieren für die gesamte Tabelle den Zeichen-satz für Westeuropa *latin1* und zusätzlich für die Tabellenspalte *titel* den griechischen Zeichensatz *greek*. Damit werden in bei-den Tabellenspalten unterschiedliche Zeichensätze verwendet.

```
CREATE TABLE buch (
autor CHAR(10),
title CHAR(20) CHARACTER SET greek )
CHARACTER SET = latin1;
```

L3 Datenbankentwicklung

Dieses Kapitel erläutert Ihnen Werkzeuge und MySQL-Anweisungen, mit deren Hilfe Sie relationale Datenmodelle entwickeln, Tabellen in einer Datenbank anlegen sowie Daten eingeben, ändern und löschen können.

Aufgaben des Datenbankentwicklers

Jedes Datenbanksystem besitzt eine konzeptionelle Ebene, mit deren Hilfe ein Datenbankentwickler ein logisches Datenmodell entwickelt und damit die Organisationsstruktur zur Verwaltung von Daten bereitstellt. Grundlage des Datenmodells ist ein Datenbankkonzept, das für relationale Datenbanksysteme Objekte und deren Objektbeziehungen beschreibt. Bevor dieses Konzept im Datenbanksystem umgesetzt wird, muss es so modifiziert werden, dass es die Anforderungen eines relationalen Datenmodells erfüllt. Diese Anforderungen haben wir in Kapitel *L1 Grundlagen* beschrieben. Ein Datenbankentwickler hat dabei folgende Aufgaben zu erfüllen:

■ *Entwicklung eines Datenbankkonzepts.* Für den Datenbankentwurf stehen standardisierte Entwicklungsmethoden zur Verfügung, z.B. das Entity-Relationship-Modell (ERM) für den relationalen Datenbankentwurf oder die Unified Modeling Language (UML) für den objektrelationalen bzw. objektorientierten Datenbankentwurf.

■ *Überführung des Datenbankkonzepts in ein relationales Datenmodell.* Damit das konzeptionelle Modell vom relationalen Datenbanksystem verstanden wird, muss es in das relationale Datenmodell transformiert werden. Dafür stehen aus der Datenbanktheorie Transformationsregeln und Normierungsvorschriften zur Verfügung, die jedoch den Rahmen dieses Einsteigerseminars übersteigen und hier nicht im Detail erläutert werden können.

- *Einrichten von Tabellen und Tabellenverknüpfungen.* Liegt erst einmal ein relationaler Datenbankentwurf vor, ist es relativ einfach, mithilfe von SQL-Anweisungen das relationale Datenmodell einer spezifischen Problemstellung im Datenbanksystem einzurichten.

- *Datenverwaltung.* Nachdem im Datenbanksystem die Tabellenstruktur angelegt worden ist, besteht der nächste Schritt darin, die Datenbank mit Daten zu füllen. Für den Datenimport wird die SQL-Schnittstelle benutzt. Sie können Daten direkt über die Kommandoebene oder mithilfe von grafischen Benutzeroberflächen eingeben bzw. importieren. Diese Benutzerschnittstellen werden in Kapitel *L1 Grundlagen* beschrieben.

Relationaler Datenbankentwurf

Datenbank-entwurf

Mit dem Entwicklungswerkzeug *Data Modeling* der Programmumgebung *MySQL-Workbench* können Sie auch ohne größere theoretische Kenntnisse ein relationales Datenmodell entwickeln. Dabei sollten Sie folgende Grundsätze beachten:

- Strukturieren Sie den Datenbestand, indem Sie Objekttypen (Tabellen) definieren und die dazugehörigen Objekteigenschaften (Tabellenspalten) identifizieren.

- Überprüfen Sie die funktionale Abhängigkeit der Objekteigenschaften eines Objekts und fassen Sie voneinander abhängige Objekteigenschaften in einem eigenen Objekttyp zusammen.

- Definieren Sie für jede Tabelle einen Primärschlüssel.

- Jede Objekteigenschaft muss atomar sein, d.h. sie darf sich nicht in weitere Teileigenschaften zerlegen lassen. Die Objekteigenschaft *Adresse* ist beispielsweise nicht atomar, da sie sich in die Teileigenschaften *Postleitzahl*, *Ort*, *Straße* und *Hausnummer* zerlegen lässt.

- Analysieren Sie die Objektbeziehungen und bestimmen Sie den Beziehungstyp (vgl. Kapitel *L1 Grundlagen*).

Beispiel

Betrachten wir jetzt als Beispiel eine unstrukturierte Zusammenstellung von bibliografischen Daten in Form einer Datentabelle.

Datentabelle Buchdaten

Autorenname	Autorenort	Buchtitel	Verlagsname	Verlagsort
Däßler	Potsdam	MySQL	bhv	Heidelberg
Leiss	Berlin	PHP	bhv	Heidelberg

Wir erkennen, dass einerseits die Objekteigenschaften Autorenname und Autorenort sowie andererseits die Eigenschaften Verlagsname und Verlagsort funktional voneinander abhängig sind. Für unser Beispiel Autor bedeutet das, dass sich bei Änderung eines Autorennamens in der Regel auch dessen Adresse ändert. Gleiches gilt auch für Verlagsnamen und Verlagsorte.

> Ein Indiz für funktionale Abhängigkeit von Objekteigenschaften liegt i.d.R. dann vor, wenn Änderungen von Attributwerten Änderungen in funktional abhängigen Attributen zur Folge haben.

Ansonsten liegen alle Attribute in atomarer Form vor, sind also nicht weiter unterteilbar, und jede Tabellenspalte enthält nur einen Datenwert. Nach den obigen Grundregeln konzipieren wir insgesamt drei relationale Tabellen: Autor, Buch und Verlag, die beim relationalen Datenbankentwurf mit *MySQL-Workbench* später miteinander verknüpft werden. Als Primärschlüsselattribute legen wir zusätzlich eine Buchnummer, eine Autorennummer und eine Verlagsnummer fest.

Tabelle Buch	
Buchnummer	Buchtitel

Tabelle Autor		
Autorennummer	Autorenname	Autorenort

Tabelle Verlag		
Verlagsnummer	Verlagsname	Verlagsort

Für die spätere Tabellenverknüpfung benötigen wir jetzt noch Informationen über den Beziehungstyp der Objektbeziehungen Buch-Autor und Buch-Verlag. Die Objektbeziehung Autor-Verlag ist für unsere Problemstellung, d.h. eine Zusammenstellung bibliografischer Daten, nicht relevant. Aus vorhergehenden Überlegungen (vgl. Kapitel *L1 Grundlagen*) wissen wir, dass die Beziehung zwischen Buch und Autor eine n:m-Beziehung ist und zwischen Buch und Verlag eine 1:n-Beziehung besteht. Mit diesen Vorkenntnissen können Sie jetzt das Programm MySQL-Workbench aufrufen und mit der relationalen Datenmodellierung beginnen.

Entwicklungsumgebungen

Die *MySQL-Workbench* stellt Ihnen für die Datenbankentwicklung zwei Werkzeuge der Datenmodellierung zur Verfügung: zum einen die grafische Entwicklungsumgebung für relationale Datenmodelle *Data Modeling* und andererseits die grafische SQL-Benutzerschnittstelle *SQL Development*, mit deren Hilfe Sie unter anderem Tabellen einrichten, Daten eingeben und Datenbankabfragen stellen können (vgl. auch Kapitel *L4 Datenbankbenutzung*).

Datenbankmodellierung mit Data Modeling

Das Werkzeug *Data Modeling* ermöglicht es Ihnen, mit Unter-stützung einer komfortablen grafischen Benutzeroberfläche ein komplexes relationales Datenmodell zu entwickeln und direkt in eine MySQL-Datenbank zu überführen. Rufen Sie das Entwick-lungswerkzeug *Data Modeling* auf und öffnen mit *Create New EER Model* sowie *Add Diagram* ein neues Datenmodell, dann sehen Sie die in Abbildung L3.1 dargestellte Nutzeroberfläche.

Data Modeling

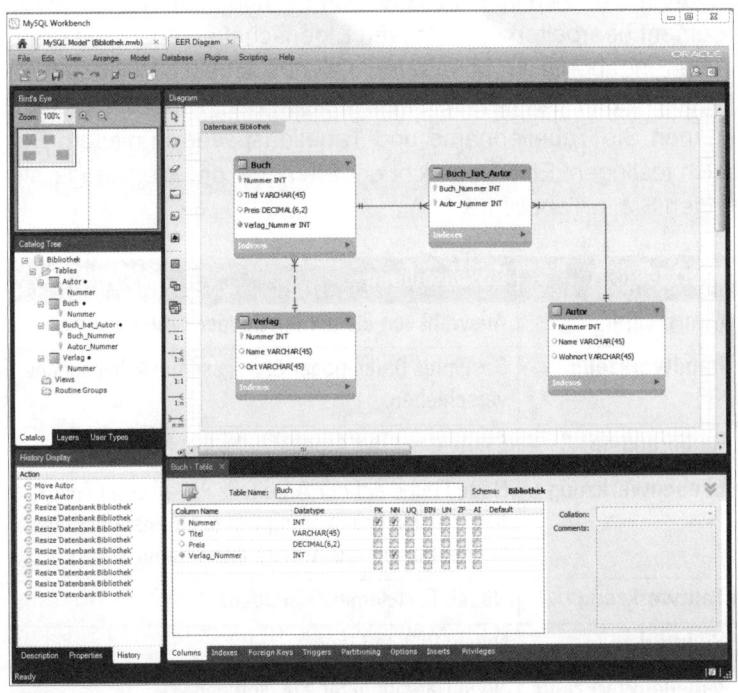

Abb. L3.1: MySQL-Workbench (Data Modeling)

Auf der linken Seite befinden sich ein Navigationswerkzeug (*Bird's Eye*), eine hierarchische Übersicht der angelegten Ele-mente des Arbeitsbereiches (*Catalog Tree*) und ein Eingabe- bzw. Anzeigefenster, mit dessen Hilfe Sie Elemente mit Kom-mentaren versehen (*Description Editor*), Elementeigenschaften

---

wie z.B. Farben (*Properties Editor*) festlegen oder alle Entwicklungsschritte des Datenbankentwurfs zurück verfolgen und wieder herstellen können (*History Display*). Auf der rechten Seite befindet sich der Arbeitsbereich für den Datenbankentwurf (*Diagram*) sowie ein wahlweise einblendbares Einstellungsfenster. Sie können nun mithilfe der Werkzeugleiste, die sich auf der linken Seite des Arbeitsbereiches befindet, Elemente auswählen und auf der Arbeitsoberfläche ablegen. Mithilfe des Kontextmenüs (rechte Maustaste) oder einfach durch Doppelklick auf ein Element, das sich im Arbeitsbereich befindet, können Sie jedes Element bearbeiten bzw. dessen Eigenschaften über eine grafische Eingabemaske im unteren Teil des Arbeitsbereiches festlegen. Haben Sie beispielsweise eine neue Tabelle angelegt, können Sie Tabellenname und Tabellenspalten in diesem Bereich festlegen. Eine Übersicht der Elemente der Werkzeugleiste finden Sie in Tabelle L3.1.

Werkzeugleiste

Werkzeug	Beschreibung
Mauszeiger	Auswahl von Elementen auf der Arbeitsfläche.
Handwerkzeug	Gesamtes Datenmodell bzw. gesamte Arbeitsfläche verschieben.
Radiergummi	Element auf der Arbeitsfläche löschen.
Ebenenwerkzeug	Neue Ebene auf der Arbeitsfläche anlegen. Wird zur visuellen Gruppierung von zusammengehörigen Elementen auf der Arbeitsfläche benutzt.
Textwerkzeug	Neues Textelement einfügen.
Bildwerkzeug	Neues Bild einfügen.
Tabellenwerkzeug	Neue Datenbanktabelle einfügen.
Sichtenwerkzeug	Neue Datenbanksicht einfügen.
Routinenwerkzeug	Neue Datenbankroutine einfügen.
1:1-Beziehung (nicht-identifiziert)	Anlegen einer nicht-identifizierten 1:1-Tabellenverknüpfung.
1:n-Beziehung (nicht-identifiziert)	Anlegen einer nicht-identifizierten 1:n-Tabellenverknüpfung.

Werkzeug	Beschreibung
1:1-Beziehung (identifiziert)	Anlegen einer identifizierten 1:1-Tabellenverknüpfung.
1:n-Beziehung (identifiziert)	Anlegen einer identifizierten 1:n-Tabellenverknüpfung.
n:m-Beziehung	Anlegen einer n:m-Tabellenverknüpfung.

Tab. L3.1: Elemente der Werkzeugleiste in Data Modeling

Nachdem Sie ein relationales Datenmodell erstellt haben, bietet die Entwicklungsumgebung eine weitere interessante Funktion an. Durch eine eingebaute Synchronisationsfunktion werden sämtliche Veränderungen im Datenmodell direkt zum MySQL-Datenbankserver übertragen, und dort werden die Tabellenstrukturen aktualisiert. Damit sind Sie in der Lage, auch ohne SQL-Kenntnisse Tabellen anzulegen und zu warten. Unter dem Menüpunkt *Database* der Menüleiste können Sie zwischen den Funktionen *Reverse Engineer*, *Forward Engineer* und *Synchronize Model* auswählen. Auf diese Weise können Sie Änderungen des Datenmodells in eine MySQL-Datenbank übertragen (*Forward*), eine vorhandene Tabellenstruktur als relationales Datenmodell grafisch darstellen (*Reverse*) oder das relationale Datenmodell und die MySQL-Datenbank miteinander synchronisieren (*Synchronize*). Abbildung L3.2 zeigt die Synchronisation von Tabellen der MySQL-Datenbank *Bibliothek* mit dem in Abbildung L3.1 abgebildeten relationalen Datenmodell. Damit Sie die Synchronisation der Datenbank durchführen können, müssen Sie mit Ihren Zugangsdaten vorher eine gültige Datenbankverbindung hergestellt haben. *MySQL-Workbench* fordert Sie zu gegebener Zeit auf, über Eingabemasken diese Zugangsdaten einzugeben. Die Synchronisation eines Datenmodells mit einer relationalen Datenbank wird ausführlicher in Kapitel *A2 Praxisbeispiel: Datenbankentwicklung* erläutert.

Synchronisation

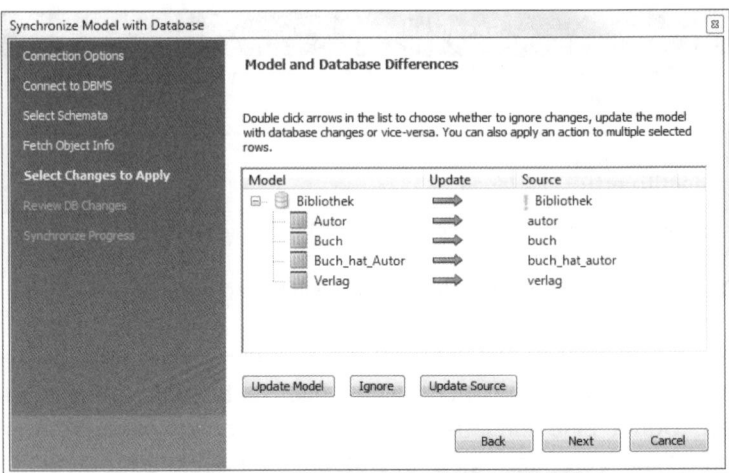

Abb. L3.2: Synchronisation des Datenmodells mit MySQL-Workbench

Weitere Informationen zur Benutzung der MySQL-Work-bench finden Sie im Handbuch, das Sie von den MySQL-Webseiten herunterladen können.

Datenbankentwicklung mit SQL Development

SQL Development

Bevor Sie die grafische SQL-Schnittstelle benutzen können, müssen Sie sich am MySQL-Datenbankserver mit Ihrer Nutzerkennung anmelden (Abbildung L3.3).

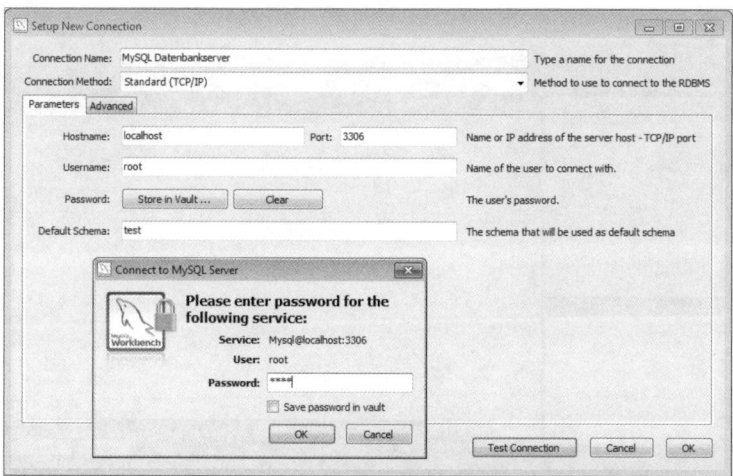

Abb. L3.3: MySQL-Workbench (SQL-Development) – Anmeldung

Die Arbeitsoberfläche der grafischen SQL-Benutzerschnittstelle ist in vier Bereiche aufgeteilt (Abbildung L3.5). Auf der linken Seite befindet sich der Objektbrowser (*Object Browser*), der in einer hierarchischen Übersicht alle Datenbank- und Tabellenschemata des Datenbanksystems sowie jede einzelne Tabellenspalte darstellt. Darunter befindet sich ein Informationsfenster in dem aktuelle Information zu den ausgewählten Objekten (*Object Info*) oder zur aktuellen Datenbankverbindung (*Session*) angezeigt werden. Auf der rechten Seite befindet sich oben ein Arbeitsbereich in dem Sie über Reiter zwischen verschiedenen Abfragen, Einstellungen und Tabellenausgaben wechseln können. Im Objektbrowser können Sie durch einen rechten Mausklick auf den Begriff *Tables* innnerhalb eines Datenbankschemas ein Kontextmenü zum Anlegen neuer Tabellen aufrufen. Abbildung L3.4 zeigt Ihnen die Benutzeroberfläche zum Anlegen bzw. Bearbeiten von neuen Tabellenstrukturen. Sie können hier alle Einstellungen vornehmen, die zur Tabellendefinition erforderlich sind, inklusive der Definition von Schlüssel- und Indexattributen.

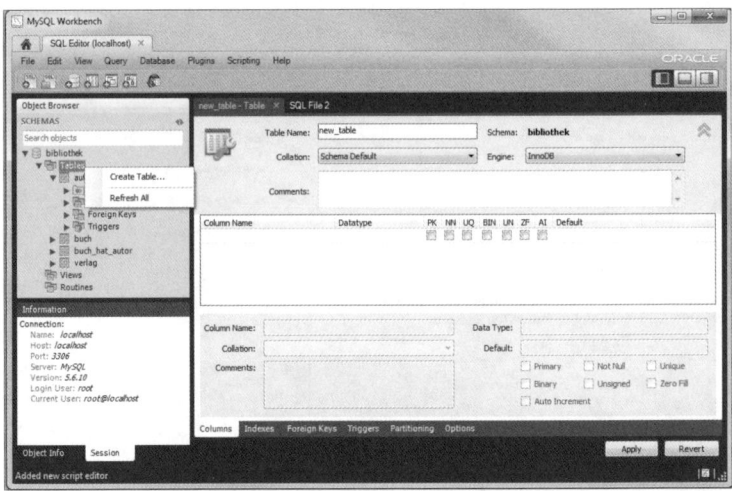

Abb. L3.4: MySQL-Workbench (SQL Development) – Tabellen einrichten

Wählen Sie dagegen im Objektbrowser wie in Abbildung L3.5 eine bereits bestehende Tabelle aus, können Sie mithilfe des Kontextmenüs (rechte Maustaste) Tabellenwerte eingeben bzw. ändern (*Edit Table Data*), Tabellenstrukturen ändern (*Alter Table)* oder die Tabelle löschen (*Drop Table*). Haben Sie z.B. die Option *Edit Table Data* ausgewählt, erscheint eine entsprechende Datentabelle im Ergebnisfenster (Abbildung L3.5).

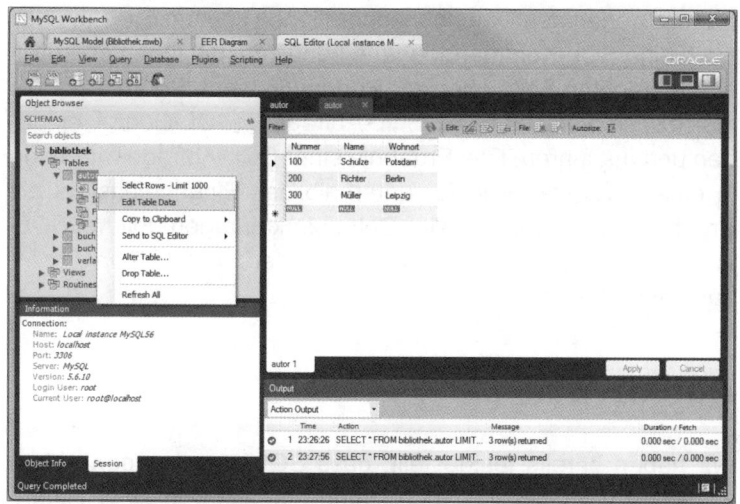

Abb. L3.5: MySQL-Workbench (SQL Development) – Tabellendaten bearbeiten

Mithilfe einer Funktionsleiste im Arbeitsfenster (Abbildung L3.6) können Sie jetzt verschiedene Tabellenoperationen ausführen. Sie können beispielsweise nach Daten in der Ergebnistabelle suchen, Tabellendaten ändern, Tabellenzeilen einfügen oder löschen, Ergebnisdaten in verschiedenen Exportformaten wie CSV (formatierter Text), XML, HTML, SQL bzw. Windows Excel exportieren oder Daten im CSV-Format importieren. Diese Operationen werden allerdings nur bei einfachen Abfragen – d.h. Datenbankabfragen die sich nur auf eine Tabelle beziehen – und im oben beschriebenen Tabellen-Editiermodus angeboten. Bei komplexeren Abfragen mit Tabellenverknüpfungen stehen dagegen nur die Such- und die Tabellenexportfunktion zur Verfügung.

Abb. L3.6: Funktionsleiste im Ergebnisfenster

Für alle genannten Datenbankoperationen können Sie alternativ auch eine SQL-Kommandoebene benutzen, die Ihnen ebenfalls auf der rechten Seite oben zur Verfügung steht. Sie können hier gleichzeitig verschiedene SQL-Abfragen (*SQL-Query*) eingeben und ausführen. Das Ergebnis einer SQL-Abfrage wird dann in einem weiteren Fenster unterhalb des Eingabefensters als Ergebnistabelle dargestellt. Datenbankabfragen mit *MySQL-Workbench* werden ausführlich in Kapitel *L4 Datenbankbenutzung* erläutert.

Datentypen

Wir haben bereits festgestellt, dass SQL-Anweisungen neben Befehlen und Objekten auch Daten enthalten. In einer Datenbank können dabei ganz unterschiedliche Daten gespeichert und in spezifischer Form vom Datenbankverwaltungssystem verwaltet werden. Das Datenbanksystem erlaubt dabei eine höhere abstrakte Datenebene, als es beispielsweise die physische Ebene der Speicherung von Bitmustern in der Datenbank gestattet.

Im Allgemeinen unterscheiden wir fünf grundlegende Datentypen: numerische Daten, d.h. ganze oder gebrochene Zahlen, alphanumerische Daten, d.h. Ziffern, Zeichen oder Zeichenketten, Mengen sowie Wahrheitswerte und unstrukturierte Binärdaten, so genannte BLOBS. Tabelle L3.2 fasst die wichtigsten MySQL-Datentypen zusammen. Dabei betrachten wir jeweils nur den Basistyp einer Typfamilie. Die einzelnen Elemente einer Typfamilie unterscheiden sich durch die Größe des Wertebereichs. So gehören zur Typfamilie INTEGER beispielsweise die Typen TINYINT, SMALLINT, INTEGER und BIGINT.

TIPP Eine vollständige Referenz aller Datentypen entnehmen Sie bitte dem MySQL-Referenzhandbuch.

Datentyp	Beschreibung
CHAR(m)	Eine Zeichenkette fester Länge mit maximal 255 Zeichen. m definiert die maximale Anzahl von Zeichen. Datenfelder dieses Typs benötigen immer (m+1) Byte. Kürzere Felder werden mit Leerzeichen aufgefüllt. Häufig verwendeter Typ.
VARCHAR(m)	Eine Zeichenkette variabler Länge mit maximal 255 Zeichen. m definiert die maximale Anzahl von Zeichen. Datenfelder dieses Typs benötigen immer (l+1) Bytes, wobei l die tatsächliche Länge einer konkreten Zeichenkette ist.
TEXT	Ein Text variabler Länge mit maximal 65535 Zeichen. Datenfelder dieses Typs benötigen immer (l+2) Bytes, wobei l die tatsächliche Länge einer konkreten Zeichenkette ist.
DATE	Datumsangaben, die einem spezifischen Format unterliegen.
YEAR	Angabe von Jahreszahlen, bestehend aus 4 Ziffern. Der Wertebereich ist stark eingeschränkt.
INTEGER(m)	Ganze Zahl mit oder ohne Vorzeichen. m legt die Anzahl von Stellen bei der Ausgabe fest.
FLOAT(m,n)	Eine Fließkommazahl mit oder ohne Vorzeichen. m legt die Anzahl von Stellen und n die Anzahl von Nachkommastellen bei der Ausgabe fest.
DECIMAL(m,n)	Eine Dezimalzahl mit oder ohne Vorzeichen. m legt die Anzahl von Stellen und n die Anzahl von Nachkommastellen bei der Ausgabe fest.
SET	Definiert eine Menge von Elementen. Die Mengenelemente sind Zeichenketten vom Typ CHAR.
BOOLEAN	Wahrheitswerte TRUE bzw. FALSE (intern wird der Datentyp TINYINT, d.h. der Wert 0 bzw. 1 verwendet).

Datentyp	Beschreibung
BLOB	Binärdaten variabler Länge mit maximal 65535 Bytes. Datenfelder dieses Typs benötigen immer (I+2) Bytes, wobei I die tatsächliche Anzahl von Bytes einer konkreten Bytefolge ist.

Tab. L3.2: Wichtige MySQL-Datentypen

Jeder Datentyp besitzt einen spezifischen Wertebereich, d.h. Daten eines bestimmten Datentyps können keine beliebigen Werte annehmen, sondern nur Werte aus einem vordefinierten Wertebereich. Diese Beschränkung hängt einfach mit der limitierten Speicherkapazität einer Rechenmaschine zusammen. Würde man keinen Wertebereich festlegen, benötigte der Rechner eine unendlich große Speicherkapazität. Die Datentypen und ihre zugehörigen Wertebereiche sind in Tabelle L3.3 zusammengefasst.

Kategorie	Datentyp	Bedeutung	Wertebereich
alpha-numerisch	CHAR	Zeichenkette	0 ... 255 Zeichen
	VARCHAR	variable Zeichenkette	0 ... 255 Zeichen
	TEXT	Text	0 ... 65535 Zeichen
	TIME	Zeit	"00:00:00" bis "23:59:59"
	DATE	Datum	"1000-01-01" bis "9999-12-31"
	YEAR	Jahr	1901 ... 2155
numerisch	INTEGER	Ganzzahl	-2147483648 ... 2147483647 0 ... 4294967295
	FLOAT	Fließkommazahl (genähert)	- 3.40E+38 ... - 1.18E-38 0 + 1.18E-38 ... + 3.40E+38
	DECIMAL	Dezimalzahl (exakt)	- 10E38 + 1... + 10E38 -1
Menge	SET	Menge	64 Elemente mit 0...255 Zeichen

Kategorie	Datentyp	Bedeutung	Wertebereich
binär	BLOB	Binärdaten	0 … 65535 Bytes
logisch	BOOLEAN	Wahrheits-werte	0, 1 bzw. true, false

Tab. L3.3: Wertebereiche für ausgewählte Datentypen

Für die Datentypen INTEGER, FLOAT sowie TEXT und BLOB gibt es noch verschiedene Varianten, mit denen Sie bei Bedarf jeweils den Wertebereich verkleinern oder vergrößern können. Diese Varianten sind in Tabelle L3.4 zusammengefasst.

Datentyp	Variante	Bedeutung	Wertebereich
INTEGER	TINYINT	Ganzzahl	-128 … 127 0 … 255
	SMALLINT	Ganzzahl	-32768 … 32767 0 … 65535
	MEDIUMINT	Ganzzahl	-8388608 … 8388607 0 … 16777215
	BIGINT	Ganzzahl	-9223372036854775808 … 9223372036854775807 0… 18446744073709551615
FLOAT	DOUBLE	Fließ-kommazahl (genähert)	- 2.23E + 308 … - 1.80E -308 0 + 1.80E -308 … + 2.23E + 308
TEXT/BLOB	TINY	Text/Binär	0 … 255 Zeichen/Bytes
	MEDIUM	Text/Binär	0 … 16777215 Zeichen/Bytes
	LONG	Text/Binär	0 … 4294967295 Zeichen/Bytes

Tab. L3.4: Erweiterte Wertebereiche für ausgewählte Datentypen

 Falls Sie keine negativen Zahlen benutzen, können Sie für numerische Datentypen in der Tabellendefinition die Option UNSIGNED angeben. Dadurch verdoppelt sich z.B. der Wertebereich ganzer Zahlen.

Zeichenkettendatentyp (CHAR, VARCHAR, TEXT)

CHAR/ VARCHAR/ TEXT

Wie Sie aus der Tabelle L3.2 entnehmen können, bietet MySQL eine Reihe von alphanumerischen Datentypen an, wobei CHAR und VARCHAR die gebräuchlichsten Zeichenkettentypen sind. Der Unterschied zwischen beiden Datentypen besteht darin, dass CHAR ein Datentyp fester Länge ist, während VARCHAR einen Datentyp mit variabler Länge definiert. Daten vom Typ VARCHAR belegen im Speicher genauso viele Bytes, wie Zeichen in einer Zeichenkette vorhanden sind. Da ausreichender Speicherplatz heute allerdings kein Problem mehr darstellt, sollten Sie immer den Datentyp CHAR verwenden. Tabellenspalten mit fester Länge können nämlich schneller verarbeitet werden als Tabellenspalten mit variabler Länge. Falls Sie in der Datenbank Zeichenketten speichern wollen, die mehr als 255 Zeichen enthalten, müssen Sie den Datentyp TEXT verwenden.

Typ	Bedeutung	Beispiele
CHAR(m)	Zeichenkette fester Länge	"VRML", "Anton Müller", "12345", "§3"
VARCHAR(m)	Zeichenkette variabler Länge	
TEXT	Volltext	

Tab. L3.5: Zeichenketten-Datentypen

Datumsangaben (DATE, YEAR)

DATE/YEAR

Da in Datenbanken oft zeitabhängige Prozesse abgebildet werden, besitzt MySQL zusätzliche Datentypen für Zeit- und Datumsangaben, wobei die häufigsten Datentypen DATE und

YEAR sind. Beachten Sie, dass Sie bei der Verwendung dieser Datentypen ein spezielles Format einhalten müssen (Tabelle L3.6). In der Formatangabe steht JJJJ für Jahr, MM für Monat und TT für Tag.

Typ	Bedeutung	Format	Beispiele
DATE	Datum	"JJJJ-MM-TT"	"2013-04-18"
YEAR	Jahr	JJJJ	2001

Tab. L3.6: Datumsangaben

Der Datentyp YEAR ist im Wertebereich auf die Jahre von 1901 bis 2155 beschränkt. Falls Sie andere Jahreszahlen in der Datenbank speichern wollen, müssen Sie einen anderen Datentyp (z.B. INTEGER) benutzen.

Numerische Datentypen (INTEGER, DECIMAL, FLOAT)

Im Allgemeinen kann man numerische Datentypen in zwei Kategorien einteilen: ganze Zahlen und gebrochene Zahlen die entweder genau als Dezimalzahl (Datentyp DECIMAL) oder genähert als Fließkommazahl (Datentyp FLOAT oder DOUBLE) im Datenbanksystem abgebildet werden. Der Datentyp INTEGER (Abk. INT) wird für Daten verwendet, die durch ganze Zahlen dargestellt werden können, z.B. für die Anzahl von Objekten, fortlaufende Nummerierungen, Postleitzahlen, Altersangaben etc. Die Datentypen DECIMAL bzw. FLOAT werden zum einen für gebrochene Zahlen, d.h. Zahlen mit Nachkommastellen wie Preisangaben, Maßzahlen etc., eingesetzt. Andererseits wird vor allem die Exponentialschreibweise dieser Datentypen (E±Integer) benutzt, um in einer Datenbanktabelle sehr große oder sehr kleine Zahlenwerte zu speichern (Tabelle L3.7). DECIMAL und FLOAT unterscheiden sich in der Art und Weise der internen Datenspeicherung (genau und genähert). Durch die näherungsweise

INT/DECIMAL/ FLOAT

Berechnung von Fließkommazahlen können unter bestimmten Umständen Rechenfehler entstehen. Benutzen Sie daher den Datentyp DECIMAL für Daten, die exakte Werte repräsentieren, wie z.B. Währungsbeträge. Fließkommazahlen können Sie dagegen für Daten benutzen, die von Natur aus nicht exakt bestimmt werden können, wie z.B. wissenschaftliche oder technische Messdaten. Zahlenwerte des Datentyps DECIMAL sind allerdings in ihrem Wertebereich beschränkt und werden im Datenbanksystem wesentlich langsamer verarbeitet als Fließkommazahlen.

Benutzen Sie für gebrochene Zahlen standardmäßig den Datentyp DECIMAL und greifen Sie nur in Ausnahmefällen wie Massendatenverarbeitung oder extrem großen bzw. kleinen Zahlenwerten auf FLOAT bzw. DOUBLE zurück.

Typ	Bedeutung	Beispiele
INTEGER	Ganzzahl	123 -100 65530 0
DECIMAL(m,n)	Dezimalzahl	72.64 -9.2345 567
FLOAT(m,n)	Fließkommazahl	3.1414 -5.25 45.5E+5 -3.0E-3

Tab. L3.7: Numerische Datentypen

Bei Dezimal- bzw. Fließkommazahlen geben Sie mit den Parametern m und n das Speicherformat an. Der Parameter n legt dabei die Anzahl von Nachkommastellen einer gebrochenen Zahl fest. Die Zahl m gibt dagegen immer die maximale Stellenzahl des Speicherformates an, allerdings ohne Vorzeichen und Dezimalpunkt. Alle eingegebenen Zahlen werden bei der Zahleneingabe an das definierte Speicherformat angepasst.

Tabelle L3.8 zeigt Beispiele, wie Zahlenwerte bei Verwendung des Datentyps FLOAT(5,2) durch Rundung oder Wertebereichsbegrenzung verändert werden.

Eingabewert	Ausgabewert
99.999	100.00
1000.00	999.99
-1000.00	-999.99
1000000	999.99

Tab. L3.8: Speicherformate des Datentyps FLOAT (5,2)

Beachten Sie, dass die Nachkommastellen stets durch einen Punkt von der Zahl getrennt sind und dass bei Überschreitung des Speicherformats die ursprüngliche Zahl unter Umständen verändert wird.

Tabellenspalten vom Datentyp DECIMAL oder FLOAT können auch ganzzahlige Werte zugewiesen werden. Sie werden in der Datenbank als gebrochene Zahlen mit einer Nachkommastelle von 0 gespeichert.

In Tabelle L3.9 sehen Sie einige Beispiele für die Verwendung des Datentyps DECIMAL. Wie Sie erkennen können, bezieht sich dabei der Parameter m auf die maximale Anzahl von Stellen für die Speicherung, wobei Vorzeichen und Dezimalpunkt nicht berücksichtigt werden. Ist die Zahl positiv, kann das Vorzeichen weglassen und dadurch eine Stelle gewonnen werden. Die Anzahl der Nachkommastellen n bestimmt dagegen die Genauigkeit einer Dezimalzahl. Tabelle L3.9 zeigt, wie sich in Abhängigkeit von den Parametern m und n der Wertebereich der entsprechenden Dezimalzahlen verändert.

Typ	Bereich
DECIMAL(4,0)	-9999 ... 99999
DECIMAL(4,1)	-999.9 ... 9999.9
DECIMAL(4,2)	-99.99 ... 999.99
DECIMAL(5,1)	-9999.9 ... 99999.9
DECIMAL(6,1)	-99999.9 ... 999999.9

Tab. L3.9: Änderungen der Wertebereiche in Abhängigkeit von m und n

Mengendatentyp (SET)

SET

Der Datentyp SET ist ein spezieller Zeichenkettentyp. Die Besonderheit gegenüber allen anderen Datentypen besteht darin, dass der Datenbankentwickler selbst einen Wertebereich definieren kann, indem er mithilfe einer SQL-Anweisung alle möglichen Datenwerte definiert, die ein Objekt des Datentyps SET annehmen kann (Tabelle L3.10).

Typ	Bedeutung	Beispiel
SET	Menge	("rot","gelb","grün")

Tab. L3.10: Mengendatentyp

Logischer Datentyp (BOOLEAN)

BOOLEAN

Der Datentyp BOOLEAN wird verwendet, um die zwei logischen Zustände wahr und falsch in der Datenbank zu speichern (Tabelle L3.11). Die Werte dieses Datentyps *TRUE* und *FALSE* können Sie bei der Wertezuweisung und bei Datenbankabfragen benutzen. Intern wird allerdings der numerische Datentyp TINYINT benutzt und dadurch bei der Anzeige von Daten des Typs BOOLEAN der Wert *0* für *FALSE* und der Wert *1* für *TRUE* angezeigt. Der Vorteil ist, dass Sie auf diese Weise mit den Werten vom Typ BOOLEAN auch rechnen können.

Typ	Bedeutung	Beispiel
BOOLEAN	Wahrheitswerte	true, false bzw. 0, 1

Tab. L3.11: Logischer Datentyp

Binärer Datentyp (BLOB)

Der Datentyp BLOB ist eine Art Behälter, in dem Sie binär ko- **BLOB**
dierte Objekte speichern können, d.h. Text-, Bild-, Audio- oder
Videodaten.

Da eine relationale Datenbank keine Algorithmen zur Muster-
erkennung zur Verfügung stellt, kann man in Tabellenspalten
vom Datentyp BLOB keine Datensuche durchführen.

Sinnvollerweise verwaltet man Informationen über spezielle bi-
näre Objekte in Spalten vom Typ CHAR oder VARCHAR. Daher
ist es oftmals gar nicht notwendig, große Objekte wie audiovisu-
elle Dateien in einer Datenbank zu speichern. Besonders in einer
verteilten Umgebung können so Datenbanken und Daten-
sammlungen mit Bild- und Videodaten auf verschiedenen, physisch getrennten Servern verwaltet werden. Aus diesen Gründen ist die Verwendung des Datentyps BLOB eigentlich nur in
Ausnahmefällen sinnvoll. Ein Vorteil besteht allerdings darin,
dass alle zu einem Datenbestand gehörigen Daten innerhalb
des Datenbanksystems verwaltet und gesichert werden.

Datendefinition

Die Datendefinitionssprache DDL beschreibt Anweisungen zur
Definition (CREATE TABLE), zur Manipulation (ALTER TABLE) und
zum Löschen (DROP TABLE) einer Tabellenstruktur. Mit der Anweisung EXPLAIN kann sich der Datenbankbenutzer die Struktur
einer Tabelle anschauen. Der Datenbankentwickler nutzt diese
Befehle, um das Datenmodell aufzubauen und die Datenbank

für die Aufnahme von Daten vorzubereiten. Im Allgemeinen ist eine einmal definierte Tabellen- und Datenstruktur statisch, d.h. später nicht mehr modifizierbar. Die einzige Ausnahme bildet die Anweisung ALTER TABLE, mit der ein Datenbankbenutzer unter der Voraussetzung, dass er die notwendigen Zugriffsrechte besitzt, die Tabellenstruktur nachträglich ändern kann. Zur Optimierung des Datenbankzugriffs, vor allem für Sortieroperationen, besteht die Möglichkeit, für alle Daten einer Tabellenspalte mit CREATE INDEX einen Index anzulegen.

CREATE TABLE

Die Anweisung CREATE TABLE erzeugt eine neue Tabelle mit dem angegebenen Namen. Falls eine Tabelle mit gleichem Namen bereits in der Datenbank existiert, erhalten Sie eine Fehlermeldung. Mit dieser Anweisung definieren Sie die Datenstruktur einer Tabelle, d.h., Sie müssen für jede Tabellenspalte einen Namen, einen Datentyp und weitere optionale Eigenschaften angeben.

CREATE TABLE

Syntax

```
CREATE TABLE Tabellenname (
Spaltenname Datentyp [Option[en]] [,...][,]
[PRIMARY KEY (Spaltenname [,...])])
[ENGINE = Tabellentyp]
[CHARACTER SET = Zeichensatzname]
```

Optionen

```
{DEFAULT Wert|AUTO_INCREMENT|NOT NULL|UNSIGNED| CHARACTER
SET Zeichensatzname}
```

Die wichtigsten Spaltenoptionen der CREATE TABLE-Anweisung sind in Tabelle L3.12 beschrieben.

Option	Beschreibung
DEFAULT	Für ein Datenfeld wird ein Standardwert vorgegeben. Nicht anwendbar für Spalten vom Datentyp BLOB oder TEXT.
AUTO_INCREMENT	Das Datenbanksystem fügt in diese Spalte automatisch eine Zahl ein. AUTO_INCREMENT-Werte beginnen mit 1 und werden mit jedem neuen Datensatz, der in die Tabelle eingefügt wird, um 1 erhöht. Die Spalte muss den Datentyp INTEGER besitzen, als Index oder Primärschlüssel definiert und NOT NULL gesetzt sein.
NOT NULL	Gibt an, dass die Spalte Werte besitzen muss, die nicht NULL sind. Durch diese Option wird eine Eingabe von Werten erzwungen, da, falls keine Dateneingabe stattfindet, ein Datenfeld in der Regel auf den Wert NULL gesetzt wird.
UNSIGNED	Verwendung positiver ganzer Zahlen bei numerischen Datentypen INTEGER.
CHARACTER SET	Definiert den Zeichensatz für eine Tabellenspalte.

Tab. L3.12: Spaltenoptionen der CREATE TABLE-Anweisung

Die AUTO_INCREMENT-Option kann für die interaktive Eingabe von Daten von großer Bedeutung sein, da jedem Datensatz automatisch eine eindeutige Nummerierung zugewiesen wird. Der Benutzer der Datenbank muss sich in diesem Fall nicht um die fortlaufende Kennzeichnung von Datensätzen kümmern. Der Nachteil ist, dass auf diese Weise identische (redundante) Datensätze in den Datenbestand gelangen können, die sich nur durch die automatisch generierte Kennung unterscheiden.

Beachten Sie, dass nach der Definition der letzten Tabellenspalte bzw. Schlüsselfelddefinition in der Tabellendeklaration kein Komma gesetzt wird.

Nachdem Sie die einzelnen Spalten einer Tabelle definiert haben, wobei die Reihenfolge keine Bedeutung hat, können Sie festlegen, welche Spalten als Primärschlüssel verwendet werden sollen. Die betreffenden Spaltennamen listen Sie einfach unter der Option PRIMARY KEY auf.

Optional können Sie mit ENGINE festlegen, welchen Typ Ihre Tabelle besitzen soll, und mit CHARACTER SET einen Zeichensatz für die Tabelle definieren. Lassen Sie die Typangabe weg, wird ab der MySQL-Version 5.5 automatisch der Tabellentyp *InnoDB* festgelegt, der für die meisten Anwendungen ausreichend ist. Eine Übersicht der wichtigsten MySQL-Tabellentypen finden Sie in Tabelle L3.13.

Tabellentyp	Beschreibung
MyISAM	Nicht transaktionssicher, erlaubt Volltextsuche.
MERGE	Kombination von MyISAM-Tabellen zur Aufhebung von Größenbeschränkungen einzelner MyISAM-Tabellen.
InnoDB	Standardtabellentyp. Unterstützt Transaktionen, Volltextsuche, Fremdschlüssel und Sperren auf Zeilenebene.
MEMORY	Tabellen für schnellen Datenzugriff, Daten nicht permanent gesichert, nicht transaktionssicher, unterstützt nicht die Option AUTO_INCREMENT und die Datentypen TEXT oder BLOB.

Tab. L3.13: Wichtige MySQL-Tabellentypen

Beispiel

Schauen wir uns jetzt als Beispiel eine Tabelle an, in der wir Daten über Bücher verwalten wollen.

```
CREATE TABLE buch (
    id    INTEGER NOT NULL AUTO_INCREMENT,
    autor CHAR(10),
    titel CHAR(20),
```

```
  preis  FLOAT(5,2),
  jahr  YEAR,
  PRIMARY KEY (id)
) ENGINE = MyISAM;
```

In unserem Beispiel definieren wir eine Tabelle mit dem Namen *buch* und den Tabellenspalten *id, autor, titel, preis* und *jahr*. In den Tabellenspalten *autor* und *titel* werden Zeichenketten gespeichert. Die Tabellenspalten *id* und *preis* enthalten dagegen numerische Werte. Datumsangaben werden in der Spalte *jahr* abgelegt. Die Spalte *id* hat eine besondere Funktion: Sie ist der Primärschlüssel, und die Zahlenwerte in dieser Spalte werden automatisch generiert und mit jeder neuen Eingabe eines Datensatzes automatisch um 1 erhöht. Die Spalte *id* darf darüber hinaus keine NULL-Werte enthalten. Als Tabellentyp definieren wir den Typ *MyISAM*.

DROP TABLE

Die Anweisung DROP TABLE löscht eine oder mehrere Tabellen einer Datenbank.

Beachten Sie, dass mit dem Löschen einer Tabelle auch alle in der Tabelle gespeicherten Daten unwiderruflich verloren gehen.

Syntax

DROP TABLE

```
DROP TABLE [IF EXISTS] Tabellenname [,...]
```

Wenn die Option IF EXISTS gesetzt ist, wird eine Fehlermeldung vermieden, die auftritt, falls Tabellen, die gelöscht werden sollen, nicht existieren.

Beispiel

```
DROP TABLE IF EXISTS buch;
```

In unserem Beispiel wird, falls sie existiert, die Tabelle *buch* und damit alle in ihr abgelegten Daten gelöscht. Das Anlegen und Löschen von Tabellen ist noch einmal in Abbildung L3.7 zu sehen.

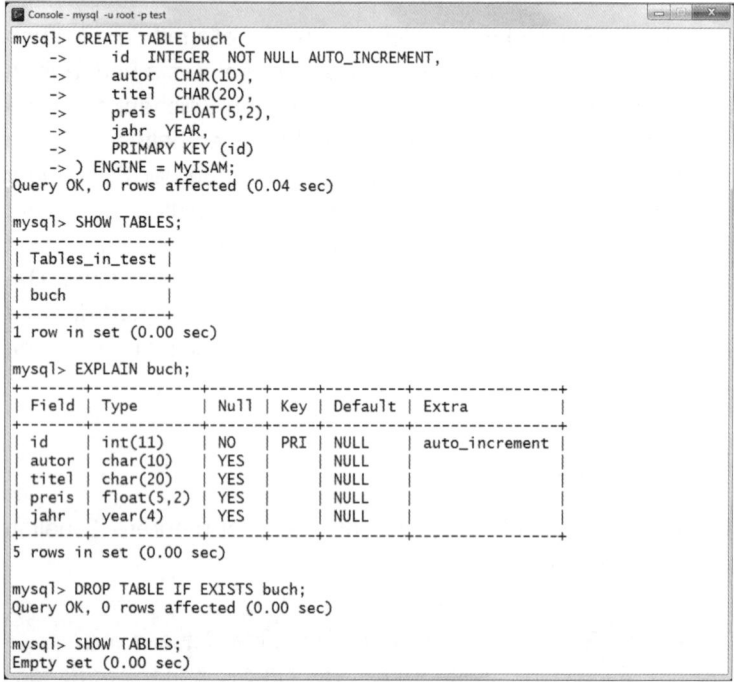

Abb. L3.7: Tabellen anlegen und löschen

CREATE INDEX

Im Allgemeinen versteht man unter einem Index eine geordnete Liste von Objekten, die normalerweise in ungeordneter Reihenfolge vorliegen. Der Vorteil einer Indizierung besteht darin, dass Suchvorgänge in einer geordneten Liste wesentlich schneller durchgeführt werden können, als es die sequentielle Suche in einer ungeordneten Menge von Objekten erlaubt. Ein anschauliches Beispiel ist das Stichwortverzeichnis in einem Buch. Informationen zu einem Stichwort können an ganz verschiedenen Stellen in einem Buch auftreten. Die sequentielle Suche bedeutet nun, dass Sie jede Buchseite anschauen und herausfinden müssen, ob sie das betreffende Stichwort enthält oder nicht. Schneller ist man dagegen, wenn man in einer alphabetisch geordneten Stichwortliste zuerst das Stichwort nachschlägt und dort die betreffenden Seitenzahlen findet, unter denen Informationen zu einem Stichwort zu finden sind. In ähnlicher Weise verfährt auch das Datenbanksystem, wenn Sie für eine spezielle Tabellenspalte einen Index anlegen.

Ein Index verbessert die Performance bei der Suche mit zusammengesetzten Ausdrücken oder beim Sortieren von Suchergebnissen. Ein Index wurde in SQL eingeführt, da das relationale Datenmodell alle Datensätze einer Tabelle als ungeordnete Menge von Datensätzen verwaltet und standardmäßig eine sequentielle Suche durchführt. Merklich werden diese Unterschiede in den Antwortzeiten einer Datenbankabfrage natürlich erst bei einer sehr großen Anzahl von Datensätzen.

> Das Indizieren von Tabellen ist nur dann sinnvoll, wenn man entweder sehr große Datenbestände verwalten möchte oder wenn man Attribute hat, die sehr oft für die Suche nach Daten verwendet werden, und eine sortierte Ausgabe benötigen.

Mit der Anweisung CREATE INDEX kann man einen Index für eine bereits vorhandene Tabelle erstellen.

Syntax

CREATE INDEX Indexname ON Tabellenname (Spaltenname)

CREATE
INDEX

Beispiel

CREATE INDEX buch_index ON buch (autor);

Unser Beispiel legt für die Tabellenspalte *autor* in der Tabelle *buch* einen Index mit der Bezeichnung *buch_index* an. Dadurch ist bei einer entsprechend großen Anzahl von Datensätzen zu erwarten, dass die Autorensuche und das alphabetische Sortieren nach Autoren wesentlich schneller ablaufen.

DROP INDEX

Mit der Anweisung DROP INDEX kann man einen bereits vorhandenen Spaltenindex wieder löschen.

DROP INDEX

Syntax

```
DROP INDEX Indexname ON Tabellenname
```

Beispiel

```
DROP INDEX buch_index ON buch;
```

In unserem Beispiel wird der Index *buch_index* zur Tabelle *buch* gelöscht.

Abbildung L3.8 zeigt das Anlegen und Löschen eines Spaltenindex.

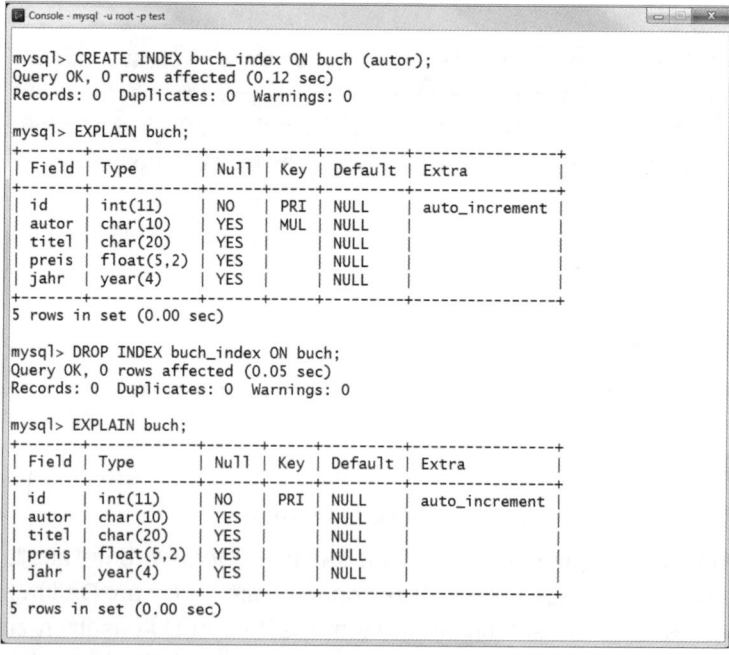

Abb. L3.8:   Tabellenindex anlegen und löschen

Sehen Sie wie in Abbildung L3.8 in der Spalte *key* der ersten Beschreibungstabelle den Eintrag *MUL* (für *multiple*) bedeutet das, dass der Spaltenindex für die Spalte *autor* angelegt wurde.

ALTER TABLE

Mit der Anweisung `ALTER TABLE` können Sie die Datenstruktur einer Tabelle verändern, ohne die Tabelle mit einer `CREATE TABLE`-Anweisung neu anlegen zu müssen. Sie können so Tabellenspalten umbenennen, hinzufügen oder löschen und die Eigenschaften von Tabellenspalten ändern.

> Vor der Verwendung der `ALTER TABLE`-Anweisung sollten Sie eine Sicherung aller Daten der Tabelle durchführen, da durch bestimmte Änderungen in der Tabellenstruktur Daten verloren gehen können.

Zum Datenverlust kommt es beispielsweise, wenn Sie Tabellenspalten löschen oder den Datentyp einer Tabellenspalte verändern. Unproblematischer ist dagegen das Hinzufügen von neuen Tabellenspalten.

Syntax

`ALTER TABLE` Tabellenname Aktion [,...]

Die Aktionsliste spezifiziert eine oder mehrere durch Kommata getrennte Aktionen, die die Datenstruktur der Tabelle modifizieren. Die wichtigsten Aktionen werden nachfolgend erläutert.

RENAME Tabellenname

Ändert den Namen einer Tabelle.

ADD Spaltendefinition

Fügt der Tabelle eine neue Spalte hinzu. Die Spaltendefinition der ADD-Klausel besitzt dasselbe Format wie die Spaltendeklaration der `CREATE TABLE`-Anweisung.

DROP Spaltenname

Löscht eine Tabellenspalte.

ADD INDEX Indexname Spaltenname [,...]

Fügt der Tabelle einen oder mehrere Spaltenindexe hinzu.

DROP INDEX Indexname

Löscht einen Spaltenindex.

ADD PRIMARY KEY (Spaltenname [,...])

Deklariert eine oder mehrere Tabellenspalten als Primärschlüssel.

DROP PRIMARY KEY

Entfernt den Primärschlüssel aus einer Tabelle.

ADD FOREIGN KEY (Spaltenname [,...]) **CONSTRAINT** Name
REFERENCES Tabellenname (Spaltenname [,...])
[ON DELETE {CASCADE|SET NULL}]

Deklariert eine oder mehrere Tabellenspalten als Fremdschlüssel.

DROP FOREIGN KEY Name

Entfernt unter Angabe des *Constraint*-Namens den Fremdschlüssel einer Tabelle.

CHANGE Spalte_alt Spalte_neu Spaltendefinition

Mit dieser Klausel können Sie eine Tabellenspalte neu definieren, d.h. den Spaltennamen und die Definition einer Spalte komplett ändern. Die Spaltendefinition hat dabei dasselbe Format wie die Spaltendeklaration der CREATE TABLE-Anweisung.

Die Aktion

MODIFY Spaltenname Spaltendefinition

ändert die Eigenschaften einer Tabellenspalte, ohne den Spaltennamen zu verändern. Die Spaltendefinition hat dasselbe Format wie die Spaltendeklaration der CREATE TABLE-Anweisung.

ALTER Spaltenname {**SET DEFAULT** Wert|**DROP DEFAULT**}

Mit der ALTER-Klausel können Sie für eine Tabellenspalte einen Standardwert definieren oder einen bereits definierten Standardwert löschen. Ein Standardwert wird automatisch jedem neuen Datensatz in der entsprechenden Tabellenspalte hinzugefügt. Der Wert, den Sie als Standardwert definieren, muss den Datentyp besitzen, den Sie in der Spaltendefinition festgelegt haben.

Beispiele

`ALTER TABLE buch RENAME buchliste;`

Der Name der Tabelle *buch* wird in *buchliste* umgeändert.

`ALTER TABLE buch ADD verlag CHAR(20);`

In die Tabelle *buch* wird die Spalte *verlag* mit dem Datentyp CHAR eingefügt.

`ALTER TABLE buch DROP verlag;`

In der Tabelle *buch* wird die Spalte *verlag* gelöscht.

`ALTER TABLE buch DROP PRIMARY KEY;`

In der Tabelle *buch* wird der Primärschlüssel entfernt. Beachten Sie, dass die Spalte trotzdem unverändert bestehen bleibt.

`ALTER TABLE buch ADD PRIMARY KEY (id);`

Die Spalte *id* in der Tabelle *buch* wird als Primärschlüssel festgelegt.

`ALTER TABLE buch DROP INDEX buch_index;`

Der Spaltenindex *buch_index* für die Tabelle *buch* wird gelöscht.

`ALTER TABLE buch ADD INDEX buch_index (autor);`

In der Tabelle *buch* wird ein Spaltenindex mit dem Namen *buch_index* für die Tabellenspalte *autor* erzeugt.

`ALTER TABLE buch CHANGE titel buchtitel CHAR(20);`

In der Tabelle *buch* wird die Spalte *titel* modifiziert. Sie erhält den neuen Namen *buchtitel* und den Datentyp CHAR mit einer maximalen Länge von 20 Zeichen.

```
ALTER TABLE buch MODIFY buchtitel CHAR(30);
```

In der Tabelle *buch* wird die Spalte *buchtitel* modifiziert. Sie erhält den Datentyp CHAR mit einer neuen maximalen Länge von 30 Zeichen.

```
ALTER TABLE buch ALTER preis SET DEFAULT 9.95;
```

In der Tabelle *buch* wird für jeden Datensatz in der Tabellenspalte *preis* der Standardwert 9.95 eingefügt.

Abbildung L3.9 zeigt Ihnen ausgewählte Beispiele für das Ändern der Tabellenstruktur.

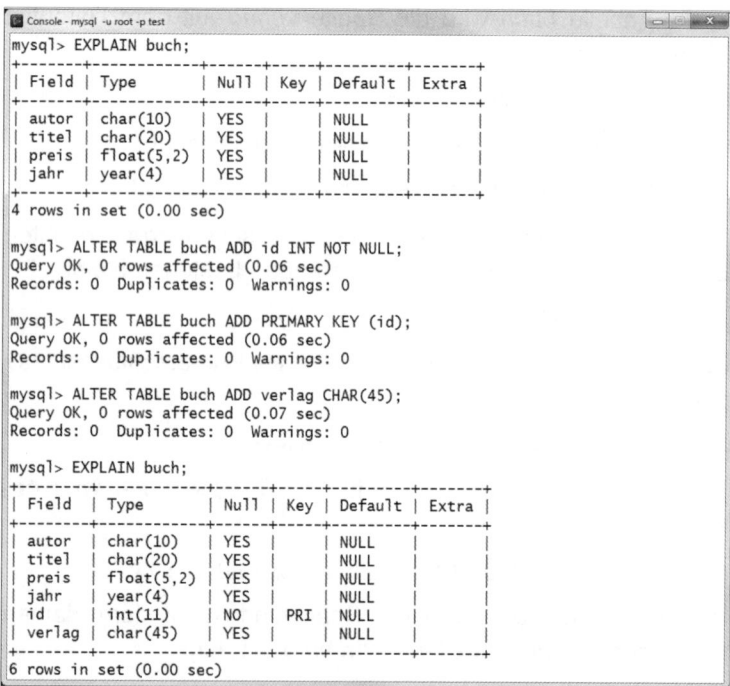

Abb. L3.9:   Ausgewählte Beispiele zum Ändern der Tabellenstruktur

Dateneingabe

In diesem Abschnitt wollen wir uns mit der Eingabe, dem Ändern und dem Löschen von Datensätzen beschäftigen. Außer-

---

dem werden wir Ihnen zeigen, wie man Daten aus einer Datei direkt in ein Datenbankschema einliest.

Nachdem eine Tabellenstruktur erstellt wurde, kann man nun darangehen, die Tabellen mit Daten zu füllen. Diese Aufgabe erledigen die Anweisungen der Datenmanipulationssprache DML. Insgesamt gibt es dafür drei grundlegende Datenbankoperationen: die Eingabe von Datensätzen in eine Tabelle (INSERT), das Verändern der Inhalte einzelner Datenfelder (UPDATE) und das Löschen von Datensätzen (DELETE).

INSERT

Die INSERT-Anweisung fügt Datensätze (Zeilen) in eine bestehende Tabelle ein.

Syntax

INSERT INTO

```
INSERT INTO Tabellenname [(Spaltenname [,...])]
VALUES (Wert [,...]) [,( ... )]
```

Durch die Angabe einer Liste mit Spaltennamen im ersten Teil der Anweisung definieren Sie, in welche Spalten die nachfolgenden Werte eingetragen werden sollen. Geben Sie hier keine Spaltennamen an, wird versucht, jeder Spalte der Tabelle ein Wert zuzuordnen.

> Bei der Dateneingabe müssen Sie immer darauf achten, dass die Anzahl und Reihenfolge der Werte, die Sie hinter VALUES eingeben, mit der Anzahl und Reihenfolge der angegebenen Spalten übereinstimmen.

Sie können mit der INSERT-Anweisung einen oder mehrere Datensätze gleichzeitig eingeben. Wenn Sie gleichzeitig in alle Tabellenspalten Werte eingeben wollen – und nur dann –, können Sie auf die Angabe der Spaltennamen verzichten.

Es gibt zwei Fälle, in denen Sie keine Daten in eine Tabellenspalte eingeben müssen. Das sind zum einen Tabellenspalten,

---

die mit einer AUTO_INCREMENT-Option versehen sind. Das Datenbanksystem fügt hier automatisch fortlaufende Zahlenwerte ein. In Tabellenspalten, die Sie mit einer DEFAULT-Option versehen haben, fügt das Datenbanksystem dagegen mit jedem neuen Datensatz einen festgelegten Standardwert ein.

Beispiele

```
INSERT INTO buch (id, autor, titel, preis, jahr)
VALUES
    (1,"Kobert","HTML",9.95,2003),
    (2,"Däßler","MySQL",9.95,2001);
```

Im unserem Beispiel werden zwei vollständige Datensätze in die Tabelle *buch* eingefügt. Die aufgelisteten Werte jedes Datensatzes werden in der angegebenen Reihenfolge in die Tabellenspalten *id, autor, titel, preis* und *jahr* eingefügt.

Beachten Sie, dass Eingabewerte stets den Datentyp besitzen müssen, der in einer Tabelle für die Spalten definiert ist. Zeichenketten und Datumsangaben werden bei der Dateneingabe stets in Anführungszeichen gesetzt.

Das bedeutet, in der Tabelle *buch* müssen Sie für die Spalte *preis* einen Zahlenwert eingeben, und für die Daten in der Tabellenspalte *jahr* müssen Sie das Format für die Angabe von Jahreszahlen beachten. Da wir in unserem Beispiel alle Spalten der Tabelle *buch* aufgelistet haben, können wir die Liste mit Spaltennamen auch weglassen:

```
INSERT INTO buch VALUES ( ... ), ( ... ) ...;
```

Wenn Sie in der Spaltendefinition eine automatische Zählfunktion (AUTO_INCREMENT) oder einen Standardwert (DEFAULT) definiert haben, sollten Sie in diese Spalten keine Daten eingeben. Nehmen Sie in diesem Fall einfach die Spalten aus der INSERT-Anweisung heraus:

```
INSERT INTO buch (autor, titel, jahr)
VALUES
```

```
("Kobert","HTML",2003),
("Däßler","MySQL",2001);
```

DELETE

Die DELETE-Anweisung löscht immer vollständige Datensätze, d.h. die Zeilen einer Tabelle. Über Bedingungen können Sie festlegen, welche Zeilen einer Tabelle gelöscht werden sollen. Falls keine Bedingungen angegeben werden, werden automatisch alle Datensätze (Zeilen) der Tabelle gelöscht.

Syntax

DELETE

```
DELETE FROM Tabellenname [WHERE Bedingung[en]]
```

Tabelle L3.14 fasst die Argumente der DELETE-Anweisung zusammen.

Argument	Beschreibung
FROM	Mit dieser Option legen Sie die Tabelle fest, deren Datensätze gelöscht werden sollen.
WHERE	Mit der Bedingungsklausel wählen Sie die Datensätze aus, die gelöscht werden sollen.

Tab. L3.14: Argumente der DELETE-Anweisung

Mehr zu Bedingungen finden Sie in Kapitel *L4 Datenbankbenutzung*.

Beispiele

```
DELETE FROM buch WHERE titel = "MySQL";
```

Im diesem Beispiel löschen wir alle Datensätze mit dem Buchtitel *MySQL*.

```
DELETE FROM buch;
```

Mit dieser Anweisung löschen wir alle Tabelleneinträge in der Tabelle *buch*. Alternativ können Sie zum Löschen aller Datensätze einer Tabelle auch den Befehl TRUNCATE TABLE benutzen.

```
TRUNCATE TABLE buch;
```

Abbildung L3.10 zeigt Ihnen die Eingabe von Daten in eine zuvor angelegte Datenbanktabelle und das Löschen von Daten aus einer Tabelle.

```
Console - mysql -u root -p test                                        ⊡ ⊡ ✕
mysql> INSERT INTO buch (id, autor, titel, preis, jahr)
    -> VALUES
    -> (1,"Kobert","HTML",9.95,2003),
    -> (2,"Däßler","MySQL",9.95,2001);
Query OK, 2 rows affected (0.00 sec)
Records: 2  Duplicates: 0  Warnings: 0

mysql> SELECT * FROM buch;
+--------+-------+-------+------+----+
| autor  | titel | preis | jahr | id |
+--------+-------+-------+------+----+
| Kobert | HTML  |  9.95 | 2003 |  1 |
| Däßler | MySQL |  9.95 | 2001 |  2 |
+--------+-------+-------+------+----+
2 rows in set (0.00 sec)

mysql> DELETE FROM buch;
Query OK, 2 rows affected (0.00 sec)

mysql> SELECT * FROM buch;
Empty set (0.00 sec)
```

Abb. L3.10: Eingeben und Löschen von Datensätzen

LOAD DATA INFILE

Die SQL-Anweisung LOAD DATA INFILE liest Datensätze aus einer Datei direkt in eine Tabelle. Im Unterschied zum INSERT-Befehl können Sie diese Anweisung benutzen, um Daten aus anderen Datenverwaltungssystemen in eine MySQL-Datenbank zu importieren. Sie müssen dazu lediglich definieren, welche Zeichen Tabellenspalten und Datensätze voneinander trennen. Die LOAD DATA INFILE-Anweisung hat folgende vereinfachte Syntax:

LOAD DATA INFILE

Syntax

LOAD DATA [LOCAL] INFILE [Dateipfad] Dateiname INTO TABLE Tabellenname [Option[en]]

Die Optionen definieren dabei das Importdatenformat. *Dateiname* ist hier der Dateiname einer Textdatei im *ASCII*-Format mit Daten, die nach MySQL importiert werden sollen, und *Ta-*

bellenname ist der Name der Tabelle, in die Datensätze importiert werden sollen. Wenn Sie keine Vorgaben für die Trennsymbole machen, d.h. keine weiteren Optionen definieren, benutzt das Datenbanksystem Standardtrennsymbole: einen Tabulator zum Trennen von Datenfeldern (Tabellenzellen) und einen Zeilenumbruch für die Unterscheidung von Datensätzen (Tabellenzeilen). Wenn die Option LOCAL gesetzt ist, liest der Datenbankklient eine Datei auf dem lokalen Klientenrechner und übermittelt sie dann an den Datenbankserver.

Falls sich die Textdatei nicht in dem Dateiordner befindet, von dem aus Sie den mySQL-Monitor aufgerufen haben, ist im Dateinamen der vollständige Pfad zum Dateiverzeichnis der Textdatei anzugeben.

Beispiel

```
LOAD DATA LOCAL INFILE "buchdaten.txt" INTO TABLE buch;
```

Unser Beispiel liest die Datensätze aus der Datei *buchdaten.txt* in die Tabelle *buch*. In der Textdatei sind Datenfelder durch einen Tabulator und Datensätze durch einen Zeilenumbruch (*CR/LF*) getrennt. Die Datei befindet sich im Verzeichnis, von dem aus Sie den mySQL-Monitor aufgerufen haben.

Abbildung L3.11 zeigt den Inhalt der Datei *buchdaten.txt*.

```
buchdaten - Editor
Datei  Bearbeiten  Format  Ansicht  ?
Kobert   HTML    9.95    2003    1
Däßler   MySQL   9.95    2000    2
Wigard   PHP     9.95    2001    3
Staas    SQL     9.95    2002    4
Däßler   VRML    9.95    2000    5
```

Abb. L3.11: Inhalt der Importdatei buchdaten.txt

In Abbildung L3.12 sehen Sie den Import von Tabellendaten aus der Datei *buchdaten.txt*.

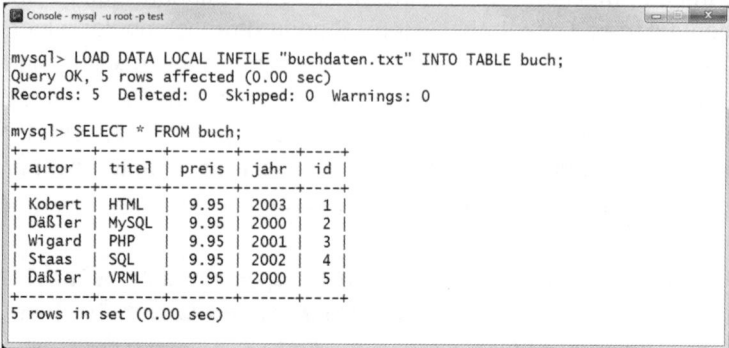

```
Console - mysql  -u root -p test                                        ___ __ _X_
mysql> LOAD DATA LOCAL INFILE "buchdaten.txt" INTO TABLE buch;
Query OK, 5 rows affected (0.00 sec)
Records: 5  Deleted: 0  Skipped: 0  Warnings: 0

mysql> SELECT * FROM buch;
+--------+-------+-------+------+----+
| autor  | titel | preis | jahr | id |
+--------+-------+-------+------+----+
| Kobert | HTML  |  9.95 | 2003 |  1 |
| Däßler | MySQL |  9.95 | 2000 |  2 |
| Wigard | PHP   |  9.95 | 2001 |  3 |
| Staas  | SQL   |  9.95 | 2002 |  4 |
| Däßler | VRML  |  9.95 | 2000 |  5 |
+--------+-------+-------+------+----+
5 rows in set (0.00 sec)
```

Abb. L3.12: Datenimport mit LOAD DATA LOCAL INFILE

> Die Option LOCAL muss gesetzt sein, wenn sich die Importdatei auf demselben lokalen Rechner wie der Datenbankklient befindet.

Optional können Sie zur Unterscheidung von Daten und Datensätzen aber auch eigene Trennsymbole definieren (Tabelle L3.15).

Optionen	Beschreibung
FIELDS TERMINATED BY	Definiert Trennzeichen für Datenfelder (Tabellenspalten).
LINES TERMINATED BY	Definiert Trennzeichen für Datensätze (Tabellenzeilen).

Tab. L3.15: Optionen der LOAD DATA INFILE-Anweisung

Beispiel

```
LOAD DATA LOCAL INFILE "buchdaten.txt" INTO TABLE buch
FIELDS TERMINATED BY "##" LINES TERMINATED BY 0x03;
```

Unser Beispiel liest Datensätze aus der Datei *buchdaten.txt* in die Tabelle *buch*. Die Tabellenspalten sind in der Textdatei durch zwei Doppelkreuze ## voneinander getrennt. Das Ende eines Datensatzes markiert das ASCII-Zeichen für ⎣Strg⎦ + ⎣C⎦. Statt des Zeichens können Sie auch, wie in unserem Beispiel, dessen hexadezimale Kodierung *0x03* benutzen.

UPDATE

Mit der UPDATE-Anweisung können Sie einzelne oder mehrere Werte in einer oder mehreren Tabellenspalten ändern. Um den UPDATE-Befehl ausführen zu können, müssen Sie einen Tabellennamen und entsprechende Spaltennamen angeben. Über Bedingungen können Sie darüber hinaus festlegen, welche Datensätze in der Tabelle geändert werden sollen. Falls keine Bedingung angegeben wird, werden automatisch alle Datensätze der Tabelle aktualisiert.

Syntax

```
UPDATE Tabellenname
SET Spaltenname = Wert [,...]
[WHERE Bedingung[en]]
```

Tabelle L3.16 fasst die Argumente der UPDATE-Anweisung zusammen.

Argument	Beschreibung
SET	Mit dieser Option legen Sie Spaltennamen und neue Datenwerte fest.
WHERE	Mit der Bedingungsklausel wählen Sie die Datensätze aus, die modifiziert werden sollen.

Tab. L3.16: Argumente der UPDATE-Anweisung

Mit Bedingungen werden wir uns ausführlicher in Kapitel *L4 Datenbankbenutzung* beschäftigen.

Beispiele

```
UPDATE buch SET jahr = "2011" WHERE titel = "MySQL";
```

In unserem ersten Beispiel fügen wir in der Tabellenspalte *jahr* der Tabelle *buch* einen neuen Wert für die Jahreszahl ein. Allerdings wollen wir die Änderung nicht für alle Datensätze durchführen, sondern nur für die Datensätze mit dem Buchtitel *MySQL*.

```
UPDATE buch SET preis = preis * 1.19;
```

Im diesem Beispiel ändern wir die Datenbankeinträge im Datenfeld *preis*, diesmal jedoch – da wir keine WHERE-Klausel verwenden – für alle Datensätze. In unserem Beispiel wird jeder Buchpreis um 19% erhöht und durch den neuen Wert in der Datenbank ersetzt.

Die Ausführung beider Beispiele ist in Abbildung L3.13 zu sehen.

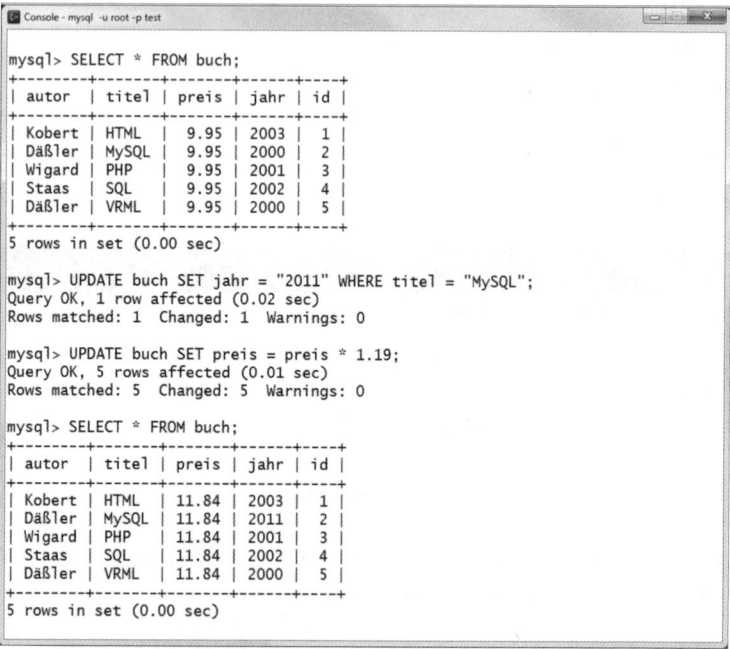

Abb. L3.13: Ändern von Daten in der Datenbanktabelle

Fremdschlüsseldefinition

Die Definition von einem oder mehreren Fremdschlüsseln erfolgt in der Regel mithilfe der Tabellendefinition. Die Fremdschlüsseldefinition wird analog zur Primärschlüsseldefinition einfach an die Definition der Tabellenspalten angehängt. In der Version MySQL 5 unterstützt der Tabellentyp *InnoDB* Fremdschlüssel. Wir haben daher für die Festlegung des Tabellentyps die Typdefinition *InnoDB* angehängt.

**Fremd-
schlüssel**

> Ab der MySQL-Version 5.5 ist InnoDB der Standardtabellentyp, der automatisch eingesetzt wird, wenn keine Speicher-Engine angegeben wurde.

Benutzen Sie andere Tabellentypen, wird die Fremdschlüsseldefinition aus Gründen der Kompatibilität zwar akzeptiert, bleibt jedoch ohne Wirkung.

Syntax

**CONSTRAINT
FOREIGN KEY**

```
CREATE TABLE ( ...
CONSTRAINT Name FOREIGN KEY (Spaltenname [,...])
REFERENCES Tabellenname (Spaltenname [,...])
[ON DELETE {CASCADE|SET NULL}]
[,...]
... ) [ENGINE = InnoDB]
```

Alternativ können Sie einen Fremdschlüssel auch nachträglich, also nachdem Sie die Tabellenstruktur angelegt haben, mit folgender Anweisung festlegen:

```
ALTER TABLE Tabellenname
ADD CONSTRAINT Name FOREIGN KEY (Spaltenname [,...])
REFERENCES Tabellenname (Spaltenname [,...])
[ON DELETE {CASCADE|SET NULL}]
```

Mit der Klausel CONSTRAINT definieren Sie einen Fremdschlüsselnamen. Unter Angabe dieses Namens können Sie den Fremdschlüssel auch wieder entfernen.

TIPP Jeder Fremdschlüsselname darf nur einmal innerhalb eines Datenbankschemas verwendet werden.

Innerhalb der Fremdschlüsseldefinition müssen Sie mit FOREIGN KEY die Tabellenspalten definieren, die zum Fremdschlüssel gehören. Mit der Klausel REFERENCES definieren Sie die Tabelle und Tabellenspalten, auf die sich der Fremdschlüssel beziehen soll. In der Regel handelt es sich dabei um den Primärschlüssel einer anderen Tabelle. Werden in Tabellen mit Fremdschlüsselfeldern neue Datensätze eingefügt, überprüft das Datenbanksystem, ob die Daten in der referenzierten Tabelle vorhanden sind. Geben Sie einen Wert ein, der nicht in der referenzierten Tabelle enthalten ist, wird die Dateneingabe verhindert, d.h. die referenzielle Integrität erzwungen. Gleiches gilt auch für das Ändern von Daten in Fremdschlüsselfeldern. Optional können Sie mithilfe der ON DELETE-Klausel definieren, was passiert, wenn Sie Datensätze in einer referenzierten Tabelle löschen. Hier gibt es zwei Optionen: CASCADE und SET NULL. Beide werden in Tabelle L3.17 erläutert.

Option	Bedeutung
CASCADE	Beim Löschen werden in anderen Tabellen alle Datensätze gelöscht, die sich auf diesen Datensatz beziehen.
SET NULL	Beim Löschen werden alle Werte im Fremdschlüssel in anderen Tabellen, die sich auf diesen Datensatz beziehen, auf den Wert NULL gesetzt.

Tab. L3.17: Optionen der Klausel ON DELETE bei Fremdschlüsseln

Ein Fremdschlüssel kann mit folgendem Befehl wieder entfernt werden:

DROP FOREIGN KEY

`ALTER TABLE` Tabellenname `DROP FOREIGN KEY` Constraint-Name

Beispiel

Betrachten wir jetzt die Überprüfung der referenziellen Integrität an einem konkreten Beispiel. Wir definieren zuerst eine Verlagstabelle, die neben einem Primärschlüssel nur die Namen von Verlagen enthält:

```
CREATE TABLE verlag (
    verlags_id INTEGER NOT NULL,
    verlagsname CHAR(20),
    PRIMARY KEY (verlags_id)
) ENGINE = InnoDB;
```

Jetzt definieren wir eine Buchtabelle mit den Attributen *buch_id* und *buchtitel* sowie einem Datenfeld *verlags_id*, das sich auf die Verlagstabelle bezieht. Wir definieren die Spalte *verlags_id* als Fremdschlüssel. Zur Sicherheit legen wir als Tabellentyp *InnoDB* fest. Den Fremdschlüssel nennen wir *fk*.

```
CREATE TABLE buch (
    buch_id   INTEGER NOT NULL,
    buchtitel  CHAR(20),
    verlags_id  INTEGER,
    PRIMARY KEY (buch_id),
    CONSTRAINT fk FOREIGN KEY (verlags_id) REFERENCES verlag
(verlags_id) ON DELETE CASCADE
) ENGINE = InnoDB;
```

Mit der folgenden Anweisung kann der Fremdschlüssel wieder gelöscht werden:

ALTER TABLE buch **DROP FOREIGN KEY** fk;

Das Einrichten und Löschen eines Fremdschlüssels sehen Sie in Abbildung L3.14.

**DROP
FOREIGN KEY**

```
Console - mysql -u root -p test

mysql> CREATE TABLE verlag (
    ->     verlags_id INTEGER NOT NULL,
    ->     verlagsname CHAR(20),
    ->     PRIMARY KEY (verlags_id)
    -> ) ENGINE = InnoDB;
Query OK, 0 rows affected (0.08 sec)

mysql> CREATE TABLE buch (
    ->     buch_id  INTEGER NOT NULL,
    ->     buchtitel CHAR(20),
    ->     verlags_id INTEGER,
    ->     PRIMARY KEY (buch_id),
    ->     CONSTRAINT fk FOREIGN KEY (verlags_id) REFERENCES verlag (verlags_id) ON DELETE CASCADE
    -> ) ENGINE = InnoDB;
Query OK, 0 rows affected (0.06 sec)

mysql> ALTER TABLE buch DROP FOREIGN KEY fk;
Query OK, 0 rows affected (0.24 sec)
Records: 0  Duplicates: 0  Warnings: 0
```

Abb. L3.14: Fremdschlüssel festlegen und löschen

Als Nächstes fügen wir in beide Tabellen jeweils zwei Datensätze ein. Wir achten darauf, dass die Zuordnung der Werte in beiden Tabellen korrekt ist.

```
INSERT INTO verlag VALUES (1,"mitp"),(2,"bhv");
INSERT INTO buch VALUES (1,"HTML",1),(2,"MySQL",2);
```

Versuchen wir jetzt, einen Datensatz in die Tabelle *buch* einzugeben, der im Fremdschlüsselfeld keine Entsprechung in der Verlagstabelle hat, beispielsweise:

```
INSERT INTO buch VALUES (3,"PHP",3);
```

erhalten wir folgende Fehlermeldung des Datenbankservers:

```
ERROR 1452 (23000): Cannot add or update a child row: a
foreign key constraint fails
```

Die Ausführung der SQL-Anweisung wurde abgewiesen, da in der Verlagstabelle kein Eintrag mit der *verlags_id* 3 vorhanden ist. Ergänzen wir jetzt diesen Eintrag in der Tabelle *verlag* mit der Anweisung

```
INSERT INTO verlag VALUES (3,"vmi");
```

und wiederholen dann die letzte Eingabe in die Buchtabelle, wird die Anweisung ausgeführt (Abbildung L3.15).

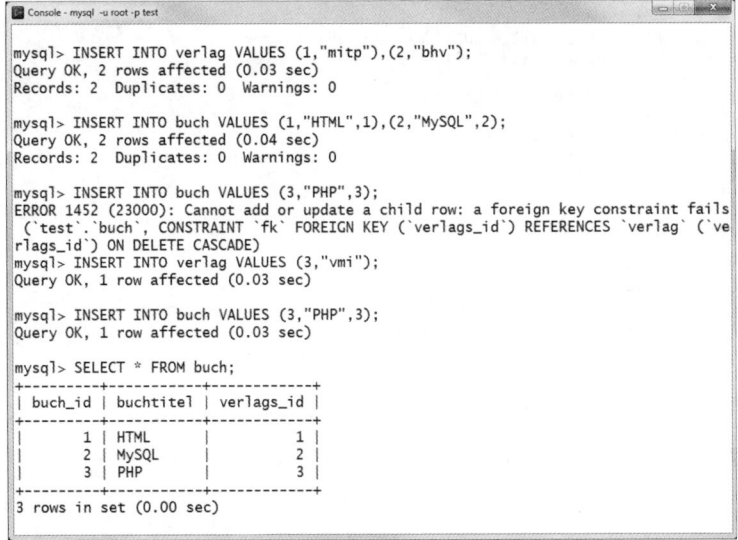

```
Console - mysql -u root -p test

mysql> INSERT INTO verlag VALUES (1,"mitp"),(2,"bhv");
Query OK, 2 rows affected (0.03 sec)
Records: 2  Duplicates: 0  Warnings: 0

mysql> INSERT INTO buch VALUES (1,"HTML",1),(2,"MySQL",2);
Query OK, 2 rows affected (0.04 sec)
Records: 2  Duplicates: 0  Warnings: 0

mysql> INSERT INTO buch VALUES (3,"PHP",3);
ERROR 1452 (23000): Cannot add or update a child row: a foreign key constraint fails
 (`test`.`buch`, CONSTRAINT `fk` FOREIGN KEY (`verlags_id`) REFERENCES `verlag` (`ve
rlags_id`) ON DELETE CASCADE)
mysql> INSERT INTO verlag VALUES (3,"vmi");
Query OK, 1 row affected (0.03 sec)

mysql> INSERT INTO buch VALUES (3,"PHP",3);
Query OK, 1 row affected (0.03 sec)

mysql> SELECT * FROM buch;
+---------+-----------+------------+
| buch_id | buchtitel | verlags_id |
+---------+-----------+------------+
|       1 | HTML      |          1 |
|       2 | MySQL     |          2 |
|       3 | PHP       |          3 |
+---------+-----------+------------+
3 rows in set (0.00 sec)
```

Abb. L3.15: Überprüfung der referenziellen Integrität

Schauen wir uns jetzt an, was passiert, wenn wir in der Verlagstabelle einen Eintrag löschen. Geben Sie dazu folgenden Befehl ein:

```
DELETE FROM verlag WHERE verlags_id = 1;
```

MySQL entfernt kommentarlos den Datensatz aus der Verlagstabelle. Gleichzeitig wird aber auch aus der Buchtabelle der
Datensatz mit dem Wert 1 im entsprechenden Fremdschlüsselfeld
gelöscht, da wir in der Tabellendefinition die Option ON DELETE
CASCADE gesetzt haben. Sie können sich diese Änderungen
in beiden Tabellen mithilfe der SELECT-Anweisung ansehen (Abbildung L3.16).

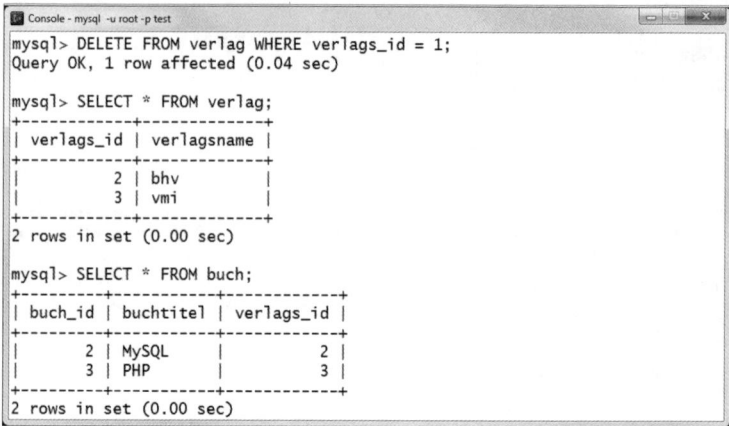

```
Console - mysql -u root -p test                                    _ □ ✕

mysql> DELETE FROM verlag WHERE verlags_id = 1;
Query OK, 1 row affected (0.04 sec)

mysql> SELECT * FROM verlag;
+------------+-------------+
| verlags_id | verlagsname |
+------------+-------------+
|          2 | bhv         |
|          3 | vmi         |
+------------+-------------+
2 rows in set (0.00 sec)

mysql> SELECT * FROM buch;
+---------+-----------+------------+
| buch_id | buchtitel | verlags_id |
+---------+-----------+------------+
|       2 | MySQL     |          2 |
|       3 | PHP       |          3 |
+---------+-----------+------------+
2 rows in set (0.00 sec)
```

Abb. L3.16: Kaskadiertes Löschen

L4 Datenbankbenutzung

In diesem Kapitel wollen wir uns mit der Datenbankbenutzung aus der Sicht eines Datenbankanwenders beschäftigen. Sie lernen hier zunächst den Umgang mit der grafischen SQL-Benutzeroberfläche der *MySQL-Workbench* kennen, anschließend wird die SQL-Anweisung SELECT ausführlich erläutert. Diese Anweisung benutzen Sie, um einfache und komplexe Abfragen zu stellen, Tabellen miteinander zu verknüpfen und Sichten auf einen Datenbestand herzustellen.

Möglichkeiten des Datenbanknutzers

Jedes Datenbanksystem besitzt eine SQL-Schnittstelle, über die der Datenbankbenutzer direkt mit dem Datenbanksystem kommunizieren kann. Der Datenbankbenutzer führt dabei in der Regel folgende Operationen aus:

- *Formulierung von Datenbankabfragen.* Der Nutzer erzeugt mit jeder Datenbankabfrage eine virtuelle Ergebnistabelle, die im Allgemeinen ausgewählte Tabellenspalten verschiedener Datenbanktabellen (Projektion) und ausgewählte Datensätze (Selektion) enthält.

- *Einrichten von Sichten.* Der Nutzer kann Abfragen festlegen, die im Datenbanksystem gespeichert und wiederholt aufgerufen werden können. Damit wird immer die gleiche spezifische Sicht auf den Datenbestand hergestellt, das heißt die Struktur der virtuellen Ergebnistabelle ist immer gleich, die Anzahl der Tabellenzeilen (Datensätze) kann jedoch in Abhängigkeit vom Datenbestand variieren.

Benutzerschnittstelle SQL Development

Die *MySQL-Workbench* stellt Ihnen für die Datenbankbenutzung die grafische SQL-Benutzerschnittstelle *SQL-Development* zur

SQL Development

Verfügung, mit deren Hilfe Sie Datenbankabfragen stellen können. Die Benutzeroberfläche ist dreigeteilt: Auf der linken Seite sehen Sie das hierarchische Datenbank- und Tabellenschema (*Object Browser*), auf der rechten Seite befindet sich im oberen Bereich eine Eingabemaske für SQL-Abfragen und darunter ein Bereich zur Anzeige der Abfrageergebnisse (Abbildung L4.1).

Bevor Sie eine Datenbankabfrage ausführen, sollten Sie im Objektbrowser mit der Einstellung – Set As Default Schema – des Kontextmenüs (rechte Maustaste) die Datenbank, welche die Tabellen Ihrer Datenbankabfrage enthält, als Standarddatenbank einstellen.

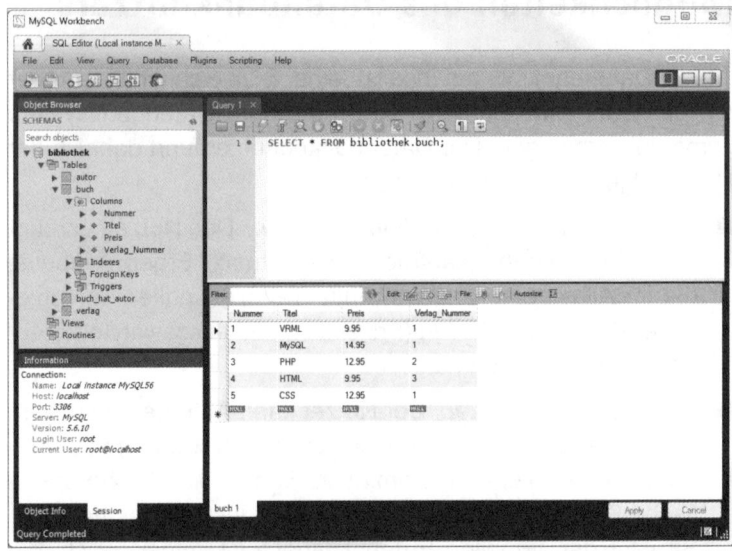

Abb. L4.1: MySQL-Workbench (*SQL Development*) – Abfragen ausführen

Im Ergebnisfenster besteht über eine Funktionsleiste die Möglichkeit Ergebnistabellen in verschiedenen Tabellenformaten (z.B. CSV, Excel, HTML, XML, SQL) aus *MySQL-Workbench* heraus zu exportieren. Die anderen Funktionen der Funktionsleiste des Ergebnisfensters sind ausführlicher in Kapitel *L3 Datenbankentwicklung* beschrieben.

MySQL-Workbench bietet Ihnen zusätzlich die Möglichkeit an, Abfragen (*Snippets*) zu sichern (Abbildung L4.2). Diese Abfragen werden allerdings nicht im Datenbanksystem gespeichert, sondern stehen weiterhin nur in der grafischen Nutzeroberfläche zur Verfügung.

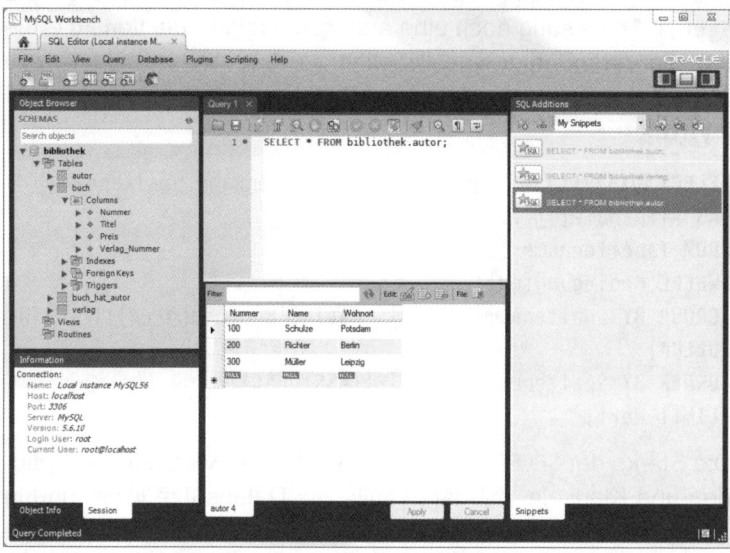

Abb. L4.2:   MySQL-Workbench (*SQL Development*) – Abfragen (*Snippets*) verwalten

Einfache Abfragen

In diesem Abschnitt lernen Sie die SELECT-Anweisung kennen, mit der Sie Anfragen an eine Datenbank stellen können. Danach werden Sie eine Reihe von grundlegenden Operationen für die Abfrage von Datenbankinhalten kennen lernen. Wir beginnen mit Abfragen in einzelnen Tabellen und erläutern, wie man mithilfe von Operatoren und Funktionen Berechnungen ausführt, Bedingungen für Datenbankabfragen formuliert und logische Verknüpfungen durchführt.

SELECT

Nachdem die Tabellen mit Daten gefüllt sind, kann man mit dem Befehl SELECT Anfragen an die Datenbank stellen. Die SELECT-Anweisung enthält eine Reihe von Optionen zur Auswahl und Darstellung von Datensätzen. Darüber hinaus hat die SELECT-Anweisung noch eine andere wichtige Funktion zu erfüllen, die Verknüpfung von Tabellen.

SELECT

Syntax

```
SELECT [DISTINCT] {*|Spaltenname|Tabellenname.Spaltenname}
[AS Aliasname] [,...]
FROM Tabellenname [,...]
[WHERE Bedingung[en]]
[GROUP BY Spaltenname [,...] [HAVING Bedingung[en]]] [WITH
ROLLUP]
[ORDER BY Spaltenname [,...] [{ASC|DESC}]]
[LIMIT Wert]
```

Die Stärke der SELECT-Anweisung liegt in der Vielzahl von Optionen und Klauseln, mit deren Hilfe Sie Datensätze filtern und in geeigneter Form darstellen können. Tabelle L4.1 zeigt die wichtigsten Argumente der SELECT-Anweisung und beschreibt deren Funktionsweise.

Argumente

Argument	Beschreibung
DISTINCT	Mehrfach auftretende, identische Datensätze werden nur einmal angezeigt.
AS	Definition benutzerspezifischer Namen für die Tabellenspalten der Ergebnistabelle.
FROM	Legt eine Tabelle oder bei Verknüpfung von Tabellen mehrere Tabellen fest, auf die sich die Datenbankabfrage bezieht.
WHERE	Gibt Bedingungen an, die ein Datensatz erfüllen muss, um als Ergebnis einer Abfrage dargestellt zu werden.
GROUP BY	Gruppiert Datensätze.

Argument	Beschreibung
HAVING	Gibt Bedingungen an, auf deren Grundlage gruppierte Datensätze selektiert werden.
WITH ROLLUP	Fügt bei Gruppierungen zusätzliche Datensätze mit Aggregatwerten ein.
ORDER BY	Gibt an, wie die Datensätze sortiert werden sollen.
ASC/DESC	Sortierung in aufsteigender oder absteigender Reihenfolge.
LIMIT	Legt die Anzahl von Datensätzen für die Ergebnisanzeige fest.

Tab. L4.1: Argumente der SELECT-Anweisung

Unmittelbar nach dem Schlüsselwort SELECT folgt eine Liste von Spaltennamen. Mithilfe dieser Liste treffen Sie eine Auswahl, welche Tabellenspalten angezeigt werden (Projektion) und in welcher Reihenfolge die Anzeige erfolgen soll.

Beispiele

Beginnen wir nun mit unserem ersten Beispiel, der Anzeige des gesamten Inhalts einer Tabelle. Wir betrachten dazu eine Buchtabelle mit den Tabellenspalten *buch_id*, *autor*, *titel*, *jahr* und *preis* (Abbildung L4.3). Die folgende SELECT-Anweisung listet alle Spalten und alle Datensätze der Tabelle *buch* auf. Mit dem Wildcard-Zeichen * werden alle Tabellenspalten ausgewählt. Da wir keine WHERE-Klausel angegeben haben, werden ohne Einschränkung alle Datensätze angezeigt.

```
SELECT * FROM buch;
```

Spezifizieren wir nun spezielle Attribute, werden nur noch diese Datenfelder angezeigt. Normalerweise gibt es in einer Tabelle keine identischen Datensätze, wenn Sie einen Primärschlüssel verwenden. Wählen Sie allerdings nur bestimmte Attribute für die Anzeige aus, kann es passieren, dass identische Teildatensätze auftreten. In diesem Fall ist die Verwendung des Prädikats DISTINCT von Bedeutung. Setzen Sie dieses Prädikat, werden alle identischen Teildatensätze nur einmal aufgelistet.

`SELECT DISTINCT autor, jahr FROM buch;`

In unserem Beispiel wählen wir die Spalten *autor* und *jahr* für die Anzeige aus. Es ist anzunehmen, dass in der Buchtabelle Autoren existieren, die mehr als ein Buch in einem Jahr veröffentlicht haben. Damit ergäben sich identische Teildatensätze, die allerdings nur einmal gelistet werden.

Haben Sie Tabellen mit sehr vielen Datensätzen, ist es sinnvoll, die Suchergebnisse zu sortieren. Sie können dazu die ORDER BY-Klausel benutzen und Datenfelder definieren, in denen alle Datensätze sortiert werden. Geben Sie hier mehrere Tabellenspalten an, erfolgt die Sortierung in der angegebenen Reihenfolge. Durch das Einfügen des Prädikats ASC oder DESC kann die Sortierung auf- bzw. absteigend erfolgen.

`SELECT autor, titel FROM buch ORDER BY autor ASC;`

Unser Beispiel sucht alle Datensätze aus der Tabelle *buch* und listet alle Autoren und die dazugehörigen Buchtitel in alphabetischer Reihenfolge.

Mit der AS-Klausel in der `SELECT`-Anweisung legen Sie neue Namen für die Tabellenspalten fest.

`SELECT autor AS Buchautor, titel AS Buchtitel FROM buch;`

Statt der Namen für die Tabellenspalten, die in der Datenbank festgelegt sind, werden jetzt die Spaltennamen *Buchautor* und *Buchtitel* ausgegeben. Die Namen *autor* bzw. *titel* bleiben in der Datenbank selbstverständlich unverändert. Abbildung L4.3 zeigt noch einmal verschiedene Aspekte der `SELECT`-Anweisung.

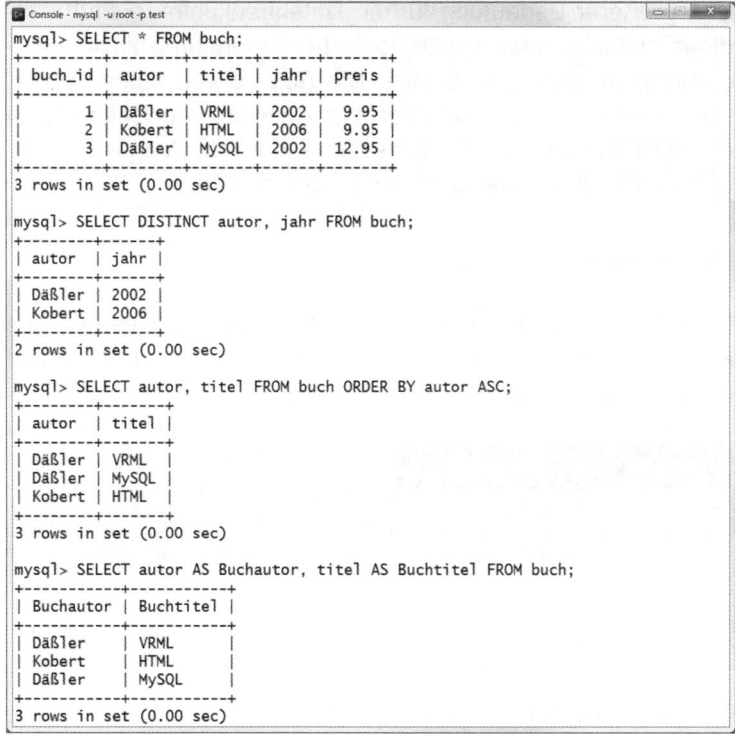

```
Console - mysql -u root -p test
mysql> SELECT * FROM buch;
+---------+---------+-------+------+-------+
| buch_id | autor   | titel | jahr | preis |
+---------+---------+-------+------+-------+
|       1 | Däßler  | VRML  | 2002 |  9.95 |
|       2 | Kobert  | HTML  | 2006 |  9.95 |
|       3 | Däßler  | MySQL | 2002 | 12.95 |
+---------+---------+-------+------+-------+
3 rows in set (0.00 sec)

mysql> SELECT DISTINCT autor, jahr FROM buch;
+--------+------+
| autor  | jahr |
+--------+------+
| Däßler | 2002 |
| Kobert | 2006 |
+--------+------+
2 rows in set (0.00 sec)

mysql> SELECT autor, titel FROM buch ORDER BY autor ASC;
+--------+-------+
| autor  | titel |
+--------+-------+
| Däßler | VRML  |
| Däßler | MySQL |
| Kobert | HTML  |
+--------+-------+
3 rows in set (0.00 sec)

mysql> SELECT autor AS Buchautor, titel AS Buchtitel FROM buch;
+-----------+-----------+
| Buchautor | Buchtitel |
+-----------+-----------+
| Däßler    | VRML      |
| Kobert    | HTML      |
| Däßler    | MySQL     |
+-----------+-----------+
3 rows in set (0.00 sec)
```

Abb. L4.3: SELECT-Anweisungen mit DISTINCT, ORDER BY und AS

Ausdrücke

Ausdrücke werden in SQL benutzt, um Berechnungen oder Vergleichsoperationen auszuführen. Dazu benötigt man Operatoren und Funktionen. Rechenoperationen werden in der Regel mit Daten in den Tabellenspalten ausgeführt, beispielsweise um die Ergebnisse einer Datenbankabfrage mit SELECT mathematisch aufzubereiten und darzustellen. Im Grunde können Sie SQL auch verwenden, um Grundrechenoperationen und statistische Berechnungen auszuführen. Diese Option stammt allerdings noch aus einer Zeit, als SQL die einzige Kommunikationsschnittstelle einer Datenbank war. Heute übernehmen weitgehend Programmapplikationen (APIs) diese Aufgabe.

Ausdrücke

Von größerer Bedeutung für die Datenbankabfrage sind allerdings einfache oder mithilfe logischer Operatoren zusammengesetzte Vergleichsausdrücke. Die SQL-Anweisungen SELECT, UPDATE und DELETE verwenden zur Auswahl von Datensätzen die WHERE-Klausel, die logische Ausdrücke, Vergleichsausdrücke oder Kombinationen von beiden enthält.

Numerische Ausdrücke

Numerisch

Numerische Ausdrücke entstehen durch die Verwendung von Rechenoperatoren (Tabelle L4.2). Sie können auf diese Weise in SQL Rechenoperationen ausführen.

Operator	Bedeutung
+	Addition
-	Subtraktion
*	Multiplikation
/	Division

Tab. L4.2: Rechenoperatoren

Beispiel

Im folgenden Beispiel werden alle Buchtitel und Preise der Tabelle *buch* aufgelistet, wobei durch die Rechenoperation alle in der Datenbank gespeicherten Buchpreise um 19% erhöht werden.

```
SELECT titel, preis * 1.19 FROM buch;
```

Beachten Sie, dass durch die Ausdrücke in einer SELECT-Anweisung die Daten in einer Tabelle nicht verändert werden.

Um permanent Werte in einer Datenbank zu verändern, müssen Sie gegebenenfalls eine UPDATE-Anweisung benutzen:

```
UPDATE buch SET preis = preis * 1.19;
```

Logische Ausdrücke

Wir haben bereits erwähnt, dass logische Ausdrücke (in der Regel **Logisch** Vergleichsoperationen) eine besondere Rolle bei der Auswahl von Datensätzen in einer Datenbankabfrage spielen. Mögliche Vergleichsoperatoren, die Sie in der WHERE-Klausel der Anweisung verwenden können, werden in Kapitel *L1 Grundlagen* erläutert.

Beispiele

```
SELECT autor, titel FROM buch WHERE titel = "HTML";
```

In diesem Beispiel wird ein exakter Zeichenkettenvergleich durchgeführt, d.h. es werden alle Datensätze durchsucht und alle Buchtitel und Autoren mit dem Buchtitel *HTML* angezeigt.

```
SELECT titel, preis FROM buch WHERE preis > 10.00;
```

In diesem Beispiel wird ein Zahlenvergleich durchgeführt, d.h. es werden alle Datensätze durchsucht und alle Buchtitel mit Preisangaben angezeigt, die größer als *10.00* sind.

Oftmals tritt der Fall ein, dass man mit einer Datenbankabfrage Datensätze herausfiltern will, die nicht nur einer Bedingung, sondern gleich mehreren Bedingungen genügen sollen. Beispielsweise sollen alle Bücher eines bestimmten Autors, die in einem bestimmten Jahr erschienen sind, ermittelt werden. Um auch solche Anfragen an das System formulieren zu können, benötigen Sie Operatoren, die verschiedene Vergleichsoperationen miteinander verbinden. Diese Operatoren legen fest, ob Bedingungen gleichzeitig erfüllt sein müssen (AND), ob nur eine von mehreren Vergleichsoperationen zutreffen soll (OR) oder ob eine Bedingung nicht zutreffen soll (NOT). Die Operatoren für logische Verknüpfungen werden in Kapitel *L1 Grundlagen* erläutert.

```
SELECT autor, titel, jahr FROM buch
WHERE autor = "Kobert" AND jahr = 2006;
```

Unser Beispiel sucht aus der Tabelle *buch* alle Buchtitel des Autors *Kobert*, die *2006* erschienen sind. Die UND-Verknüpfung müssen Sie benutzen, da beide Bedingungen gleichzeitig erfüllt sein sollen.

Das nächste Beispiel sucht aus der Tabelle *buch* alle Buchtitel der Autoren *Kobert* oder *Däßler* heraus. Um Bücher beider Autoren zu ermitteln, benötigen Sie hier die ODER-Verknüpfung.

```
SELECT autor, titel FROM buch
WHERE autor = "Kobert" OR autor = "Däßler";
```

Das letzte Beispiel sucht aus der Tabelle *buch* alle Buchtitel heraus, deren Autor nicht *Kobert* ist. Wir verwenden jetzt die logische Verneinung.

```
SELECT autor, titel FROM buch WHERE NOT (autor = "Kobert");
```

In Abbildung L4.4 sehen Sie ausgewählte Beispiele für logische Ausdrücke.

```
Console - mysql  -u root -p test

mysql> SELECT autor, titel FROM buch WHERE titel = "HTML";
+--------+-------+
| autor  | titel |
+--------+-------+
| Kobert | HTML  |
+--------+-------+
1 row in set (0.00 sec)

mysql> SELECT titel, preis FROM buch WHERE preis > 10.00;
+-------+-------+
| titel | preis |
+-------+-------+
| MySQL | 12.95 |
+-------+-------+
1 row in set (0.00 sec)

mysql> SELECT autor, titel, jahr FROM buch WHERE autor = "Kobert" AND jahr = 2006;
+--------+-------+------+
| autor  | titel | jahr |
+--------+-------+------+
| Kobert | HTML  | 2006 |
+--------+-------+------+
1 row in set (0.00 sec)

mysql> SELECT autor, titel FROM buch WHERE autor = "Kobert" OR autor = "Däßler";
+--------+-------+
| autor  | titel |
+--------+-------+
| Däßler | VRML  |
| Kobert | HTML  |
| Däßler | MySQL |
+--------+-------+
3 rows in set (0.00 sec)

mysql> SELECT autor, titel FROM buch WHERE NOT (autor = "Kobert");
+--------+-------+
| autor  | titel |
+--------+-------+
| Däßler | VRML  |
| Däßler | MySQL |
+--------+-------+
2 rows in set (0.00 sec)
```

Abb. L4.4:   Ausgewählte Beispiele für logische Ausdrücke

Operatoren IN, BETWEEN und LIKE

Abschließend wollen wir noch drei spezielle Operatoren betrachten, die in Zusammenhang mit bestimmten Datentypen verwendet werden. Tabelle L4.3 gibt Ihnen eine Übersicht zu speziellen Operatoren.

IN/BETWEEN/ LIKE

Operator	Bedeutung	Erläuterung
IN	Mengenoperator	Überprüft, ob ein Objekt in einer Objektmenge vorhanden ist.
BETWEEN	Bereichsoperator	Vergleich mit einem Wertebereich durchführen.
LIKE	Unschärfeoperator	Zeichenkettenvergleich mit Trunkierung.

Tab. L4.3:   Spezielle Operatoren

Der IN-Operator überprüft, ob sich ein Objekt in einer Menge von Objekten befindet. Die Objektmengen können Sie dabei selbst definieren. Sie können diese Option benutzen, wenn Sie in der Buchtabelle nach mehreren Autoren suchen:

```
SELECT autor, titel FROM buch
WHERE autor IN ("Kobert","Däßler");
```

Sie können die gleiche Abfrage auch mithilfe einer logischen ODER-Verknüpfung formulieren:

```
SELECT autor, titel FROM buch
WHERE autor = "Kobert" OR autor = "Däßler";
```

Der Bereichsoperator BETWEEN analysiert alle Werte, die sich in einem festgelegten Wertebereich befinden. Die folgende Beispielabfrage liefert als Ergebnis alle Buchtitel, die zwischen *2000* und *2004* erschienen sind.

```
SELECT autor, titel, jahr FROM buch
WHERE jahr BETWEEN 2000 AND 2004;
```

Äquivalent dazu wäre die folgende Datenbankabfrage unter Verwendung einer logischen UND-Verknüpfung:

```
SELECT autor, titel, jahr FROM buch
WHERE jahr >= 2000 AND jahr <= 2004;
```

Zeichenkettenvergleiche gehören zu den häufigsten Operationen einer Datenbankrecherche. Aus Ihren eigenen Erfahrungen, beispielsweise mit Suchmaschinen im Web, wissen Sie, dass man oftmals nicht den genauen Suchbegriff definieren kann. Aus diesem Grund gibt es neben der exakten Suche auch die Möglichkeit der unscharfen Suche. Das wird durch einen Vergleich von Teilzeichenketten erreicht. In diesem Fall wird geprüft, ob eine eingegebene Zeichenkette teilweise oder vollständig mit einem Wert in einer Tabellenspalte übereinstimmt. Eine unscharfe Suche liefert in der Regel eine höhere Trefferquote, allerdings haben nicht alle Treffer die gleiche Relevanz. Eine unscharfe Suche können Sie in MySQL mit dem LIKE-Operator durchführen. Im folgenden Beispiel suchen wir alle Buchtitel aus der Tabelle *buch*, die mit dem Buchstaben *M* beginnen.

```
SELECT autor, titel FROM buch WHERE titel LIKE "M%";
```

Das Prozentzeichen % im Suchbegriff ist ein Ersetzungssymbol, das angibt, dass bei einem Zeichenkettenvergleich alle Buchtitel berücksichtigt werden sollen, die mit dem Buchstaben *M* beginnen. Danach kann eine beliebige Zeichenfolge auftreten. Das Platzhalterzeichen % steht dabei für kein, ein oder mehrere beliebige Zeichen.

TIPP Das Ersetzungszeichen kann mehrfach und an einer beliebigen Stelle in den Suchterm eingefügt werden. Darüber hinaus wird bei der Suche Groß- und Kleinschreibung nicht unterschieden.

Abbildung L4.5 zeigt Ihnen die Verwendung der Operatoren IN, BETWEEN und LIKE in einer Datenbankabfrage.

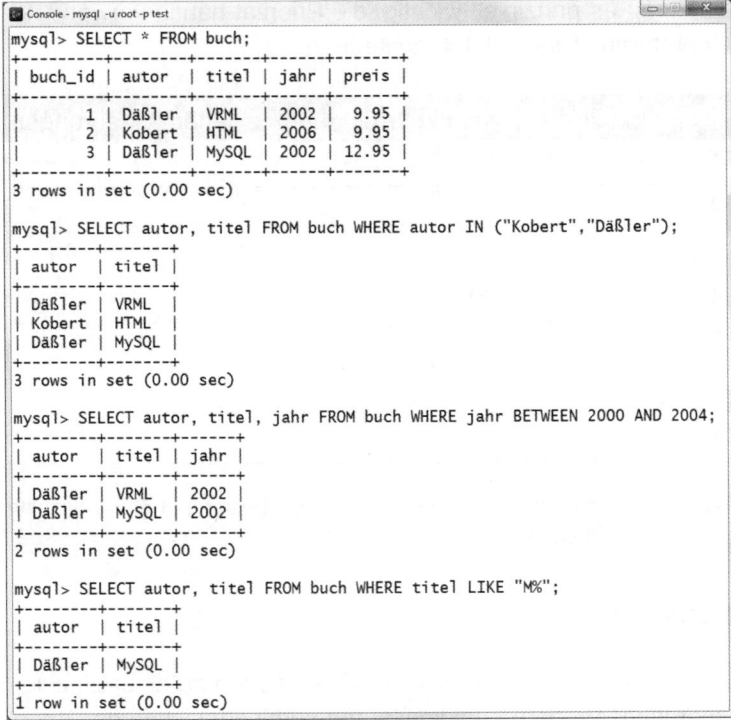

```
Console - mysql -u root -p test
mysql> SELECT * FROM buch;
+---------+--------+-------+------+-------+
| buch_id | autor  | titel | jahr | preis |
+---------+--------+-------+------+-------+
|       1 | Däßler | VRML  | 2002 |  9.95 |
|       2 | Kobert | HTML  | 2006 |  9.95 |
|       3 | Däßler | MySQL | 2002 | 12.95 |
+---------+--------+-------+------+-------+
3 rows in set (0.00 sec)

mysql> SELECT autor, titel FROM buch WHERE autor IN ("Kobert","Däßler");
+--------+-------+
| autor  | titel |
+--------+-------+
| Däßler | VRML  |
| Kobert | HTML  |
| Däßler | MySQL |
+--------+-------+
3 rows in set (0.00 sec)

mysql> SELECT autor, titel, jahr FROM buch WHERE jahr BETWEEN 2000 AND 2004;
+--------+-------+------+
| autor  | titel | jahr |
+--------+-------+------+
| Däßler | VRML  | 2002 |
| Däßler | MySQL | 2002 |
+--------+-------+------+
2 rows in set (0.00 sec)

mysql> SELECT autor, titel FROM buch WHERE titel LIKE "M%";
+--------+-------+
| autor  | titel |
+--------+-------+
| Däßler | MySQL |
+--------+-------+
1 row in set (0.00 sec)
```

Abb. L4.5: Spezielle Operatoren: IN, BETWEEN, LIKE

Klammersetzung

Abschließend werden Sie sich fragen, wann in zusammengesetzten Ausdrücken Klammern gesetzt werden müssen und
wann nicht. Die Klammersetzung hängt immer davon ab, in welcher Reihenfolge die Operationen ausgeführt werden sollen.
Dabei spielt die unterschiedliche Priorität der Operatoren die
entscheidende Rolle. Diese Priorität entscheidet darüber, in
welcher Reihenfolge Operationen ohne Klammersetzung ausgeführt werden. Allgemein gilt bei Rechenoperationen: Punktrechnung geht vor Strichrechnung, und bei logischen Operationen haben Vergleichsoperatoren eine höhere Priorität als
Verknüpfungsoperatoren.

Daher ist es prinzipiell wichtig, die Priorität häufig verwendeter Operatoren (Tabelle L4.4) zu kennen.

Operatoren
Piorität

Prioritätsstufe	Operatoren
1	* /
2	- +
3	= <=> >= > <= < <> != LIKE IN
4	BETWEEN
5	NOT
6	AND
7	OR

Tab. L4.4: Prioritätsstufen für ausgewählte Operatoren (1 = höchste Priorität)

Funktionen

Funktionen

Eine *Funktion* vereinigt mehrere Operationen zu einer einzigen Operation. Mit dem Funktionsaufruf verbindet sich in der Regel die Übergabe einer Parameterliste, d.h. einer Liste mit Werten, die in der Funktion verwendet werden. Als Ergebnis liefert eine Funktion Ergebniswerte zurück, in der Regel einen einzigen Funktionswert. Um das Ergebnis einer Funktion zu erhalten, müssen Sie eine SELECT-Abfrage benutzen. Soll sich eine Funktion auf die Datensätze einer Tabelle beziehen, benutzen Sie zusätzlich die FROM-Klausel. Die wichtigsten Funktionstypen sind mathematische Funktionen, statistische Funktionen, Zeichenkettenfunktionen sowie Datums- und Zeitfunktionen.

Mathematische Funktionen

Mathematik

Mathematische Funktionen dienen zur Berechnung von Funktionswerten. In MySQL sind alle wichtigen mathematischen Funktionen verfügbar. Eine Auswahl mathematischer Standardfunktionen ist in Tabelle L4.5 zu sehen.

Funktion	Bedeutung
abs(n)	Ermittelt den absoluten Wert der Zahl n.
log(n)	Ermittelt den natürlichen Logarithmus der Zahl n.
pi()	Liefert den Wert Pi.
power(n,m)	Ermittelt die Potenz n hoch m.
rand(n)	Ermittelt eine Zufallszahl zwischen 0 und 1. n ist ein Startwert für die Berechnung.
round(n,m)	Rundet die Zahl n nach den üblichen mathematischen Regeln auf m Dezimalstellen.
sqrt(n)	Ermittelt die quadratische Wurzel der Zahl n.

Tab. L4.5:　Ausgewählte mathematische Funktionen

Beispiele

Das folgende Beispiel rundet die Zahl 9.95 auf eine Dezimalstelle nach dem Komma. Aus dem Wert 9.95 wird durch Aufrundung der Wert 10.0.

`SELECT round(9.95,1);`

Im nächsten Beispiel werden alle Autoren, Buchtitel und Preise der Tabelle *buch* aufgelistet. Zusätzlich wird durch die numerische Rundungsfunktion der in der Datenbank gespeicherte Buchpreis auf volle Beträge gerundet, d.h. ohne die Ausgabe von Dezimalstellen nach dem Komma angezeigt.

`SELECT autor, titel, preis, round(preis,0) FROM buch;`

Statistische Funktionen

Mithilfe *statistischer Funktionen* (Tabelle L4.6) können Sie statistische Berechnungen mit Daten aus mehreren Datensätzen durchführen. Sie haben darüber hinaus noch eine gesonderte Bedeutung in Verbindung mit der Gruppierungsfunktion.

Statistik

Funktion	Bedeutung
avg()	Ermittelt den arithmetischen Mittelwert der Werte in einer Tabellenspalte.
max()	Ermittelt den größten Wert einer Tabellenspalte.
min()	Ermittelt den kleinsten Wert einer Tabellenspalte.
sum()	Ermittelt die Summe aller Werte einer Tabellenspalte.
count()	Ermittelt die Anzahl von Werten einer Tabellenspalte oder Gruppierung.
std()	Ermittelt die Standardabweichung der Werte einer Tabellenspalte.

Tab. L4.6:   Ausgewählte statistische Funktionen

Beispiele

Die folgende Datenbankabfrage ermittelt mithilfe von statistischen Funktionen jeweils den durchschnittlichen Buchpreis, den teuersten Buchtitel, den preiswertesten Buchtitel und die Summe der Preise aller Bücher in der Tabelle *buch*.

```
SELECT avg(preis), max(preis), min(preis), sum(preis) FROM buch;
```

Beachten Sie, dass als Ergebnis einer statistischen Funktion nur ein einziger Wert in der Anzeige erscheint.

Die Funktion *count(*)* ermittelt die Anzahl aller Datensätze einer Tabelle und gibt eine ganze Zahl aus. Die folgende Anweisung liefert als Ergebnis die Anzahl aller Datensätze in der Tabelle *buch*.

```
SELECT count(*) FROM buch;
```

Zeichenkettenfunktionen

Zeichenkettenfunktionen dienen der Verarbeitung von Zeichenketten, d.h. von Daten der Datentypen CHAR, VARCHAR und TEXT. Verwenden Sie Zeichenkettenfunktionen in einer SELECT-Anweisung, wird damit die Ausgabe der Daten beeinflusst, die gespeicherten Daten in der Datenbank bleiben davon aber unberührt. Tabelle L4.7 zeigt ausgewählte Zeichenkettenfunktionen.

Zeichenketten

Funktion	Bedeutung
concat(s1, s2 ,...)	Verbindet mehrere Zeichenketten s1, s2 ...
length(s)	Ermittelt die Anzahl von Zeichen in einer Zeichenkette s.
lower(s) und upper(s)	Wandelt alle Buchstaben einer Zeichenkette s in Groß- bzw. Kleinbuchstaben um.
substring(s, p, l)	Substituiert aus einer Zeichenkette s ab der Position p l Zeichen.

Tab. L4.7: Ausgewählte Zeichenkettenfunktionen

Beispiele

Als Beispiel betrachten wir zunächst als tabellenunabhängige Funktion die Substitution einer Teilzeichenkette aus einem Wort.

```
SELECT substring("MySQL",3,3);
```

Als Ergebnis der Funktion wird das Wort *SQL* ausgegeben, da wir aus dem Wort *MySQL* ab der dritten Zeichenposition drei Zeichen kopieren. Im nächsten Beispiel verbinden wir die Inhalte der Datenfelder *autor* und *titel* und zeigen sie als Zeichenkette in einer Spalte der Ergebnistabelle an:

```
SELECT concat( titel,' von ', autor ) from buch;
```

Datums- und Zeitfunktionen

Mit *Datums- und Zeitfunktionen* können Sie das aktuelle Datum und die aktuelle Zeit ermitteln sowie Berechnungen mit Datum

Datum und Zeit

und Zeit durchführen. MySQL stellt überdurchschnittlich viele Funktionen in diesem Bereich zur Verfügung. Entscheidend ist dabei aber immer die richtige Verwendung des Datums- bzw. Zeitformats. Die Auflistung sämtlicher Datums- und Zeitfunktionen sowie aller Datums- und Zeitformate übersteigt den Rahmen dieses Buches. In Tabelle L4.8 werden daher nur einige ausgewählte Datums- und Zeitfunktionen erläutert.

Funktion	Bedeutung
adddate (d, INTERVAL n t) **subdate (d, INTERVAL n t)**	Addition oder Subtraktion von Datumsangaben. Ausgangswert ist das Datum d, zu oder von dem eine Zeiteinheit n addiert oder subtrahiert wird. Der Typ der Datumsangabe t muss für d und n identisch sein.
curdate()	Liefert das aktuelle Datum zurück.
curtime()	Liefert die aktuelle Zeit zurück.
now()	Liefert das aktuelle Datum und die aktuelle Zeit zurück.

Tab. L4.8: Ausgewählte Datums- und Zeitfunktionen

Beispiele

Eine häufig benutzte Funktion ist die Ermittlung des aktuellen Datums und der aktuellen Zeit. Die Anweisung

```
SELECT now();
```

liefert beispielsweise die folgende Ausgabe:

```
2011-02-22 13:23:59
```

Die Anweisung zur Addition von Datumsangaben

```
SELECT adddate("2011-02-22",INTERVAL 30 DAY);
```

berechnet beispielsweise das Datum 2011-03-24.

Abbildung L4.6 zeigt noch einmal den Gebrauch ausgewählter Funktionen im Überblick.

```
Console - mysql  -u root -p test                                        [_] [□] [X]
mysql> SELECT autor, titel, preis, round(preis,0) FROM buch;
+--------+-------+-------+---------------+
| autor  | titel | preis | round(preis,0) |
+--------+-------+-------+---------------+
| Däßler | VRML  |  9.95 |            10 |
| Kobert | HTML  |  9.95 |            10 |
| Däßler | MySQL | 12.95 |            13 |
+--------+-------+-------+---------------+
3 rows in set (0.00 sec)

mysql> SELECT avg(preis), max(preis), min(preis), sum(preis) FROM buch;
+------------+------------+------------+------------+
| avg(preis) | max(preis) | min(preis) | sum(preis) |
+------------+------------+------------+------------+
|  10.950000 |      12.95 |       9.95 |      32.85 |
+------------+------------+------------+------------+
1 row in set (0.00 sec)

mysql> SELECT count(*) FROM buch;
+----------+
| count(*) |
+----------+
|        3 |
+----------+
1 row in set (0.00 sec)

mysql> SELECT concat( titel,' von ', autor ) from buch;
+------------------------------+
| concat( titel,' von ', autor ) |
+------------------------------+
| VRML von Däßler              |
| HTML von Kobert              |
| MySQL von Däßler             |
+------------------------------+
3 rows in set (0.00 sec)

mysql> SELECT now();
+---------------------+
| now()               |
+---------------------+
| 2011-02-22 19:32:50 |
+---------------------+
1 row in set (0.00 sec)

mysql> SELECT adddate("2011-02-22",INTERVAL 30 DAY);
+----------------------------------------+
| adddate("2011-02-22",INTERVAL 30 DAY) |
+----------------------------------------+
| 2011-03-24                             |
+----------------------------------------+
1 row in set (0.00 sec)
```

Abb. L4.6:   Ausgewählte Funktionen

Gruppierung

Mit einer Gruppierungsklausel GROUP BY fassen Sie alle Da-   **GROUP BY**
tensätze zusammen, die in der angegebenen Liste von Spalten-

namen gleiche Werte enthalten. Falls für andere Spalten statistische Funktionen wie *count()*, *sum()* oder *avg()* verwendet werden, wird für jede Gruppierung nur ein einziger Wert berechnet.

Beispiele

Zur Veranschaulichung der Gruppierung betrachten wir die Tabelle *verkauf*, die monatliche bzw. quartalsabhängige Verkaufszahlen für Buchtitel enthält (Abbildung L4.7). Die Tabelle enthält die Tabellenspalten *buchtitel*, *quartal* und *monat*, deren Werte gruppiert werden, und die Tabellenspalte *anzahl*, deren Werte aufsummiert werden.

Im ersten Beispiel werden alle Datensätze nach Buchtiteln gruppiert und für jeden Buchtitel eine Verkaufszahl berechnet.

```
SELECT buchtitel, sum(anzahl) FROM verkauf
GROUP BY buchtitel;
```

Im zweiten Beispiel wollen wir die Monats- und Quartalsverkaufszahlen berechnen lassen. Wir gruppieren dazu die Monate und Quartale und summieren wieder die Anzahl der verkauften Bücher.

```
SELECT quartal, monat, sum(anzahl)
FROM verkauf GROUP BY quartal, monat;
```

WITH ROLLUP In Abbildung L4.7 ist zu sehen, das Datenbanksystem nur über die monatlichen Verkaufszahlen gruppieren konnte. Für eine Mehrfachgruppierung benötigen Sie die Klausel WITH ROLLUP. Wir führen daher die Gruppierung noch einmal durch, aber diesmal mit der Klausel WITH ROLLUP. WITH ROLLUP fügt zusätzliche Datensätze ein, die Aggregate einer höheren Zusammenfassungsebene sind, so genannte Superaggregate. In unserem Beispiel werden jetzt zusätzlich zur Summation der monatlichen Verkaufszahlen die Quartalszahlen und die Gesamtverkaufszahl berechnet und als zusätzliche virtuelle Datensätze angezeigt (Abbildung L4.7).

```
SELECT quartal, monat, sum(anzahl)
FROM verkauf GROUP BY quartal, monat WITH ROLLUP;
```

Abbildung L4.7 zeigt als Beispiel die Gruppierung von Datensätzen der Tabelle *verkauf*.

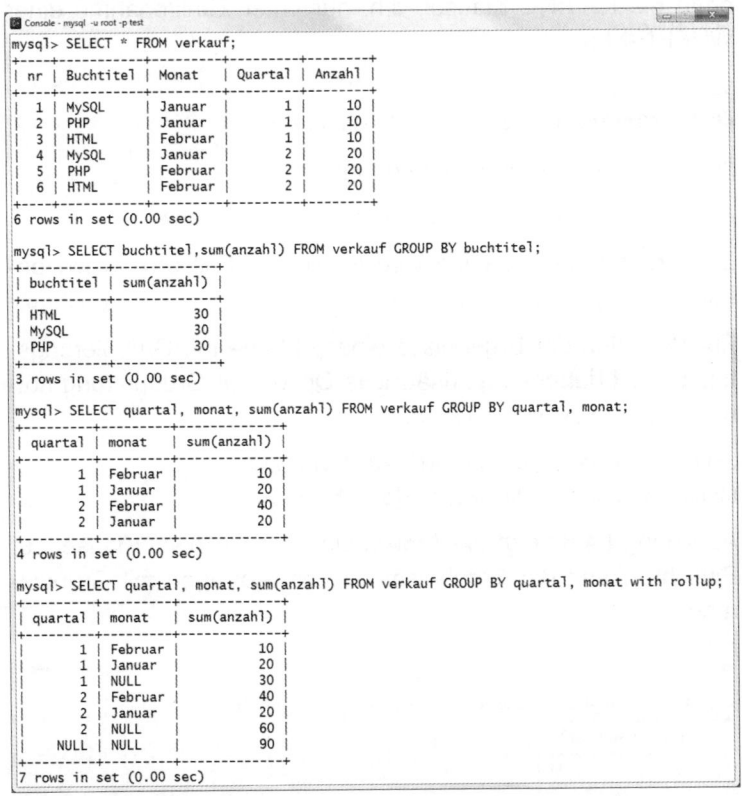

Abb. L4.7: Gruppierung

HAVING-Klausel

Durch das Hinzufügen der HAVING-Klausel wird die Ergebnis- **HAVING**
anzeige einer Gruppierung noch einmal durch Bedingungen
eingeschränkt.

Beispiel

Im folgenden Beispiel wollen wir nur noch Quartalszahlen berücksichtigen, die größer als ein bestimmter Wert sind (sum(anzahl)>50). Formulieren wir diese Abfrage zunächst ohne die HAVING-Klausel, d.h. nur unter Zuhilfenahme einer WHERE-Klausel:

```
SELECT quartal, sum(anzahl) FROM verkauf
WHERE sum(anzahl)>50 GROUP BY quartal;
```

kommt es zu einer Fehlermeldung:

```
ERROR 1111 (HY000): Invalid use of group function
```

Die Gruppierungsfunktion wird in diesem Fall unzulässig benutzt.

Zur Selektion der Ergebnisse einer Abfrage mit Gruppierungsfunktion ist daher eine zusätzliche Option zur Gruppierung notwendig: die HAVING-Klausel.

```
SELECT quartal, sum(anzahl) FROM verkauf
GROUP BY quartal HAVING sum(anzahl)>50;
```

Abbildung L4.8 zeigt die Anwendung der HAVING-Klausel zur Einschränkung der Ergebnismenge bei Abfragen mit Gruppierung.

```
Console - mysql -u root -p test

mysql> SELECT quartal, sum(anzahl) FROM verkauf GROUP BY quartal;
+---------+-------------+
| quartal | sum(anzahl) |
+---------+-------------+
|       1 |          30 |
|       2 |          60 |
+---------+-------------+
2 rows in set (0.00 sec)

mysql> SELECT quartal, sum(anzahl) FROM verkauf WHERE sum(anzahl)>50 GROUP BY quartal;
ERROR 1111 (HY000): Invalid use of group function
mysql> SELECT quartal, sum(anzahl) FROM verkauf GROUP BY quartal HAVING sum(anzahl)>50;
+---------+-------------+
| quartal | sum(anzahl) |
+---------+-------------+
|       2 |          60 |
+---------+-------------+
1 row in set (0.00 sec)
```

Abb. L4.8: HAVING-Klausel bei Gruppierungen

Komplexe Datenbankabfragen

In diesem Abschnitt lernen Sie komplexe Datenbankabfragen kennen. Dazu zählen Abfragen über mehrere Tabellen, Verbund und Vereinigung von Tabellen sowie Unterabfragen. Sie erfahren, wie man mehrere Tabellen mithilfe der WHERE- bzw. JOIN-Klausel miteinander verknüpft, Tabellen mit der UNION-Anweisung vereinigt und unter welchen Umständen Unterabfragen eingesetzt werden müssen. Dann werden Sie Möglichkeiten kennen lernen, mit virtuellen Tabellen – so genannten Sichten – zu arbeiten.

Alle Abfragen, die wir bisher betrachtet haben, bezogen sich nur auf eine einzige Tabelle. Ein Datenmodell besteht aber in der Regel aus mehreren Tabellen, die miteinander verknüpft sind. Sie haben sich sicher schon gefragt, welche SQL-Anweisung diese Verknüpfungen festlegt. Tatsache ist, dass Sie mit der SQL-Anweisung CREATE TABLE Tabellenstrukturen definieren, jedoch keine Tabellenverknüpfungen festlegen müssen. Die physische Verknüpfung der Tabellen wird erst bei einer Datenbankabfrage mit der SELECT-Anweisung durchgeführt. Dabei besteht eine gewisse Schwierigkeit des Datenbankbenutzers darin, Datenbankabfragen zu formulieren, wenn ihm das relationale Datenmodell des Datenbankentwicklers nicht bekannt ist.

Das Ziel einer Tabellenverknüpfung besteht in der Regel darin, mit einer SELECT-Anweisung Informationen aus verschiedenen Tabellen zu erhalten, die über Schlüsselfelder miteinander verknüpft sind.

Abfragen über mehrere Tabellen

Zwei oder mehrere Tabellen verknüpft man paarweise am einfachsten miteinander, indem man eine WHERE-Klausel in die SELECT-Anweisung einfügt und den Primärschlüssel der einen Tabelle mit dem Fremdschlüssel der anderen Tabelle abgleicht. Aliasnamen qualifizieren dabei die Tabellennamen durch einen Namen oder eine Abkürzung.

Tabellen-verknüpfung

Syntax

```
SELECT ...
FROM Tabellenname [Aliasname] [,...]
WHERE Tabelle.Primärschlüssel=Tabelle.Fremdschlüssel
...
```

Für Tabellennamen können Sie in der WHERE-Klausel auch Aliasnamen verwenden.

Beispiel

Betrachten wir jetzt das Beispiel einer Buch- und Verlagstabelle (Abbildung L4.9). Durch eine Verknüpfung der Tabellen *buch* und *verlag* über das Schlüsselfeld *verlag_idVerlag* können wir das Datenbanksystem anweisen, jedem Buch auch entsprechende Verlagsdaten zuzuordnen. Die SELECT-Anweisung lautet in diesem Fall:

```
SELECT buch.titel, verlag.name, verlag.ort
FROM buch, verlag
WHERE buch.verlag_idVerlag = verlag.idVerlag;
```

Unsere Datenbankabfrage listet alle Datensätze der Tabelle *buch* unter Angabe von Buchautor und Buchtitel. Voraussetzung ist, dass für jeden Datensatz in der Spalte *verlag_idVerlag* der Tabelle *buch* eine Verlagsnummer eingetragen ist, die auch in der Spalte *idVerlag* der Tabelle *verlag* vorkommt. Das bedeutet nichts anderes, als dass die referenzielle Integrität gewährleistet sein muss.

Aliasnamen

Aliasnamen

SQL stellt mit der Anweisung SELECT eine vereinfachte Schreibweise für Tabellennamen zur Verfügung, die so genannten *Aliasnamen*. Sie müssen dazu in einer SELECT-Anweisung innerhalb der Klausel FROM bzw. JOIN einen selbst gewählten Namen bzw. ein Kürzel für jeden Tabellennamen festlegen. Diese Namen können Sie dann anstatt der ursprünglichen Tabellennamen innerhalb der gesamten SELECT-Anweisung benutzen.

Beispiel

Unser vorhergehendes Beispiel einer Verknüpfung von Buch- und Verlagstabelle sieht in der verkürzten Alias-Schreibweise folgendermaßen aus:

```
SELECT b.titel, v.name, v.ort
FROM buch b, verlag v
WHERE v.idVerlag = b.verlag_idVerlag;
```

Anstatt der vollständigen Tabellenamen *verlag* und *buch* verwenden wir jetzt innerhalb der SELECT-Anweisung als Aliasnamen die Anfangsbuchstaben *v* und *b*.

Die Verknüpfung von zwei Tabellen mithilfe der WHERE-Klausel ist in Abbildung L4.9 zu sehen.

In der Praxis wird es häufig vorkommen, dass nicht nur zwei, sondern mehrere Tabellen miteinander in Beziehung gesetzt werden müssen. In diesem Fall müssen in der Tabelle, die mehrere andere Tabellen referenziert, auch mehrere Fremdschlüssel angelegt werden. Bei der Abfrage über mehrere Tabellen verwenden wir wie im Fall der einfachen Tabellenverknüpfung die WHERE-Klausel. Die Zuordnungen von Fremd- und Primärschlüsseln werden dabei mit logischen UND-Verknüpfungen verbunden.

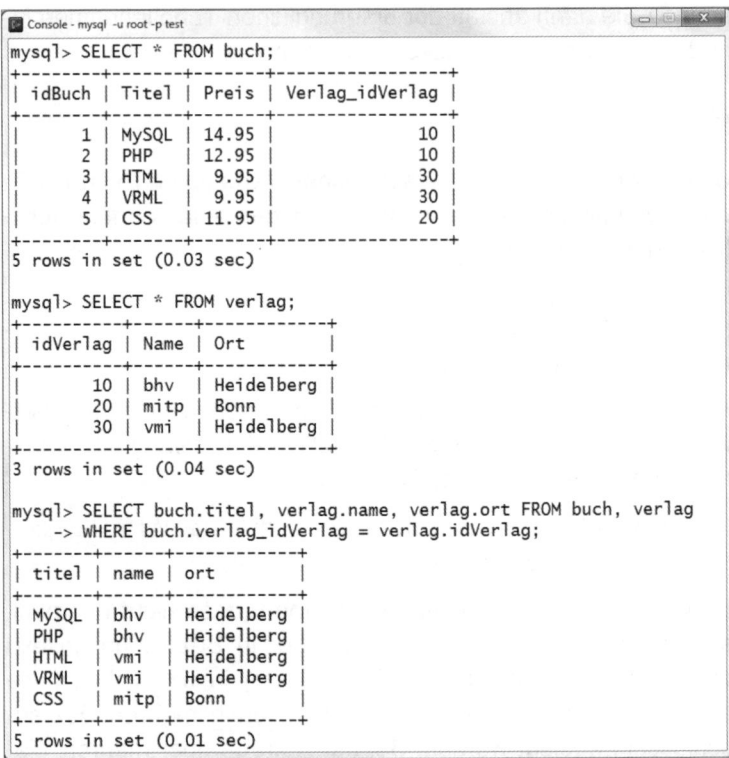

```
Console - mysql  -u root -p test

mysql> SELECT * FROM buch;
+--------+-------+-------+-----------------+
| idBuch | Titel | Preis | Verlag_idVerlag |
+--------+-------+-------+-----------------+
|      1 | MySQL | 14.95 |              10 |
|      2 | PHP   | 12.95 |              10 |
|      3 | HTML  |  9.95 |              30 |
|      4 | VRML  |  9.95 |              30 |
|      5 | CSS   | 11.95 |              20 |
+--------+-------+-------+-----------------+
5 rows in set (0.03 sec)

mysql> SELECT * FROM verlag;
+----------+------+------------+
| idVerlag | Name | Ort        |
+----------+------+------------+
|       10 | bhv  | Heidelberg |
|       20 | mitp | Bonn       |
|       30 | vmi  | Heidelberg |
+----------+------+------------+
3 rows in set (0.04 sec)

mysql> SELECT buch.titel, verlag.name, verlag.ort FROM buch, verlag
    -> WHERE buch.verlag_idVerlag = verlag.idVerlag;
+-------+------+------------+
| titel | name | ort        |
+-------+------+------------+
| MySQL | bhv  | Heidelberg |
| PHP   | bhv  | Heidelberg |
| HTML  | vmi  | Heidelberg |
| VRML  | vmi  | Heidelberg |
| CSS   | mitp | Bonn       |
+-------+------+------------+
5 rows in set (0.01 sec)
```

Abb. L4.9: Tabellenverknüpfung mithilfe der WHERE-Klausel

WHERE

Syntax

SELECT ...
FROM Tabellenname [Aliasname] [,...]
WHERE Tabelle.Primärschlüssel=Tabelle.Fremdschlüssel AND [...]
...

Auch hier kann jeder Tabellenname wieder durch einen Alias-namen ersetzt werden.

Beispiel

Betrachten wir nun als Beispiel eine Buchtabelle, die Daten über Buchtitel und Autoren enthalten soll. Dazu sollen die Autorendaten in einer gesonderten Tabelle verwaltet werden. Wir definieren also zunächst jeweils eine Tabelle für Buchdaten und Autorendaten. Zur Vereinfachung betrachten wir nur den Buchtitel bzw. Autorennamen. In der Praxis enthalten alle Tabellen natürlich weitere Attribute. In die Tabellen fügen wir jeweils drei Datensätze ein (Abbildung L4.10).

Da es sich bei der Beziehung zwischen Autor und Buchtitel um eine n:m-Beziehung handelt, benötigen wir eine zusätzliche Hilfstabelle *buch_hat_autor*, die die Fremdschlüsselattribute *buch_idbuch* und *autor_idautor* besitzt. Die Fremdschlüssel referenzieren die Primärschlüssel *idbuch* der Tabelle *buch* bzw. *idautor* der Tabelle *autor*. Die Hilfstabelle enthält dabei alle gewünschten Kombinationen von Autoren und Buchtiteln. Um Buchtitel und ihre dazugehörigen Autoren anzeigen zu können, müssen wir die Tabellen *buch*, *autor* und *buch_hat_autor* miteinander verknüpfen.

In der Datenbankabfrage verwenden wir die Aliasnamen *b*, *a*, *bha* für die Tabellennamen und weisen der Ergebnistabelle mit der Option AS die virtuellen Spaltennamen *Buchtitel* und *Autor* zu.

```
SELECT b.titel AS Buchtitel, a.name AS Autor
FROM buch b, autor a, buch_hat_autor bha
WHERE bha.autor_idautor = a.idautor
AND bha.buch_idbuch = b.idbuch;
```

Als Ergebnis werden Datensätze angezeigt, die Werte aus den beiden Tabellen *buch* und *autor* enthalten (Abbildung L4.10). Die Tabellenverknüpfung wird durch den Wertevergleich von Primär- und Fremdschlüsselattributen erreicht.

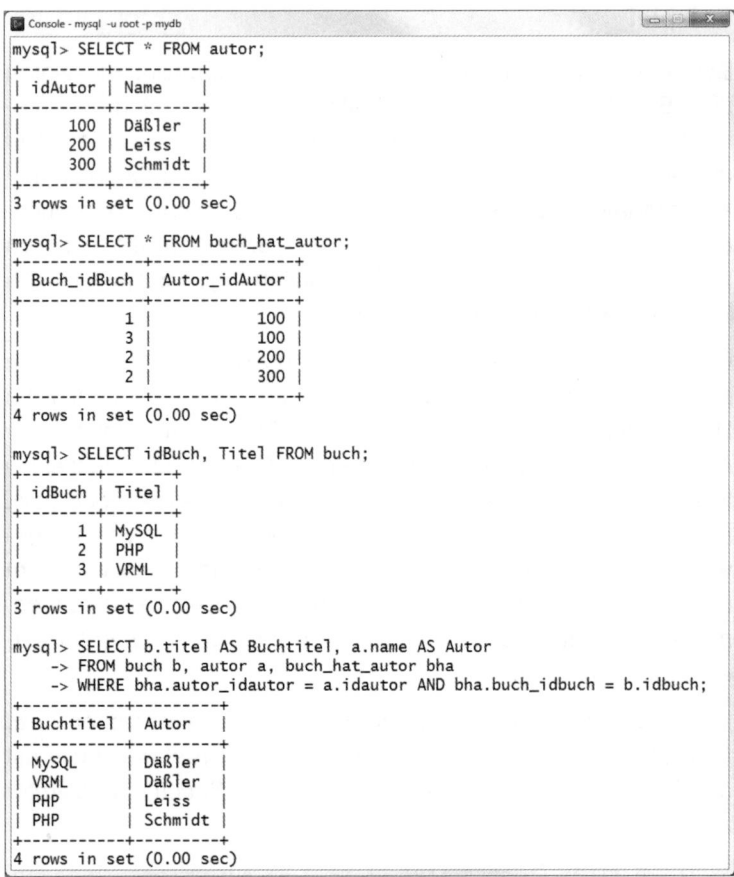

```
Console - mysql -u root -p mydb

mysql> SELECT * FROM autor;
+----------+----------+
| idAutor  | Name     |
+----------+----------+
|      100 | Däßler   |
|      200 | Leiss    |
|      300 | Schmidt  |
+----------+----------+
3 rows in set (0.00 sec)

mysql> SELECT * FROM buch_hat_autor;
+-------------+---------------+
| Buch_idBuch | Autor_idAutor |
+-------------+---------------+
|           1 |           100 |
|           3 |           100 |
|           2 |           200 |
|           2 |           300 |
+-------------+---------------+
4 rows in set (0.00 sec)

mysql> SELECT idBuch, Titel FROM buch;
+--------+-------+
| idBuch | Titel |
+--------+-------+
|      1 | MySQL |
|      2 | PHP   |
|      3 | VRML  |
+--------+-------+
3 rows in set (0.00 sec)

mysql> SELECT b.titel AS Buchtitel, a.name AS Autor
    -> FROM buch b, autor a, buch_hat_autor bha
    -> WHERE bha.autor_idautor = a.idautor AND bha.buch_idbuch = b.idbuch;
+-----------+---------+
| Buchtitel | Autor   |
+-----------+---------+
| MySQL     | Däßler  |
| VRML      | Däßler  |
| PHP       | Leiss   |
| PHP       | Schmidt |
+-----------+---------+
4 rows in set (0.00 sec)
```

Abb. L4.10: Abfragen über mehrere Tabellen

JOIN

Tabellenverknüpfungen sind ein wesentlicher Bestandteil der Datenbankabfrage in relationalen Datenbanksystemen. Aus diesem Grund bietet SQL eine Möglichkeit an, als Alternative zur WHERE-Klausel eine modifizierte SELECT-Anweisung zur Verknüpfung von zwei Tabellen zu verwenden, die JOIN-Klausel. Zur Vereinfachung betrachten wir nur hier die INNER JOIN-Klausel.

> Für eine vollständige Referenz aller Arten von JOIN-Klauseln konsultieren Sie bitte das MySQL-Referenzhandbuch.

Syntax

```
SELECT [DISTINCT] {*|Spaltenname|Tabellenname.Spaltenname}
[,...]
FROM Tabellenname [Aliasname]
{INNER JOIN|LEFT OUTER JOIN|RIGHT OUTER JOIN} Tabellenname
[Aliasname]
ON Bedingung[en]
```

Die durch die Tabellenverknüpfung mit JOIN ermittelten Datensätze können gruppiert und sortiert sowie durch zusätzliche WHERE- bzw. HAVING-Klauseln weiter gefiltert werden. Die JOIN ... ON-Klausel ist dabei direkt vergleichbar mit der Verwendung einer WHERE-Klausel.

Beispiel

Unser Beispiel der Verknüpfung einer Buchtabelle mit einer Verlagstabelle sieht in der INNER JOIN-Schreibweise folgendermaßen aus:

```
SELECT b.titel, v.name, v.ort FROM buch b
INNER JOIN verlag v
ON v.idVerlag = b.verlag_idVerlag;
```

Wie Sie sehen, hat sich tatsächlich nur die Schreibweise verändert. Allerdings erkennen Sie aus der Syntax der JOIN-Anweisung, dass sich dieser Befehl nur auf zwei Tabellen bezieht. Mit der Klausel FROM und INNER JOIN werden jetzt die Tabellen definiert, die miteinander verknüpft werden. Die ON-Klausel bestimmt, ähnlich wie die WHERE-Klausel, die Korrelation zwischen den entsprechenden Schlüsselattributen in den angegebenen Tabellen.

Die Verwendung der JOIN-Klausel trennt in einer SELECT-Anweisung formal die Angaben zur Tabellenverknüpfung von den

---

Anweisungen der WHERE-Klausel zur Auswahl von Datensätzen. Die SELECT-Anweisung wird dadurch vor allem bei größeren Datenbankprojekten wesentlich übersichtlicher. Die Verknüpfung von zwei Tabellen mit der WHERE-Klausel und alternativ mit der JOIN-Klausel ist in Abbildung L4.11 zu sehen.

```
Console - mysql -u root -p test

mysql> SELECT b.titel, v.name, v.ort FROM buch b, verlag v
    -> WHERE v.idVerlag = b.verlag_idVerlag;
+--------+------+------------+
| titel  | name | ort        |
+--------+------+------------+
| MySQL  | bhv  | Heidelberg |
| PHP    | bhv  | Heidelberg |
| HTML   | vmi  | Heidelberg |
| VRML   | vmi  | Heidelberg |
| CSS    | mitp | Bonn       |
+--------+------+------------+
5 rows in set (0.00 sec)

mysql> SELECT b.titel, v.name, v.ort FROM buch b
    -> INNER JOIN verlag v ON v.idVerlag = b.verlag_idVerlag;
+--------+------+------------+
| titel  | name | ort        |
+--------+------+------------+
| MySQL  | bhv  | Heidelberg |
| PHP    | bhv  | Heidelberg |
| HTML   | vmi  | Heidelberg |
| VRML   | vmi  | Heidelberg |
| CSS    | mitp | Bonn       |
+--------+------+------------+
5 rows in set (0.00 sec)
```

Abb. L4.11: Tabellenverknüpfung mit WHERE und JOIN

UNION

Bisher haben wir verschiedene Möglichkeiten kennen gelernt, um Tabellen miteinander zu verknüpfen, die eine unterschiedliche Tabellenstruktur hatten. Für den Fall, dass Tabellen die gleiche Struktur haben, also sowohl in Anzahl und Datentyp der Tabellenspalten übereinstimmen, können wir die Daten einer Tabelle mit der Anweisung UNION vereinigen. Dabei sind in der Ergebnismenge identische Datensätze nur einmal enthalten, d.h. Duplikate werden ausgeschlossen. Syntaktisch werden verschiedene SELECT-Anweisungen einfach mithilfe der UNION-

Anweisung verknüpft. Sie können identische Tabellenstrukturen auch durch Projektion ausgewählter Attribute aus anderen Tabellen erzeugen. Mit der UNION-Anweisung können auch Daten aus mehr als zwei Tabellen miteinander vereinigt werden.

Syntax

UNION

```
SELECT ... UNION [ALL] SELECT ... [...]
[ORDER BY Spaltenname [,...] [{ASC|DESC}]]
[LIMIT Wert]
```

Mit der Option ALL können Sie angeben, ob Duplikate angezeigt werden sollen oder nicht. Zusätzlich können Sie das Ergebnis der Vereinigung zweier oder mehrerer Tabellen durch Anhängen der ORDER BY-Klausel sortieren bzw. die Anzahl der angezeigten Datensätze mithilfe der LIMIT-Klausel beschränken. Die UNION-Anweisung bezieht sich immer auf die Spalten, die in der ersten SELECT-Anweisung ausgewiesen werden, d.h. vereinigte Tabellen müssen gleichnamige Spalten enthalten.

Beispiel

Betrachten wir jetzt als Beispiel zwei strukturell identische Tabellen mit Autorennamen und jeweils zwei Datensätzen.

```
CREATE TABLE autor_1 (
    autor_id INTEGER NOT NULL,
    autorname CHAR(20),
    PRIMARY KEY (autor_id));
INSERT INTO autor_1 VALUES (1,"Kobert"),(2,"Däßler");
CREATE TABLE autor_2 (
    autor_id INTEGER NOT NULL,
    autorname CHAR(20),
    PRIMARY KEY (autor_id));
INSERT INTO autor_2 VALUES (1,"Kobert"),(3,"Leiss");
```

Wir wollen jetzt beide Tabellen vereinigen und die Ergebnisse alphabetisch nach Namen sortiert anzeigen lassen.

```
SELECT autor_id, autorname FROM autor_1
```

```
UNION
SELECT autor_id, autorname FROM autor_2
ORDER BY autorname;
```

Als Ergebnis erhalten wir eine Tabelle, die bis auf Dubletten alle Datensätze beider Tabellen sortiert nach Autoren enthält (Abbildung L4.12).

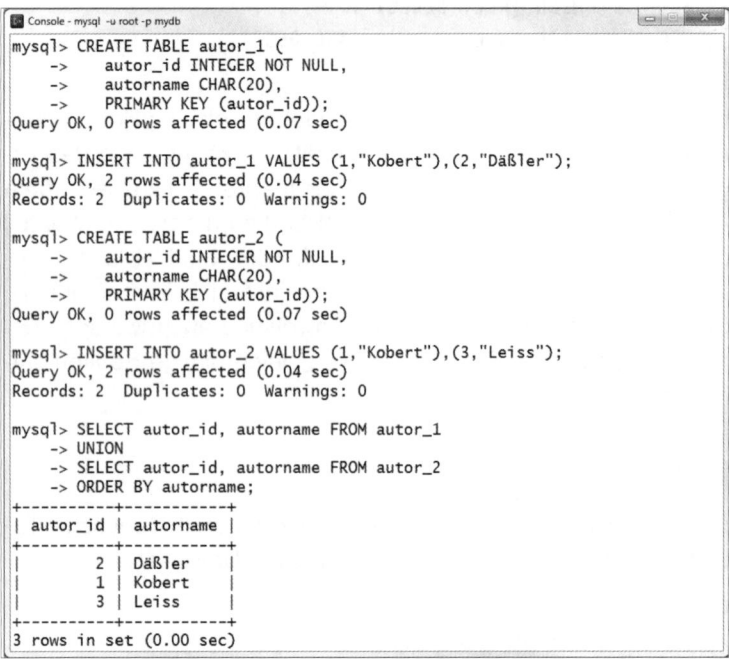

Abb. L4.12: Vereinigung von Tabellen mit UNION

Unterabfragen

Unterabfragen Eine andere Möglichkeit, komplexere Abfragen zu stellen, sind Abfragen innerhalb von Abfragen – so genannte *Unterabfragen*. Unterabfragen stellen eigentlich keine neue Funktionalität zur Verfügung, da sie in der Regel auch durch logische Verknüpfungen von Bedingungen innerhalb der WHERE-Klausel realisierbar sind. Unterabfragen strukturieren komplexe Abfragen und erhöhen damit die Lesbarkeit der SQL-Skripte. Zudem werden wir im Folgenden auch Datenbankabfragen kennen lernen, die ohne die Verwendung von Unterabfragen nicht ausführbar wären. In MySQL sind zwei Typen von Unterabfragen verfügbar:

- *Unterabfragen mit abgeleiteten Tabellen* erzeugen temporäre, virtuelle Tabellen, die in einer übergeordneten Abfrage weiterverwendet werden.

- *Unterabfragen innerhalb von Ausdrücken* liefern einzelne Werte bzw. als Teil eines logischen Ausdrucks nur einen einzigen Wahrheitswert zurück.

Unterabfragen mit abgeleiteten Tabellen

Unterabfragen mit abgeleiteten Tabellen erzeugen mithilfe einer inneren Abfrage eine temporäre Tabelle, die in einer äußeren SELECT-Anweisung verwendet wird. Die Unterabfrage steht dabei in der FROM-Klausel der äußeren Abfrage.

Syntax
```
SELECT ... FROM ( SELECT ... FROM )
```

Beispiel

Als Beispiel benutzen wir die Tabelle *buch* mit den Attributen *idbuch*, *titel* und *preis*, die mit der Tabelle *verlag* mit den Attributen *idverlag*, *name* und *ort* über das Schlüsselattribut *verlag_idverlag* verknüpft wird (Abbildung L4.13).

Wir formulieren nun eine Datenbankabfrage, die alle Buchtitel aus dem Verlag *bhv* anzeigt.

```
SELECT v.name, b.titel FROM buch b, verlag v
WHERE v.idverlag=b.verlag_idverlag AND v.name="bhv";
```

Formulieren wir nun die gleiche Abfrage mithilfe einer Unterabfrage:

```
SELECT a.name, b.titel
FROM (SELECT idverlag, name FROM verlag WHERE name="bhv")
```

```
AS a, buch b
WHERE a.idverlag = b.verlag_idverlag;
```

Dabei wird in einem ersten Schritt zunächst die innere Abfrage ausgeführt, d.h. es werden alle Datensätze des Verlages *bhv* aus der Tabelle *verlag* herausgefiltert. Im zweiten Schritt erfolgt der Abgleich der Schlüsselfelder. In der Ergebnistabelle werden dadurch alle Buchtitel des betreffenden Verlags ausgegeben. Interessant ist hierbei, dass wir mit der AS-Klausel eine virtuelle Ergebnistabelle mit dem Namen *a* erzeugen, die in der äußeren Abfrage wie eine reguläre Datenbanktabelle behandelt wird.

Abbildung L4.13 zeigt die Unterabfrage mit einer abgeleiteten Tabelle.

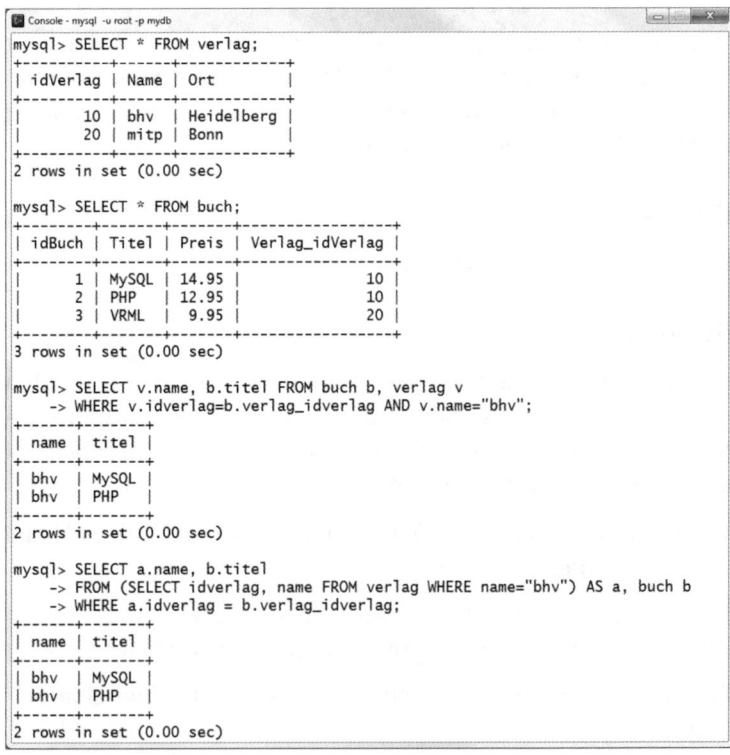

Abb. L4.13: Unterabfrage mit abgeleiteter Tabellen

Unterabfragen in Ausdrücken

Eine andere Kategorie von Unterabfragen sind Unterabfragen, die innerhalb der WHERE-Klausel einer übergeordneten Abfrage verwendet werden. Diese Unterabfragen liefern entweder einen Einzelwert oder einen einzelnen Datensatz zurück oder sie sind Teil eines logischen Ausdrucks, falls wir die speziellen booleschen Operatoren EXISTS bzw. IN verwenden.

Unterabfragen mit Einzelwerten

Unterabfragen mit Einzelwerten liefern einen Wert zurück, der in Vergleichsoperationen einer übergeordneten Abfrage verwendet wird.

Syntax

```
SELECT ... FROM ...
WHERE Spaltenname {=|<>|<|>|>=|<=}
(SELECT ... FROM ...)
```

Beispiel

Betrachten wir dazu das folgende Beispiel. Mithilfe einer Abfrage in der Tabelle *buch* wollen wir den Buchtitel für das Buch mit dem höchsten Preis ermitteln. Ohne die Berücksichtigung von Unterabfragen würden wir zunächst versuchen, folgende Abfrage zu formulieren:

```
SELECT titel, preis FROM buch WHERE preis = max(preis);
```

Diese Abfrage funktioniert nicht, da der Wert der Funktion *max()* erst bestimmt wird, nachdem die Datensätze ausgewählt worden sind. Es erscheint folgende Fehlermeldung:

```
ERROR 1111 (HY000): Invalid use of group function
```

Mit einer Unterabfrage können wir dagegen ganz ohne Probleme den betreffenden Datensatz ermitteln:

```
SELECT titel, preis FROM buch
WHERE preis = ( SELECT max(preis) FROM buch );
```

Daraus folgt, dass unter bestimmten Voraussetzungen Unterabfragen verwendet werden müssen.

Unterabfragen mit EXISTS und IN

EXISTS/IN

Oft werden Unterabfragen auch eingesetzt, um Datensätze aus verschiedenen Tabellen miteinander zu vergleichen, beispielsweise um herauszufinden, ob Werte in bestimmten Datenfeldern (z.B. Schlüsselfeldern) eine Entsprechung haben oder nicht. In der Regel kann man diese Art der Unterabfragen auch mit einer JOIN-Klausel oder einer einfachen Tabellenverknüpfung formulieren. Mithilfe von Unterabfragen wird die SQL-Abfrage allerdings wesentlich besser strukturiert.

Syntax

```
SELECT ... FROM ...
WHERE {EXISTS|NOT EXISTS|IN|NOT IN}
(SELECT ... FROM ...)
```

Die unterschiedliche Wirkungsweise der Optionen EXISTS und IN wird in Tabelle L4.9 beschrieben.

Option	Bedeutung
EXISTS **NOT EXISTS**	Übergibt Werte der äußeren Abfrage an die innere Abfrage. Es wird geprüft, ob die übergebenen Werte mit der Bedingung der inneren Abfrage übereinstimmen bzw. nicht übereinstimmen.
IN **NOT IN**	Übergibt Werte der inneren Abfrage an die äußere Abfrage. Es wird geprüft, ob die übergebenen Werte mit der Bedingung der äußeren Abfrage übereinstimmen bzw. nicht übereinstimmen.

Tab. L4.9: Optionen der Klauseln EXISTS und IN bei Unterabfragen

Beispiel

Wir wollen uns jetzt ein Beispiel für die Verwendung einer EXISTS-Operation anschauen. Wichtig ist dabei, dass Spaltennamen, die in verschiedenen Tabellen vorkommen, durch einen Tabellennamen qualifiziert werden müssen. Mithilfe einer Unterabfrage wollen wir jetzt ermitteln, welche Verlage aus der Verlagstabelle in der Buchtabelle referenziert (EXISTS) werden.

Wir könnten natürlich genauso gut feststellen lassen, welche Verlage nicht referenziert werden (NOT EXISTS).

```
SELECT name FROM verlag v
WHERE EXISTS (SELECT * FROM buch b
WHERE v.idverlag = b.verlag_idverlag);
```

Als Ergebnis werden wie erwartet die zwei Verlagsnamen angezeigt, die in der Verlagstabelle eingetragen sind und durch das Attribut *verlag_idverlag* in der Buchtabelle auch referenziert werden. Die Anweisung NOT EXISTS ergäbe dagegen eine leere Ergebnismenge, da es keine Verlage gibt, die nicht referenziert werden.

Abbildung L4.14 zeigt noch einmal das Beispiel für eine Unterabfrage in einem Ausdruck.

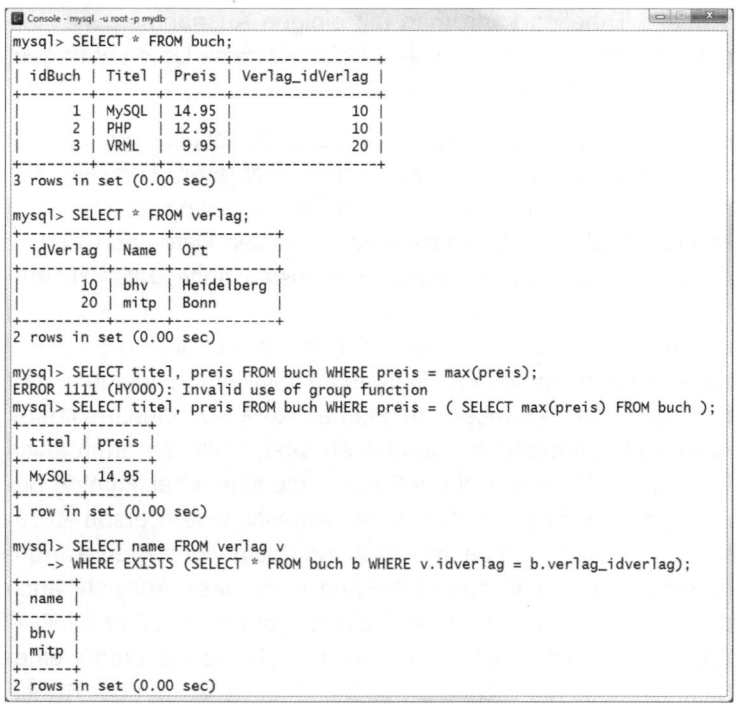

Abb. L4.14: Unterabfrage in einem Ausdruck

Sichten

In den vorhergehenden Abschnitten haben wir gesehen, dass Daten zwar physisch in Tabellen abgelegt sind, durch eine Datenabfrage jedoch virtuelle Ergebnistabellen generiert werden. Diese Abfragen müssen daher immer wieder neu eingegeben werden. Um diese Arbeit zu vereinfachen, können Sie eine SELECT-Anweisung mit einem Namen versehen und sie unter diesem Namen zukünftig wieder verwenden. Diese vordefinierten Abfragen werden auch als *Sichten* (engl. *views*) bezeichnet. Hinter einer Sicht verbirgt sich eine Tabelle mit Datensätzen, die in der Datenbank physisch nicht existiert. Man spricht daher auch von einer virtuellen Tabelle.

Virtuelle Tabellen

Virtuelle Tabellen kann man mit einigen Ausnahmen wie normale Tabellen verwenden, also beispielsweise Daten abfragen, eingeben, ändern und löschen.

Ein weiterer wichtiger Aspekt ist, dass Sie mithilfe von Sichten den Zugriff auf Daten in einer oder mehreren Tabellen einschränken, d.h. die Sicht auf den Datenbestand beschränken können. Das ist insbesondere bei sensiblen Daten von Vorteil. Auf diese Weise ist es möglich, nur ausgewählte Daten zusammenzustellen, ohne dass es Auswirkungen auf den physischen Datenbestand hat. Veranschaulichen wir uns diesen Sachverhalt einmal an Hand einer Datenbank mit Personaldaten, in der beispielsweise Angaben zu Name, Adresse, Geburtsdatum, Kreditkartennummer etc. enthalten sind. Falls es erforderlich ist, können Sie eine Sicht definieren, die einem bestimmten Benutzer zwar ermöglicht, Name und Adresse einer Person einzusehen, sensible Daten wie Geburtsdatum oder Kreditkartennummer aber nicht. Natürlich kann man diese Auswahl auch durch die Angabe bestimmter Spaltennamen in einer SELECT-Anweisung durchführen, aber der entscheidende Vorteil einer Sicht ist, dass die Sicht die Spalten Geburtsdatum oder Kreditkartennummer gar nicht enthält und somit ein Zugriff auf diese Daten prinzipiell ausgeschlossen wird.

Wesentliche Vorteile von Sichten sind:

- Abfragen können vordefiniert und wiederholt verwendet werden,

- komplexe Abfragen können strukturiert werden,

- Sichten können wie normale Tabellen verwendet werden und sind dadurch eine Alternative zu Unterabfragen und

- Sichten ermöglichen eine beschränkte und nutzerspezifische Sicht auf Daten in einer oder mehreren miteinander verknüpften Tabellen.

Sichten können ähnlich wie Tabellen definiert und wieder gelöscht werden. Datenbankoperationen, wie wir sie für die Verwaltung von Tabellen kennen, sind dabei prinzipiell auch auf Sichten anwendbar. Allerdings gibt es bei schreibenden Datenbankzugriffen, beispielsweise bei der Verwendung von Sichten innerhalb einer INSERT-, UPDATE- oder DELETE-Anweisung, einige Einschränkungen, auf die wir noch eingehen werden.

Sichten definieren

Die Definition einer Sicht mit CREATE VIEW beinhaltet im Wesentlichen einen Namen, unter dem die Sicht aufgerufen wird, und eine SELECT-Anweisung, deren Ergebnis eine spezielle Datensicht erzeugt.

Syntax   CREATE VIEW

```
CREATE VIEW Sichtname
[(Spaltenname [,...])]
AS SELECT ...
[WITH CHECK OPTION]
```

Die SELECT-Anweisung einer Sicht kann bis auf wenige Ausnahmen alle Klauseln einer regulären SELECT-Anweisung enthalten. Die Verknüpfung mehrerer Tabellen, beispielsweise mit der JOIN-Klausel, ist ebenfalls zulässig.

Die SELECT-Anweisung innerhalb einer Sicht darf keine Parameter oder Variablen sowie keine Unterabfragen enthalten.

Da Sichten wie reguläre Tabellen behandelt werden, müssen Sie insbesondere darauf achten, dass keine Namensdopplungen mit Tabellennamen auftreten und Tabellen, auf die sich eine Sicht bezieht, auch tatsächlich physisch existieren.

In die Definition einer Sicht können Sie optional noch eine Namensliste einfügen. Diese Liste beinhaltet dann die neuen Spaltennamen der virtuellen Tabelle. Die Spaltennamen der zugrunde liegenden Tabellen werden dazu in der angegebenen Reihenfolge durch die Namen der Liste ersetzt. Diese Möglichkeit ist direkt vergleichbar mit der Vergabe von Aliasnamen in einer Datenbankabfrage.

Optional können Sie in eine Sicht noch die WITH CHECK OPTION einfügen. Diese Option erzeugt eine Fehlermeldung, wenn Sie versuchen, Daten über eine Sicht einzufügen oder zu ändern, die durch eine WHERE-Klausel in der Sicht ausgefiltert werden.

Zum Erstellen von Sichten müssen unter Umständen die erforderlichen Zugriffsrechte an einen Datenbankbenutzer erteilt werden.

Falls Sie sich als Datenbankadministrator angemeldet haben, besitzen Sie diese Rechte automatisch. Gleiches gilt, wenn Sie einem Benutzer bereits alle Zugriffsrechte erteilt haben und Sie mit diesem Benutzer und diesem Datenbankschema arbeiten. Weitere Einzelheiten über die Vergabe von Zugriffsrechten für Sichten finden Sie in Kapitel *L2 Datenbankverwaltung*.

Sichten verwenden

Der Aufruf einer Sicht erfolgt im einfachsten Fall mit einer SELECT-Anweisung:

```
SELECT * FROM Sichtname;
```

Diese Anweisung gibt ohne Einschränkung die Ergebnistabelle der SELECT-Anweisung wieder, die in der Sicht definiert wurde. Natürlich ist es auch möglich, das Abfrageergebnis mithilfe einer WHERE-Klausel weiter einzuschränken. Außerdem können Sie Sichten auch in Datenbankanweisungen mit schreibendem Zugriff wie INSERT, UPDATE oder DELETE verwenden. In diesem Fall müssen Sie aber beachten, dass nicht alle Klauseln der SELECT-Anweisung in der Sicht zugelassen sind.

> Bei der Verwendung von Sichten für den schreibenden Datenzugriff sind folgende Klauseln in der SELECT-Anweisung einer Sicht nicht zulässig: UNION, DISTINCT, LIMIT, HAVING, GROUP BY.

Sichten löschen

Sichten können Sie mit dem folgenden Befehl löschen:

Syntax

DROP VIEW

```
DROP VIEW Sichtname [,...]
```

Beispiele für Sichten

Die Verwendung von Sichten wollen wir jetzt an Hand der folgenden Beispiele demonstrieren:

- Sichten als virtuelle Tabellen,
- Sichten auf Daten einschränken und
- Sichten von Sichten.

Virtuelle Tabellen

Die einfachste Anwendung einer Sicht besteht darin, eine virtuelle Tabelle zu erzeugen, die wie eine normale Tabelle verwendet werden kann (Abbildung L4.15).

```
CREATE VIEW buch_sicht AS SELECT * FROM buch;
SELECT * FROM buch_sicht;
DROP VIEW buch_sicht;
```

Als Nächstes wählen wir konkrete Tabellenspalten für die Sicht aus. Zusätzlich können wir mit einer Namensliste neue Spaltennamen für die Sicht vereinbaren. In unserem Beispiel werden die Spaltennamen *titel* bzw. *preis* durch *Buchtitel* und *Verkaufspreis* ersetzt (Abbildung L4.15).

```
CREATE VIEW buch_sicht (Buchtitel, Verkaufspreis)
AS SELECT titel, preis FROM buch;
SELECT * FROM buch_sicht;
DROP VIEW buch_sicht;
```

Beispiele für virtuelle Tabellen sind in Abbildung L4.15 zu sehen.

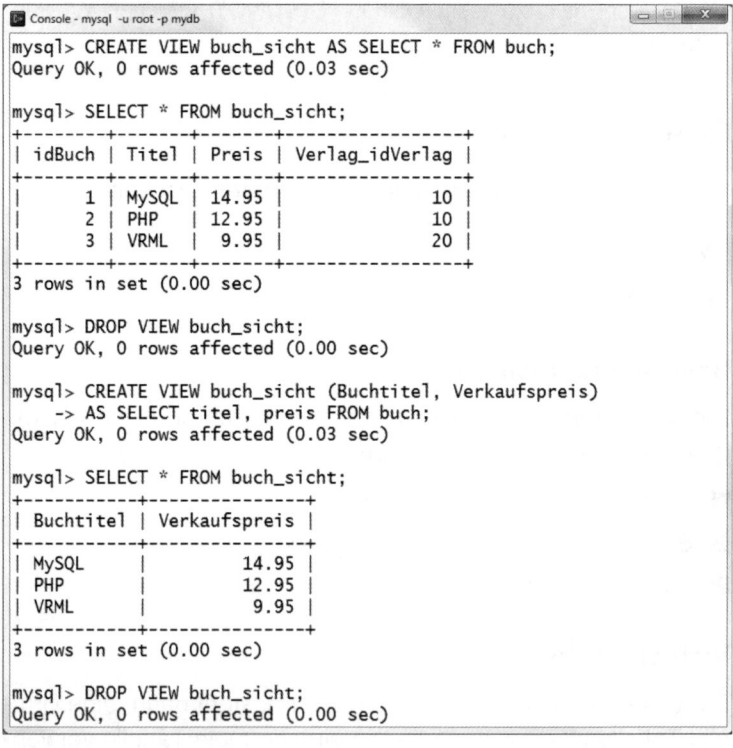

Abb. L4.15: Sichten: Virtuelle Tabellen

Datensicht einschränken

Eine besondere Eigenschaft von Sichten besteht darin, die Sicht auf einen physischen Datenbestand einzuschränken, und damit nur die Nutzung ausgewählter Daten zuzulassen. Diese Einschränkung der Datensicht können Sie mithilfe der SELECT-Anweisung in einer Sicht festlegen. Das folgende Beispiel lässt lediglich eine Sicht auf die Tabellenspalte *titel* und Datensätze mit Preisangaben, die kleiner als 10.00 sind, zu (Abbildung L4.16).

```
CREATE VIEW buch_sicht
AS SELECT titel FROM buch WHERE preis < 10.00;
SELECT * FROM buch_sicht;
DROP VIEW buch_sicht;
```

```
Console - mysql  -u root -p mydb
mysql> CREATE VIEW buch_sicht
    -> AS SELECT titel FROM buch WHERE preis < 10.00;
Query OK, 0 rows affected (0.02 sec)

mysql> SELECT * FROM buch_sicht;
+--------+
| titel |
+--------+
| VRML  |
+--------+
1 row in set (0.00 sec)

mysql> DROP VIEW buch_sicht;
Query OK, 0 rows affected (0.00 sec)
```

Abb. L4.16: Sichten: Datensicht einschränken

Sichten von Sichten

Falls es erforderlich sein sollte, können Sie auch Sichten über virtuelle Tabellen definieren, d.h. Sichten auf Sichten erstellen. Wir wollen diese Möglichkeit in einem einfachen Beispiel demonstrieren, indem wir zunächst eine Sicht der Tabelle *buch* anlegen und auf diese Sicht wiederum eine Sicht erstellen. Sinnvoll kann dieses Verfahren dann sein, wenn Sie auf jeder Ebene eine Einschränkung der Sicht vornehmen. Zur Veranschaulichung schränken wir zuerst die Sicht *buch_sicht* auf den

Datensatz des Buchtitels *MySQL* und danach die Sicht
buch_sicht_1 auf die Tabellenspalte *titel* ein. Als Ergebnis der
Sicht auf eine Sicht wird nur noch ein einziger Wert angezeigt
(Abbildung L4.17).

```
CREATE VIEW buch_sicht AS SELECT * FROM buch WHERE titel =
"MySQL";
SELECT * FROM buch_sicht;
CREATE VIEW buch_sicht_1 AS SELECT titel FROM buch_sicht;
SELECT * FROM buch_sicht_1;
DROP VIEW buch_sicht, buch_sicht_1;
```

```
Console - mysql  -u root -p mydb
mysql> CREATE VIEW buch_sicht AS SELECT * FROM buch WHERE titel = "MySQL";
Query OK, 0 rows affected (0.03 sec)

mysql> SELECT * FROM buch_sicht;
+--------+-------+-------+----------------+
| idBuch | Titel | Preis | Verlag_idVerlag |
+--------+-------+-------+----------------+
|      1 | MySQL | 14.95 |             10 |
+--------+-------+-------+----------------+
1 row in set (0.00 sec)

mysql> CREATE VIEW buch_sicht_1 AS SELECT titel FROM buch_sicht;
Query OK, 0 rows affected (0.02 sec)

mysql> SELECT * FROM buch_sicht_1;
+-------+
| titel |
+-------+
| MySQL |
+-------+
1 row in set (0.00 sec)

mysql> DROP VIEW buch_sicht, buch_sicht_1;
Query OK, 0 rows affected (0.00 sec)
```

Abb. L4.17: Sicht auf eine Sicht

Teil II: Üben

Ü1 Übungen zu Kapitel L2

1 Melden Sie sich als Datenbankadministrator am MySQL-Datenbankserver an und richten Sie eine Datenbank, einen Datenbankbenutzer und Nutzungsrechte ein. Legen Sie die neue Datenbank *uebung* an. Erstellen Sie einen Datenbankbenutzer *dbnutzer*, der sich mit dem Passwort *1234* vom Rechner, auf dem sich der Datenbankserver befindet, anmelden kann. Weisen Sie dem Datenbankbenutzer *dbnutzer* alle Nutzungsrechte für die Datenbank *uebung* zu.

```
CREATE DATABASE uebung;
SHOW DATABASES;
CREATE USER 'dbnutzer'@'localhost' IDENTIFIED BY '1234';
USE mysql;
SELECT Host, User, Password FROM user;
GRANT ALL ON uebung.* TO 'dbnutzer'@'localhost';
SELECT Host, Db, User, Select_priv FROM db;
```

In Abbildung Ü1.1 sehen Sie die MySQL-Anweisungen zum Anlegen von Datenbanken, Nutzern und Nutzerrechten.

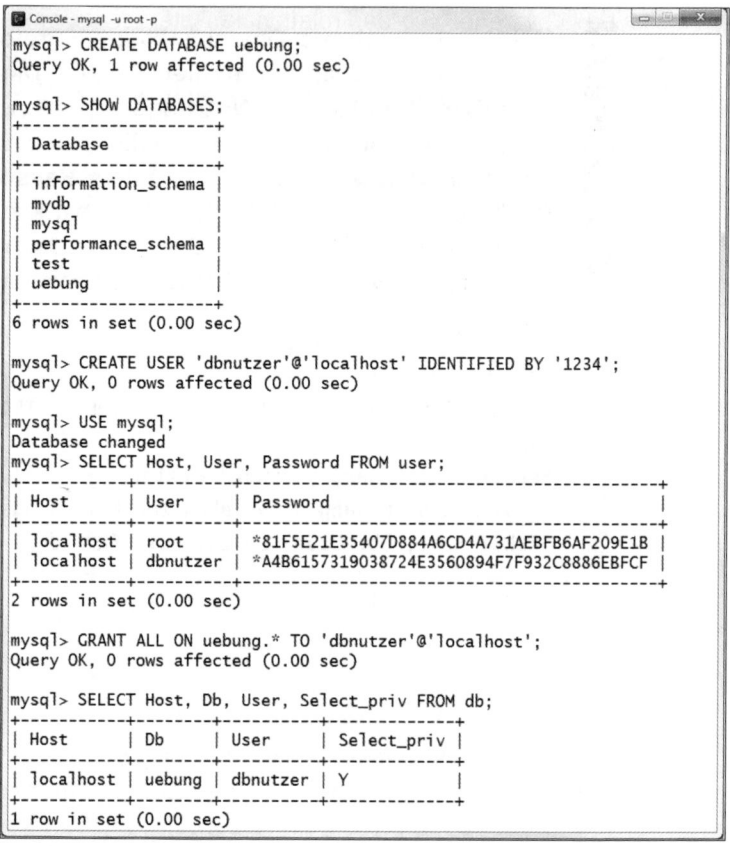

```
Console - mysql -u root -p

mysql> CREATE DATABASE uebung;
Query OK, 1 row affected (0.00 sec)

mysql> SHOW DATABASES;
+--------------------+
| Database           |
+--------------------+
| information_schema |
| mydb               |
| mysql              |
| performance_schema |
| test               |
| uebung             |
+--------------------+
6 rows in set (0.00 sec)

mysql> CREATE USER 'dbnutzer'@'localhost' IDENTIFIED BY '1234';
Query OK, 0 rows affected (0.00 sec)

mysql> USE mysql;
Database changed
mysql> SELECT Host, User, Password FROM user;
+-----------+----------+-------------------------------------------+
| Host      | User     | Password                                  |
+-----------+----------+-------------------------------------------+
| localhost | root     | *81F5E21E35407D884A6CD4A731AEBFB6AF209E1B |
| localhost | dbnutzer | *A4B6157319038724E3560894F7F932C8886EBFCF |
+-----------+----------+-------------------------------------------+
2 rows in set (0.00 sec)

mysql> GRANT ALL ON uebung.* TO 'dbnutzer'@'localhost';
Query OK, 0 rows affected (0.00 sec)

mysql> SELECT Host, Db, User, Select_priv FROM db;
+-----------+--------+----------+-------------+
| Host      | Db     | User     | Select_priv |
+-----------+--------+----------+-------------+
| localhost | uebung | dbnutzer | Y           |
+-----------+--------+----------+-------------+
1 row in set (0.00 sec)
```

Abb. Ü1.1: Lösung Ü1

Bemerkung

Durch das Einrichten von neuen Datenbanken und Datenbank-benutzern sowie die Zuweisung von Nutzungsrechten werden in den MySQL-Systemtabellen *user* und *db* Datensätze einge-tragen, die Sie mit einer SELECT-Anweisung ansehen können.

Ü2 Übungen zu Kapitel L3

In Abbildung Ü2.1 sehen Sie das relationale Datenmodell eines Bestellprozesses von Artikeln eines Herstellers. Das Ziel der Übungen in diesem Kapitel besteht darin, das zugehörige Datenbankschema zu erstellen.

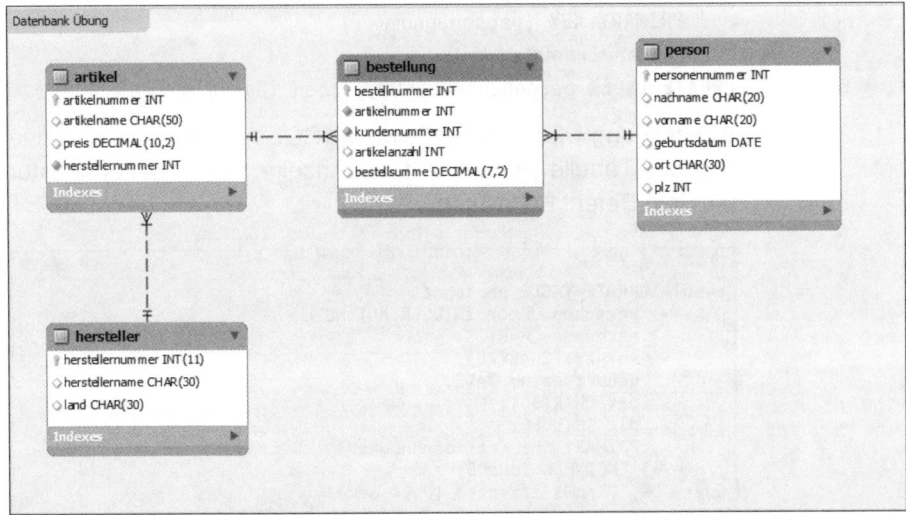

Abb. Ü2.1: Datenmodell Bestellprozess

1 Erstellen Sie eine Tabellenstruktur mit dem Namen *person* für die Verwaltung von folgenden Personendaten: Personennummer, Nachname, Vorname, Geburtsdatum, Ort, Postleitzahl (PLZ). Definieren Sie einen Primärschlüssel. In der Tabelle soll eine große Anzahl von Datensätzen verwaltet werden, wobei die Suche nach Nachnamen optimiert werden soll. Erstellen Sie einen entsprechenden Spaltenindex.

```
CREATE TABLE person (
    personennummer INTEGER NOT NULL,
    nachname CHAR(20),
    vorname CHAR(20),
    geburtsdatum DATE,
    ort CHAR(30),
    plz INTEGER,
    PRIMARY KEY (personennummer)
) ENGINE = InnoDB;
CREATE INDEX personenindex ON person (nachname);
```

In Abbildung Ü2.2 sehen Sie die MySQL-Anweisung zur Definition der Tabelle *person* und die Anzeige der Tabellenstruktur mit dem Befehl EXPLAIN.

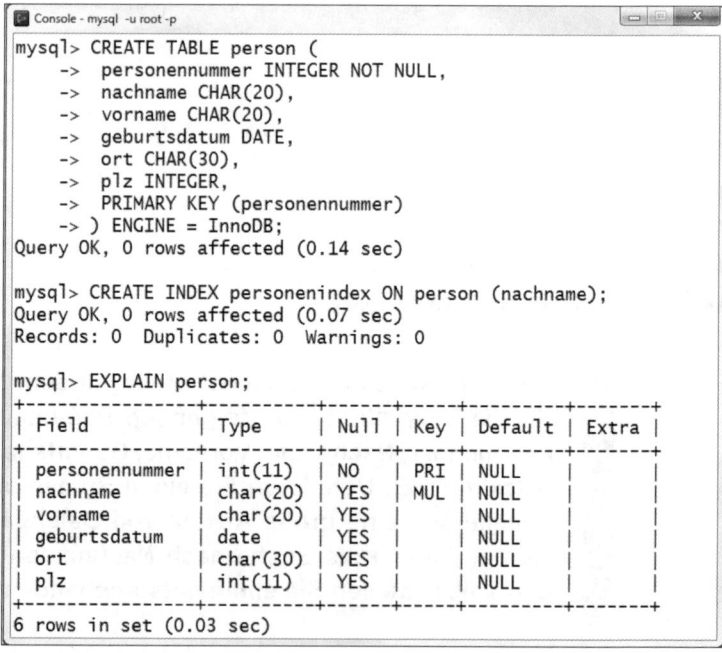

Abb. Ü2.2: Lösung Ü1

Bemerkungen

Die Datentypen der Tabellenspalten ergeben sich aus der Aufgabenstellung. Als zusätzliche Spaltenoption ist für die Primärschlüsselspalte *personennummer* NOT NULL zu definieren. Zur Optimierung der Suche nach Personennamen erstellen Sie – nachdem Sie die Tabelle definiert haben – mit CREATE INDEX einen Index für die Tabellenspalte *nachname*.

2   **Erstellen Sie eine Tabellenstruktur mit dem Namen *bestellung* für folgende Bestelldaten: Bestellnummer, Artikelnummer, Kundennummer, Artikelanzahl und Bestellsumme. Definieren Sie einen Primärschlüssel. Die Bestellnummer soll automatisch mit jedem neuen Bestellvorgang generiert werden.**

```
CREATE TABLE bestellung (
     bestellnummer INTEGER AUTO_INCREMENT NOT NULL,
     artikelnummer INTEGER,
     kundennummer INTEGER,
     artikelanzahl INTEGER,
     bestellsumme DECIMAL(7,2),
     PRIMARY KEY (bestellnummer)
) ENGINE = InnoDB;
```

In Abbildung Ü2.3 sehen Sie die MySQL-Anweisung zur Definition der Tabelle *bestellung* und die Anzeige der Tabellenstruktur mit dem Befehl EXPLAIN.

```
Console - mysql -u root -p
mysql> CREATE TABLE bestellung (
    ->    bestellnummer INTEGER AUTO_INCREMENT NOT NULL,
    ->    artikelnummer INTEGER,
    ->    kundennummer INTEGER,
    ->    artikelanzahl INTEGER,
    ->    bestellsumme DECIMAL(7,2),
    ->    PRIMARY KEY (bestellnummer)
    -> ) ENGINE = InnoDB;
Query OK, 0 rows affected (0.05 sec)

mysql> EXPLAIN bestellung;
+---------------+--------------+------+-----+---------+----------------+
| Field         | Type         | Null | Key | Default | Extra          |
+---------------+--------------+------+-----+---------+----------------+
| bestellnummer | int(11)      | NO   | PRI | NULL    | auto_increment |
| artikelnummer | int(11)      | YES  |     | NULL    |                |
| kundennummer  | int(11)      | YES  |     | NULL    |                |
| artikelanzahl | int(11)      | YES  |     | NULL    |                |
| bestellsumme  | decimal(7,2) | YES  |     | NULL    |                |
+---------------+--------------+------+-----+---------+----------------+
5 rows in set (0.00 sec)
```

Abb. Ü2.3:   Lösung Ü2

Bemerkungen

Die Datentypen der Tabellenspalten ergeben sich aus der Aufgabenstellung. Als zusätzliche Spaltenoptionen sind für die Primärschlüsselspalte *bestellnummer* NOT NULL und für die automatische Generierung der Bestellnummer AUTO_INCREMENT zu definieren. Der Datentyp DECIMAL ist besonders für Zahlen mit einer fest definierten Anzahl von Nachkommastellen wie z.B. Preisangaben geeignet. Die Definition DECIMAL(7,2) bedeutet beispielsweise, dass Preisangaben bis zum Wert von 999999,99 verarbeitet werden.

3 In Abbildung Ü2.4 sehen Sie die Anzeige einer Tabellenstruktur mit dem MySQL-Befehl EXPLAIN. Leiten Sie die entsprechende Datenbankanweisung zur Erstellung der Tabellenstruktur ab.

```
Console - mysql  -u root -p

mysql> EXPLAIN hersteller;
+-------------------+----------+------+-----+---------+-------+
| Field             | Type     | Null | Key | Default | Extra |
+-------------------+----------+------+-----+---------+-------+
| herstellernummer  | int(11)  | NO   | PRI | NULL    |       |
| herstellername    | char(30) | YES  | MUL | NULL    |       |
| land              | char(30) | YES  |     | NULL    |       |
+-------------------+----------+------+-----+---------+-------+
3 rows in set (0.00 sec)
```

Abb. Ü2.4: Tabellenstruktur für Ü3

```
CREATE TABLE hersteller(
    herstellernummer INTEGER NOT NULL,
    herstellername CHAR(30),
    land CHAR(30),
    PRIMARY KEY (herstellernummer)
) ENGINE = InnoDB;
CREATE INDEX herstellerindex ON hersteller
(herstellername);
```

Bemerkungen

Die Datentypen der Tabellenspalten ergeben sich aus der Beschreibung der Tabellenstruktur. Als zusätzliche Spaltenoption ist für die Primärschlüsselspalte *herstellernummer* NOT NULL zu definieren. Wie Sie der Abbildung Ü2.4 entnehmen können, müssen Sie mit CREATE INDEX einen Index für die Tabellenspalte *herstellername* erstellen (Spalte *key* Eintrag *MUL*).

4 Gegeben ist die Tabellenstruktur *artikelliste* in Abbildung Ü2.5.

Erstellen Sie die Tabellenstruktur *artikelliste*.

Ändern Sie die vorhandene Tabellenstruktur in folgender Weise:

(1) Ändern Sie den Tabellennamen *artikelliste* in *artikel*.

(2) Ergänzen Sie die Tabellenspalte *preis*.

(3) Löschen Sie die Angaben zum Herstellungsdatum.

(4) Erstellen Sie einen Index über alle Artikelnamen.

(5) Modifizieren Sie die Spaltendefinition der Tabellenspalte *artikelname* unter Beibehaltung des Spaltennamens. Vergrößern Sie die Spaltengröße auf 50 Zeichen.

(6) Ändern Sie die Spaltendefinition der Tabellenspalte *herstellername* in *herstellernummer*.

(7) Definieren Sie die Tabellenspalte *artikelnummer* als Primärschlüssel.

```
Console - mysql  -u root -p uebung
mysql> EXPLAIN artikelliste;
+--------------------+----------+------+-----+---------+-------+
| Field              | Type     | Null | Key | Default | Extra |
+--------------------+----------+------+-----+---------+-------+
| artikelnummer      | int(11)  | NO   |     | NULL    |       |
| artikelname        | char(20) | YES  |     | NULL    |       |
| herstellername     | char(30) | YES  |     | NULL    |       |
| herstellungsdatum  | date     | YES  |     | NULL    |       |
+--------------------+----------+------+-----+---------+-------+
4 rows in set (0.00 sec)
```

Abb. Ü2.5: Tabellenstruktur für Ü4

```
CREATE TABLE artikelliste(
    artikelnummer INTEGER NOT NULL,
    artikelname CHAR(20),
    herstellername CHAR(30),
    herstellungsdatum DATE
) ENGINE = InnoDB;
```

(1) **ALTER TABLE** artikelliste **RENAME** artikel;
(2) **ALTER TABLE** artikel **ADD** preis **DECIMAL**(10,2);
(3) **ALTER TABLE** artikel **DROP** herstellungsdatum;
(4) **ALTER TABLE** artikel **ADD INDEX** artikelindex
(artikelname);
(5) **ALTER TABLE** artikel **MODIFY** artikelname **CHAR**(50);
(6) **ALTER TABLE** artikel **CHANGE** herstellername
herstellernummer **INTEGER**;
(7) **ALTER TABLE** artikel **ADD PRIMARY KEY** (artikelnummer);

In Abbildung Ü2.6 sehen Sie die Tabellenstruktur der Tabelle
artikel, nachdem die Änderungen in der Tabellenstruktur der
Tabelle *artikelliste* vorgenommen worden sind.

```
Console - mysql -u root -p

mysql> EXPLAIN artikel;
+-------------------+--------------+------+-----+---------+-------+
| Field             | Type         | Null | Key | Default | Extra |
+-------------------+--------------+------+-----+---------+-------+
| artikelnummer     | int(11)      | NO   | PRI | NULL    |       |
| artikelname       | char(50)     | YES  | MUL | NULL    |       |
| herstellernummer  | int(11)      | YES  |     | NULL    |       |
| preis             | decimal(10,2)| YES  |     | NULL    |       |
+-------------------+--------------+------+-----+---------+-------+
4 rows in set (0.00 sec)
```

Abb. Ü2.6: Lösung Ü4

Bemerkungen

Mit der Anweisung ALTER TABLE können Sie Tabellenspalten
hinzufügen (ADD) bzw. löschen (DROP) und die Spaltendefini-
tionen ändern (MODIFY oder CHANGE). Mit der Klausel
CHANGE können Sie eine Tabellenspalte neu definieren, d.h.
den Spaltennamen und die Definition einer Spalte komplett
ändern. Die Spaltendefinition hat dabei dasselbe Format wie
die Spaltendeklaration der Anweisung CREATE TABLE. Mit der
Klausel MODIFY ändern Sie dagegen die Eigenschaften einer
Spalte, ohne den Spaltennamen zu verändern.

5 In Abbildung Ü2.7 sehen Sie die Beschreibung der Tabellenstruktur *person* (Anzeige mit EXPLAIN).

Fügen Sie folgende Personendaten in die Tabelle *person* ein:

1 Peter Meier aus 10734 Berlin, geboren am 06.10.1960

2 Birgit Schmidt aus 14407 Potsdam, geboren am 01.01.1980

3 Oskar Müller aus 14407 Potsdam, geboren am 15.06.1955

4 Otto Schulze aus 14407 Potsdam, geboren am 30.12.1992

5 Heike Fischer aus 15678 Leipzig, geboren am 23.04.1977

```
Console - mysql  -u root -p                                              _ □ X

mysql> EXPLAIN person;
+-----------------+----------+------+-----+---------+-------+
| Field           | Type     | Null | Key | Default | Extra |
+-----------------+----------+------+-----+---------+-------+
| personennummer  | int(11)  | NO   | PRI | NULL    |       |
| nachname        | char(20) | YES  | MUL | NULL    |       |
| vorname         | char(20) | YES  |     | NULL    |       |
| geburtsdatum    | date     | YES  |     | NULL    |       |
| ort             | char(30) | YES  |     | NULL    |       |
| plz             | int(11)  | YES  |     | NULL    |       |
+-----------------+----------+------+-----+---------+-------+
6 rows in set (0.00 sec)
```

Abb. Ü2.7: Tabellenstruktur für Ü5

```
INSERT INTO person VALUES
(1,"Meier","Peter","1960-10-06","Berlin",10734),
(2,"Schmidt","Birgit","1980-01-01","Potsdam",14407),
(3,"Müller","Oskar","1955-06-15","Potsdam",14407),
(4,"Schulze","Otto","1992-12-30","Potsdam",14407),
(5,"Fischer","Heike","1977-04-23","Leipzig",15678);
```

Die korrekte Dateneingabe können Sie mit dem Befehl

```
SELECT * FROM person;
```

überprüfen.

In Abbildung Ü2.8 sehen die in der Tabelle *person* gespeicherten Daten.

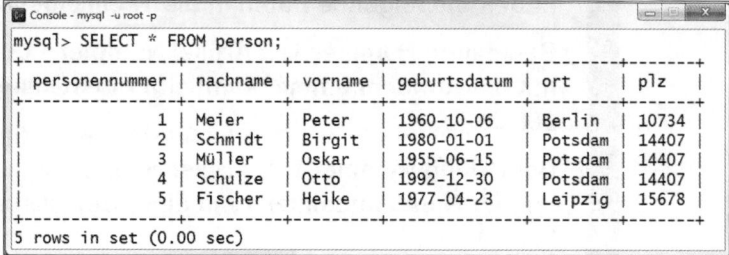

```
Console - mysql -u root -p                                                    _ □ X
mysql> SELECT * FROM person;
+----------------+----------+---------+-------------+---------+-------+
| personennummer | nachname | vorname | geburtsdatum | ort    | plz   |
+----------------+----------+---------+-------------+---------+-------+
|              1 | Meier    | Peter   | 1960-10-06  | Berlin  | 10734 |
|              2 | Schmidt  | Birgit  | 1980-01-01  | Potsdam | 14407 |
|              3 | Müller   | Oskar   | 1955-06-15  | Potsdam | 14407 |
|              4 | Schulze  | Otto    | 1992-12-30  | Potsdam | 14407 |
|              5 | Fischer  | Heike   | 1977-04-23  | Leipzig | 15678 |
+----------------+----------+---------+-------------+---------+-------+
5 rows in set (0.00 sec)
```

Abb. Ü2.8: Lösung Ü5

Bemerkungen

Bei der Eingabe vollständiger Datensätze kann auf die Angabe der Spaltennamen verzichtet werden. Dabei müssen Sie allerdings stets darauf achten, dass Anzahl, Reihenfolge und Datentyp der Tabellenspalten mit den Eingabedaten übereinstimmen. Zeichenketten sowie Datums- und Zeitangaben sind dabei stets in Anführungszeichen oben bzw. Hochkommas zu setzen.

6 In Abbildung Ü2.9 sehen Sie die Beschreibung der Tabellenstruktur *bestellung* (Anzeige mit EXPLAIN).

Fügen Sie folgende Daten in die Tabelle *bestellung* ein:

Bestellung Nummer 1: 2 Artikel Nummer 1 durch Kunden mit der Kundennummer 4 mit einer Bestellsumme von 200.00.

Bestellung Nummer 2: 1 Artikel Nummer 2 durch Kunden mit der Kundennummer 1 mit einer Bestellsumme von 200.00.

Bestellung Nummer 3: 3 Artikel Nummer 1 durch Kunden mit der Kundennummer 2 mit einer Bestellsumme von 300.00.

Bestellung Nummer 4: 1 Artikel Nummer 3 durch Kunden mit der Kundennummer 3 mit einer Bestellsumme von 300.00.

Bestellung Nummer 5: 5 Artikel Nummer 5 durch Kunden mit der Kundennummer 5 mit einer Bestellsumme von 2500.00.

```
Console - mysql -u root -p                                              □ ▣ ✕
mysql> EXPLAIN bestellung;
+---------------+--------------+------+-----+---------+----------------+
| Field         | Type         | Null | Key | Default | Extra          |
+---------------+--------------+------+-----+---------+----------------+
| bestellnummer | int(11)      | NO   | PRI | NULL    | auto_increment |
| artikelnummer | int(11)      | YES  |     | NULL    |                |
| kundennummer  | int(11)      | YES  |     | NULL    |                |
| artikelanzahl | int(11)      | YES  |     | NULL    |                |
| bestellsumme  | decimal(7,2) | YES  |     | NULL    |                |
+---------------+--------------+------+-----+---------+----------------+
5 rows in set (0.00 sec)
```

Abb. Ü2.9: Tabellenstruktur für Ü6

```
INSERT INTO bestellung (artikelnummer, kundennummer,
artikelanzahl, bestellsumme)
VALUES
(1,4,2,200.00),(2,1,1,200.00),(1,2,3,300.00),
(3,3,1,300.00),(5,5,5,2500.00);
```

In Abbildung Ü2.10 sehen Sie die in der Tabelle *bestellung* gespeicherten Daten.

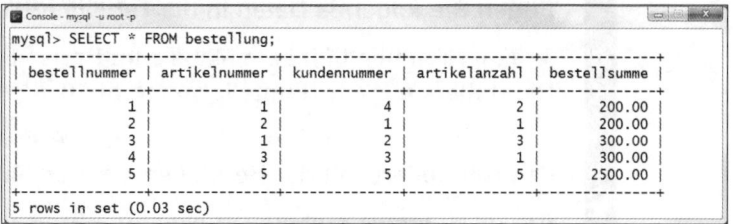

Abb. Ü2.10: Lösung Ü6

Bemerkungen

Wenn Sie in der Spaltendefinition eine automatische Zählfunktion (AUTO_INCREMENT) oder eine Standardvorgabe (DEFAULT) definiert haben, sollten Sie in diese Spalten keine Daten eingeben. Daher müssen Sie in der Anweisung INSERT INTO die Spalten definieren, in die Sie Daten eingeben wollen. In den Tabellenspalten mit automatischer Zählfunktion bzw. einer Standardvorgabe werden dann mit jedem Datensatz automatisch Werte erzeugt und in die entsprechenden Tabellenspalten eingetragen.

7 In Abbildung Ü2.11 sehen Sie die Tabellenstruktur *artikel* (Anzeige mit EXPLAIN).

Fügen Sie folgende Daten in die Tabelle *artikel* ein:

Artikel Nummer 1 ist eine Maus zum Preis von 100.00 des Herstellers mit der Herstellernummer 10.

Artikel Nummer 2 ist eine Tastatur zum Preis von 200.00 des Herstellers mit der Herstellernummer 10.

Artikel Nummer 3 ist ein Drucker zum Preis von 300.00 des Herstellers mit der Herstellernummer 50.

Artikel Nummer 4 ist eine Festplatte zum Preis von 400.00 des Herstellers mit der Herstellernummer 30.

Artikel Nummer 5 ist ein Monitor zum Preis von 500.00 des Herstellers mit der Herstellernummer 20.

```
Console - mysql  -u root -p

mysql> EXPLAIN artikel;
+------------------+--------------+------+-----+---------+-------+
| Field            | Type         | Null | Key | Default | Extra |
+------------------+--------------+------+-----+---------+-------+
| artikelnummer    | int(11)      | NO   | PRI | NULL    |       |
| artikelname      | char(50)     | YES  | MUL | NULL    |       |
| herstellernummer | int(11)      | YES  |     | NULL    |       |
| preis            | decimal(10,2)| YES  |     | NULL    |       |
+------------------+--------------+------+-----+---------+-------+
4 rows in set (0.00 sec)
```

Abb. Ü2.11: Tabellenstruktur für Ü7

```
INSERT INTO artikel VALUES
(1,"Maus",10,100.00),(2,"Tastatur",10,200.00),
(3,"Drucker",50,300.00),(4,"Festplatte",30,400.00),
(5,"Monitor",20,500.00);
```

In Abbildung Ü2.12 sehen Sie die in der Tabelle *artikel* gespeicherten Daten.

```
Console - mysql -u root -p                                    _ □ X
mysql> SELECT * FROM artikel;
+---------------+-------------+------------------+--------+
| artikelnummer | artikelname | herstellernummer | preis  |
+---------------+-------------+------------------+--------+
|             1 | Maus        |               10 | 100.00 |
|             2 | Tastatur    |               10 | 200.00 |
|             3 | Drucker     |               50 | 300.00 |
|             4 | Festplatte  |               30 | 400.00 |
|             5 | Monitor     |               20 | 500.00 |
+---------------+-------------+------------------+--------+
5 rows in set (0.00 sec)
```

Abb. Ü2.12: Lösung Ü7

Bemerkungen

Auch in dieser Aufgabe können wir wieder auf die Angabe von Spaltennamen verzichten und unter Beachtung der in der Tabellendefinition festgelegten Anzahl, Reihenfolge und Datentypen der Tabellenspalten vollständige Datensätze eingeben.

8 **In Abbildung Ü2.13 sehen Sie die Beschreibung der Tabellenstruktur *hersteller* (Anzeige mit** EXPLAIN**).**

Fügen Sie folgende Daten in die Tabelle *hersteller* ein:

Der Name des Herstellers Nummer 10 ist Logitech aus der Schweiz.

Der Name des Herstellers Nummer 20 ist Sony aus Japan.

Der Name des Herstellers Nummer 30 ist Maxtor aus den USA.

Der Name des Herstellers Nummer 40 ist Medion aus Deutschland.

Der Name des Herstellers Nummer 50 ist Hewlett Packard aus den USA.

```
Console - mysql -u root -p                                    [ _ ][ □ ][ X ]

mysql> EXPLAIN hersteller;
+------------------+----------+------+-----+---------+-------+
| Field            | Type     | Null | Key | Default | Extra |
+------------------+----------+------+-----+---------+-------+
| herstellernummer | int(11)  | NO   | PRI | NULL    |       |
| herstellername   | char(30) | YES  | MUL | NULL    |       |
| land             | char(30) | YES  |     | NULL    |       |
+------------------+----------+------+-----+---------+-------+
3 rows in set (0.00 sec)
```

Abb. Ü2.13: Tabellenstruktur für Ü8

INSERT INTO hersteller **VALUES**
(10,"Logitech","Schweiz"),(20,"Sony","Japan"),
(30,"Maxtor","USA"),(40,"Medion","Deutschland"),
(50,"Hewlett Packard","USA");

In Abbildung Ü2.14 sehen die aktuell in der Tabelle *hersteller*
gespeicherten Daten.

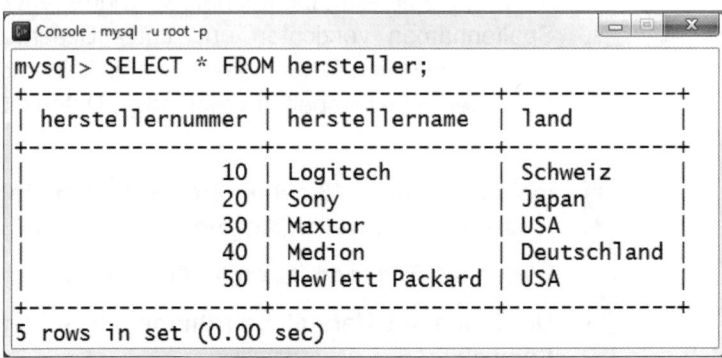

```
Console - mysql -u root -p                                    [ _ ][ □ ][ X ]

mysql> SELECT * FROM hersteller;
+------------------+-----------------+-------------+
| herstellernummer | herstellername  | land        |
+------------------+-----------------+-------------+
|               10 | Logitech        | Schweiz     |
|               20 | Sony            | Japan       |
|               30 | Maxtor          | USA         |
|               40 | Medion          | Deutschland |
|               50 | Hewlett Packard | USA         |
+------------------+-----------------+-------------+
5 rows in set (0.00 sec)
```

Abb. Ü2.14: Lösung Ü8

9 Führen Sie folgende Änderungen von Daten in der Tabelle *person* durch (vgl. Übung Ü5):

Ändern Sie die Adresse der Person mit der Personenkennzahl 5. Die neue Anschrift ist jetzt 17345 Dresden.

Die Postleitzahl von Potsdam hat sich verändert. Sie ist jetzt 14477. Führen Sie die nötigen Datenänderungen durch.

```
UPDATE person SET ort = "Dresden", plz=17345 WHERE
personennummer = 5;
UPDATE person SET plz = 14477 WHERE ort = "Potsdam";
```

In Abbildung Ü2.15 sehen Sie die in der Tabelle *person* gespeicherten Daten nach der Änderung.

```
Console - mysql -u root -p
mysql> SELECT * FROM person;
+----------------+----------+---------+--------------+---------+-------+
| personennummer | nachname | vorname | geburtsdatum | ort     | plz   |
+----------------+----------+---------+--------------+---------+-------+
|              1 | Meier    | Peter   | 1960-10-06   | Berlin  | 10734 |
|              2 | Schmidt  | Birgit  | 1980-01-01   | Potsdam | 14477 |
|              3 | Müller   | Oskar   | 1955-06-15   | Potsdam | 14477 |
|              4 | Schulze  | Otto    | 1992-12-30   | Potsdam | 14477 |
|              5 | Fischer  | Heike   | 1977-04-23   | Dresden | 17345 |
+----------------+----------+---------+--------------+---------+-------+
```

Abb. Ü2.15: Lösung Ü9

Bemerkungen

In Abbildung Ü2.15 können Sie sehen, dass durch die erste Anweisung zwei Werte gleichzeitig in einem Datensatz geändert wurden. Hier bezog sich die Änderung auf den Datensatz mit der Nummer 5. Mithilfe der zweiten Anweisung wurden dagegen die Werte der Tabellenspalte *plz* in den Datensätzen 2, 3 und 4 geändert.

TIPP Bevor wir im nächsten Kapitel auf der Grundlage des mit den Übungen in diesem Kapitel erstellten Datenmodells Datenbankabfragen ausführen wollen, sollten Sie Ihre Datenbanktabellen mit den Tabellen in Abbildung A2.16 vergleichen.

```
Console - mysql  -u root -p
mysql> SELECT * FROM person;
+---------------+----------+---------+-------------+---------+-------+
| personennummer | nachname | vorname | geburtsdatum | ort     | plz   |
+---------------+----------+---------+-------------+---------+-------+
|             1 | Meier    | Peter   | 1960-10-06  | Berlin  | 10734 |
|             2 | Schmidt  | Birgit  | 1980-01-01  | Potsdam | 14477 |
|             3 | Müller   | Oskar   | 1955-06-15  | Potsdam | 14477 |
|             4 | Schulze  | Otto    | 1992-12-30  | Potsdam | 14477 |
|             5 | Fischer  | Heike   | 1977-04-23  | Dresden | 17345 |
+---------------+----------+---------+-------------+---------+-------+
5 rows in set (0.00 sec)

mysql> SELECT * FROM artikel;
+-------------+------------+----------------+--------+
| artikelnummer | artikelname | herstellernummer | preis  |
+-------------+------------+----------------+--------+
|           1 | Maus       |             10 | 100.00 |
|           2 | Tastatur   |             10 | 200.00 |
|           3 | Drucker    |             50 | 300.00 |
|           4 | Festplatte |             30 | 400.00 |
|           5 | Monitor    |             20 | 500.00 |
+-------------+------------+----------------+--------+
5 rows in set (0.00 sec)

mysql> SELECT * FROM hersteller;
+----------------+-----------------+-------------+
| herstellernummer | herstellername | land        |
+----------------+-----------------+-------------+
|             10 | Logitech        | Schweiz     |
|             20 | Sony            | Japan       |
|             30 | Maxtor          | USA         |
|             40 | Medion          | Deutschland |
|             50 | Hewlett Packard | USA         |
+----------------+-----------------+-------------+
5 rows in set (0.00 sec)

mysql> SELECT * FROM bestellung;
+-------------+--------------+-------------+-------------+------------+
| bestellnummer | artikelnummer | kundennummer | artikelanzahl | bestellsumme |
+-------------+--------------+-------------+-------------+------------+
|           1 |            1 |           4 |           2 |     200.00 |
|           2 |            2 |           1 |           1 |     200.00 |
|           3 |            1 |           2 |           3 |     300.00 |
|           4 |            3 |           3 |           1 |     300.00 |
|           5 |            5 |           5 |           5 |    2500.00 |
+-------------+--------------+-------------+-------------+------------+
5 rows in set (0.02 sec)
```

Abb. Ü2.16: Tabellen des Datenbankschemas Bestellprozess

Führen Sie folgende Abfragen mit der Tabelle *person* aus.

(1) Lassen Sie sich alle Personendaten anzeigen.

(2) Lassen Sie sich in der angegebenen Reihenfolge den Vornamen, den Nachnamen, das Geburtsdatum und den Wohnort aller Personen anzeigen.

(3) Lassen Sie sich alle Wohnorte anzeigen. Unterdrücken Sie die Mehrfachanzeige identischer Ortsangaben.

(4) Lassen Sie sich in der angegebenen Reihenfolge den Vornamen, den Nachnamen, die Postleitzahl und den Wohnort aller Personen anzeigen. Sortieren Sie Nachnamen und Vornamen in alphabetischer Reihenfolge.

(5) Lassen Sie sich in der angegebenen Reihenfolge den Nachnamen, den Wohnort und die Postleitzahl aller Personen anzeigen. Verwenden Sie in der Ergebnistabelle die Spaltennamen: *Name, Wohnort* und *Postleitzahl.*

```
SELECT * FROM person;
```

In Abbildung Ü3.1 sehen Sie die SQL-Abfrage für Übung 1.1

```
Console - mysql  -u root -p uebung
mysql> SELECT * FROM person;
+-----------------+----------+---------+-------------+---------+-------+
| personennummer  | nachname | vorname | geburtsdatum| ort     | plz   |
+-----------------+----------+---------+-------------+---------+-------+
|               1 | Meier    | Peter   | 1960-10-06  | Berlin  | 10734 |
|               2 | Schmidt  | Birgit  | 1980-01-01  | Potsdam | 14477 |
|               3 | Müller   | Oskar   | 1955-06-15  | Potsdam | 14477 |
|               4 | Schulze  | Otto    | 1992-12-30  | Potsdam | 14477 |
|               5 | Fischer  | Heike   | 1977-04-23  | Dresden | 17345 |
+-----------------+----------+---------+-------------+---------+-------+
5 rows in set (0.00 sec)
```

Abb. Ü3.1: Lösung Ü1.1

```
SELECT vorname, nachname, geburtsdatum, ort
FROM person;
```

In Abbildung Ü3.2 sehen Sie die SQL-Abfrage für Übung 1.2.

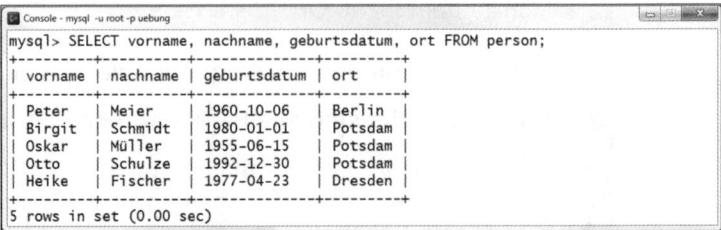

Abb. Ü3.2: Lösung Ü1.2

```
SELECT DISTINCT ort FROM person;
```

In Abbildung Ü3.3 sehen Sie die SQL-Abfrage für Übung 1.3.

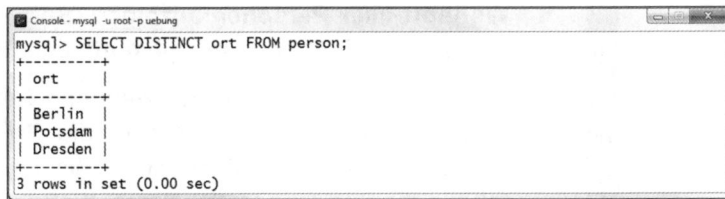

Abb. Ü3.3: Lösung Ü1.3

```
SELECT vorname, nachname, plz, ort
FROM person ORDER BY nachname, vorname ASC;
```

In Abbildung Ü3.4 sehen Sie die SQL-Abfrage für Übung 1.4.

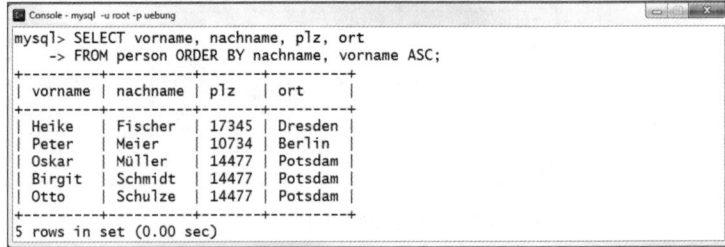

Abb. Ü3.4: Lösung Ü1.4

Bemerkungen

Mithilfe der Option ORDER BY werden die Datensätze sortiert angezeigt. Die Sortierung kann aufsteigend (ASC) oder absteigend (DESC) durchgeführt werden. Die Tabellenspalten bestimmen in der angegebenen Reihenfolge die Art und Weise der Sortierung. In unserem Beispiel werden zuerst die Datensätze alphabetisch anhand der Nachnamen sortiert. Bei gleichen Nachnamen werden die Datensätze alphabetisch anhand der Vornamen sortiert.

```
SELECT nachname AS Name, ort AS Wohnort, plz AS Postleitzahl
FROM person;
```

In Abbildung Ü3.5 sehen Sie die SQL-Abfrage für Übung 1.5.

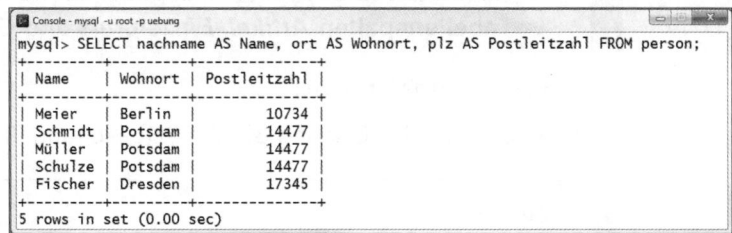

Abb. Ü3.5: Lösung Ü1.5

2 In dieser Aufgabe sollen Sie grundlegende Berechnungen mit den in der Datenbank gespeicherten Werten ausführen. Führen Sie folgende Abfragen mit der Tabelle *artikel* aus.

(1) Lassen Sie sich alle Artikeldaten anzeigen.

(2) Lassen Sie sich alle Artikelnamen, die dazugehörigen Preise (Netto) und die Preise mit einem Aufschlag von 19 % (Brutto) anzeigen. Benennen Sie in der Ausgabe die entsprechenden Tabellenspalten *Artikel*, *Nettopreis* und *Bruttopreis*.

(3) Welche Bestellsumme pro Artikel entsteht, wenn Sie von jedem Artikel 50 Stück bestellen? Lassen Sie sich Artikelname, Einzelpreis und Gesamtpreis anzeigen. Benennen Sie in der Ausgabe die entsprechenden Tabellenspalten *Artikel*, *Einzelpreis* und *Gesamtpreis*.

```
SELECT * FROM artikel;
```

In Abbildung Ü3.6 sehen Sie die SQL-Abfrage für Übung 2.1.

```
Console - mysql -u root -p uebung
mysql> SELECT * FROM artikel;

+--------------+------------+-----------------+--------+
| artikelnummer | artikelname | herstellernummer | preis |
+--------------+------------+-----------------+--------+
|            1 | Maus       |              10 | 100.00 |
|            2 | Tastatur   |              10 | 200.00 |
|            3 | Drucker    |              50 | 300.00 |
|            4 | Festplatte |              30 | 400.00 |
|            5 | Monitor    |              20 | 500.00 |
+--------------+------------+-----------------+--------+
5 rows in set (0.00 sec)
```

Abb. Ü3.6: Lösung Ü2.1

```
SELECT artikelname AS Artikel, preis AS Nettopreis,
round(preis*1.19,2) AS Bruttopreis
FROM artikel;
```

In Abbildung Ü3.7 sehen Sie die SQL-Abfrage für Übung 2.2.

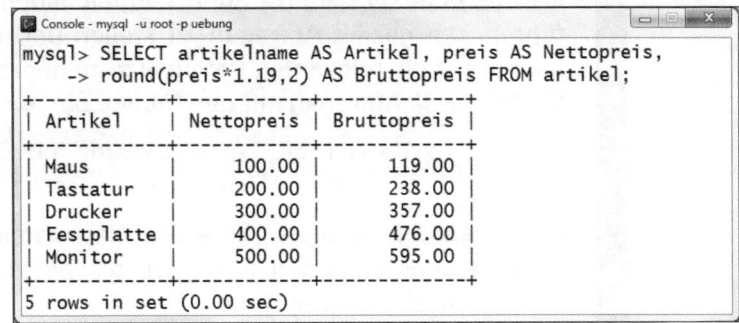

```
Console - mysql -u root -p uebung                          □ □ X
mysql> SELECT artikelname AS Artikel, preis AS Nettopreis,
    -> round(preis*1.19,2) AS Bruttopreis FROM artikel;
+------------+------------+------------+
| Artikel    | Nettopreis | Bruttopreis |
+------------+------------+------------+
| Maus       |     100.00 |     119.00 |
| Tastatur   |     200.00 |     238.00 |
| Drucker    |     300.00 |     357.00 |
| Festplatte |     400.00 |     476.00 |
| Monitor    |     500.00 |     595.00 |
+------------+------------+------------+
5 rows in set (0.00 sec)
```

Abb. Ü3.7: Lösung Ü2.2

SELECT artikelname **AS** Artikel, preis **AS** Einzelpreis,
round(preis*50,2) **AS** Gesamtpreis
FROM artikel;

In Abbildung Ü3.8 sehen Sie die SQL-Abfrage für Aufgabe Ü2.3.

```
Console - mysql -u root -p uebung                          □ □ X
mysql> SELECT artikelname AS Artikel, preis AS Einzelpreis,
    -> round(preis*50,2) AS Gesamtpreis FROM artikel;
+------------+-------------+-------------+
| Artikel    | Einzelpreis | Gesamtpreis |
+------------+-------------+-------------+
| Maus       |      100.00 |     5000.00 |
| Tastatur   |      200.00 |    10000.00 |
| Drucker    |      300.00 |    15000.00 |
| Festplatte |      400.00 |    20000.00 |
| Monitor    |      500.00 |    25000.00 |
+------------+-------------+-------------+
5 rows in set (0.00 sec)
```

Abb. Ü3.8: Lösung Ü2.3

Bemerkungen

Bei Berechnungen ist es stets sinnvoll, mithilfe von Aliasnamen die Tabellenspalten der Ergebnistabelle neu zu benennen, also beispielsweise *Bruttopreis* oder *Gesamtpreis*.

3 In dieser und den folgenden Aufgaben sollen Sie die WHERE-Klausel benutzen und Vergleichsoperationen ausführen, um gezielt Abfragen zu stellen und die Ergebnismenge auf die relevanten Datensätze zu begrenzen. Führen Sie folgende Abfragen mit der Tabelle *person* aus.

(1) Lassen Sie sich die Personendaten aller Personen anzeigen, die in *Potsdam* wohnen.

(2) Lassen Sie sich die Vornamen, Nachnamen und Wohnorte aller Personen anzeigen, die entweder in *Berlin* oder in *Potsdam* wohnen.

(3) Lassen Sie sich die Vornamen, Nachnamen und Wohnorte aller Personen anzeigen, die nicht in *Potsdam* wohnen.

(4) Lassen Sie sich die Nachnamen, Wohnorte und Geburtsdaten aller Personen anzeigen, die in *Potsdam* wohnen und nach dem *01.06.1960* geboren worden sind.

```
SELECT * FROM person WHERE ort = "Potsdam";
```

In Abbildung Ü3.9 sehen Sie die SQL-Abfrage für Übung 3.1.

```
Console - mysql  -u root -p uebung
mysql> SELECT * FROM person WHERE ort = "Potsdam";
+----------------+----------+---------+---------------+---------+-------+
| personennummer | nachname | vorname | geburtsdatum  | ort     | plz   |
+----------------+----------+---------+---------------+---------+-------+
|              2 | Schmidt  | Birgit  | 1980-01-01    | Potsdam | 14477 |
|              3 | Müller   | Oskar   | 1955-06-15    | Potsdam | 14477 |
|              4 | Schulze  | Otto    | 1992-12-30    | Potsdam | 14477 |
+----------------+----------+---------+---------------+---------+-------+
3 rows in set (0.01 sec)
```

Abb. Ü3.9: Lösung Ü3.1

```
SELECT vorname, nachname, ort
FROM person
WHERE ort = "Potsdam" OR ort = "Berlin";
```

In Abbildung Ü3.10 sehen Sie die SQL-Abfrage für Übung 3.2.

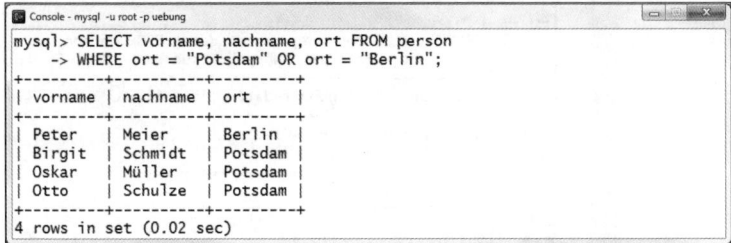

```
Console - mysql -u root -p uebung
mysql> SELECT vorname, nachname, ort FROM person
    -> WHERE ort = "Potsdam" OR ort = "Berlin";
+---------+----------+---------+
| vorname | nachname | ort     |
+---------+----------+---------+
| Peter   | Meier    | Berlin  |
| Birgit  | Schmidt  | Potsdam |
| Oskar   | Müller   | Potsdam |
| Otto    | Schulze  | Potsdam |
+---------+----------+---------+
4 rows in set (0.02 sec)
```

Abb. Ü3.10: Lösung Ü3.2

SELECT vorname, nachname, ort
FROM person
WHERE NOT (ort = "Potsdam");

In Abbildung Ü3.11 sehen Sie die SQL-Abfrage für Aufgabe Ü3.3.

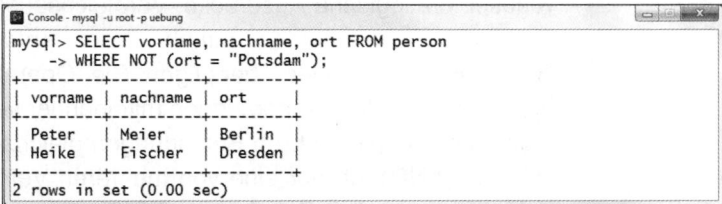

```
Console - mysql -u root -p uebung
mysql> SELECT vorname, nachname, ort FROM person
    -> WHERE NOT (ort = "Potsdam");
+---------+----------+---------+
| vorname | nachname | ort     |
+---------+----------+---------+
| Peter   | Meier    | Berlin  |
| Heike   | Fischer  | Dresden |
+---------+----------+---------+
2 rows in set (0.00 sec)
```

Abb. Ü3.11: Lösung Ü3.3

SELECT nachname, ort, geburtsdatum
FROM person
WHERE ort ="Potsdam" **AND** geburtsdatum > "1960-06-01";

In Abbildung Ü3.12 sehen Sie die SQL-Abfrage für Übung 3.4.

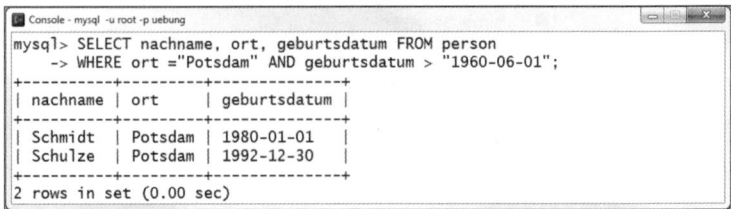

```
Console - mysql -u root -p uebung                                    ⌐ □ ✕
mysql> SELECT nachname, ort, geburtsdatum FROM person
    -> WHERE ort ="Potsdam" AND geburtsdatum > "1960-06-01";
+----------+---------+--------------+
| nachname | ort     | geburtsdatum |
+----------+---------+--------------+
| Schmidt  | Potsdam | 1980-01-01   |
| Schulze  | Potsdam | 1992-12-30   |
+----------+---------+--------------+
2 rows in set (0.00 sec)
```

Abb. Ü3.12: Lösung Ü3.4

Bemerkungen

Von großer Bedeutung für die Datenbankabfrage sind einfache oder mithilfe logischer Operatoren zusammengesetzte Vergleichsausdrücke. Die SQL-Anweisungen SELECT, UPDATE und DELETE verwenden zur Auswahl von Datensätzen die WHERE-Klausel, die logische Ausdrücke, Vergleichsausdrücke oder die Kombination von beiden enthält. Sollen Anfragen mehreren Bedingungen genügen, benötigen Sie Operatoren, die verschiedene Vergleichsoperationen miteinander verbinden. Diese Operatoren legen fest, ob Bedingungen gleichzeitig erfüllt sein müssen (AND), ob nur eine von mehreren Vergleichsoperationen zutreffen soll (OR) oder ob eine Bedingung nicht zutreffen soll (NOT).

Bedingungen, die über eine ODER-Verknüpfung verbunden sind, können sich unter Umständen auch nur auf eine Tabellenspalte beziehen. Bedingungen, die über eine UND-Verknüpfung verbunden sind, müssen sich dagegen immer auf unterschiedliche Tabellenspalten beziehen.

4 Führen Sie folgende Abfragen mit der Tabelle *artikel* aus. Verwenden Sie für die Abfragen die Operatoren IN, BETWEEN und LIKE.

(1) Lassen Sie sich bis auf die Artikelnummer alle Artikeldaten der Hersteller mit der Herstellernummer *10, 30* und *50* anzeigen.

(2) Lassen Sie sich alle Artikelnamen und die dazugehörigen Artikelpreise ausgeben, die zwischen *200* und *400* liegen.

(3) Lassen Sie sich alle Artikelnamen und dazugehörigen Artikelpreise ausgeben, deren Name mit dem Buchstaben *M* beginnt.

```
SELECT artikelname, herstellernummer, preis
FROM artikel
WHERE herstellernummer IN (10, 30, 50);
```

In Abbildung Ü3.13 sehen Sie die SQL-Abfrage für Übung 4.1.

```
Console - mysql -u root -p uebung
mysql> SELECT artikelname, herstellernummer, preis
    -> FROM artikel
    -> WHERE herstellernummer IN (10, 30, 50);
+-------------+------------------+--------+
| artikelname | herstellernummer | preis  |
+-------------+------------------+--------+
| Maus        |               10 | 100.00 |
| Tastatur    |               10 | 200.00 |
| Drucker     |               50 | 300.00 |
| Festplatte  |               30 | 400.00 |
+-------------+------------------+--------+
4 rows in set (0.00 sec)
```

Abb. Ü3.13: Lösung Ü4.1

```
SELECT artikelname, preis
FROM artikel
WHERE preis BETWEEN 200 AND 400;
```

In Abbildung Ü3.14 sehen Sie die SQL-Abfrage für Aufgabe Ü4.2.

```
Console - mysql -u root -p uebung

mysql> SELECT artikelname, preis FROM artikel
    -> WHERE preis BETWEEN 200 AND 400;
+-------------+--------+
| artikelname | preis  |
+-------------+--------+
| Tastatur    | 200.00 |
| Drucker     | 300.00 |
| Festplatte  | 400.00 |
+-------------+--------+
3 rows in set (0.00 sec)
```

Abb. Ü3.14: Lösung Ü4.2

```
SELECT artikelname, preis
FROM artikel
WHERE artikelname LIKE "m%";
```

In Abbildung Ü3.15 sehen Sie die SQL-Abfrage für Übung 4.3.

```
Console - mysql -u root -p uebung

mysql> SELECT artikelname, preis FROM artikel
    -> WHERE artikelname LIKE "m%";
+-------------+--------+
| artikelname | preis  |
+-------------+--------+
| Maus        | 100.00 |
| Monitor     | 500.00 |
+-------------+--------+
2 rows in set (0.02 sec)
```

Abb. Ü3.15: Lösung Ü4.3

Bemerkungen

Zeichenkettenvergleiche gehören zu den häufigsten Operationen einer Datenbankrecherche. Aus Ihren eigenen Erfahrungen, beispielsweise mit Suchmaschinen im Web, wissen Sie, dass man oftmals nicht den genauen Suchbegriff definieren kann. Aus diesem Grund gibt es neben der Suche, bei der exakt nach dem eingegebenen Begriff gesucht wird, auch die Möglichkeit der unscharfen Suche. Hier wird geprüft, ob eine eingegebene Zeichenkette zumindest teilweise mit einem Eintrag in einem Datenfeld übereinstimmt. Eine unscharfe Suche liefert in der Regel eine höhere Trefferquote, allerdings mit der Einschränkung, dass möglicherweise nicht alle Treffer die gleiche Relevanz haben.

5 Führen Sie folgende Abfragen mit der Tabelle *hersteller* aus.

(1) Lassen Sie sich die europäischen Herstellernamen und die dazugehörigen Länder anzeigen.

(2) Lassen Sie sich alle Herstellernamen und die dazugehörigen Länder anzeigen, die mit dem Buchstaben *M* beginnen und nicht aus *Japan* sind.

(3) Lassen Sie sich alle Herstellernamen und die dazugehörigen Länder anzeigen, die nicht mit dem Buchstaben *M* beginnen und entweder aus *Deutschland* oder den *USA* sind.

```
SELECT herstellername, land
FROM hersteller
WHERE land IN ("Deutschland","Schweiz");
```

In Abbildung Ü3.16 sehen Sie die SQL-Abfrage für Übung 5.1.

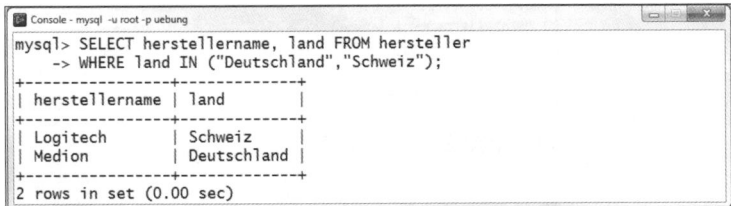

Abb. Ü3.16: Lösung Ü5.1

```
SELECT herstellername, land
FROM hersteller
WHERE herstellername LIKE "m%" AND land <> "Japan";
```

In Abbildung Ü3.17 sehen Sie die SQL-Abfrage für Übung 5.2.

```
Console - mysql -u root -p uebung
mysql> SELECT herstellername, land FROM hersteller
    -> WHERE herstellername LIKE "m%" AND land <> "Japan";
+-----------------+-------------+
| herstellername  | land        |
+-----------------+-------------+
| Maxtor          | USA         |
| Medion          | Deutschland |
+-----------------+-------------+
2 rows in set (0.00 sec)
```

Abb. Ü3.17: Lösung Ü5.2

```
SELECT herstellername, land FROM hersteller
WHERE NOT (herstellername LIKE "m%") AND (land =
"Deutschland" OR land = "USA");
```

In Abbildung Ü3.18 sehen Sie die SQL-Abfrage für Übung 5.3.

```
Console - mysql -u root -p uebung
mysql> SELECT herstellername, land FROM hersteller
    -> WHERE NOT (herstellername LIKE "m%") AND (land = "Deutschland" OR land = "USA");
+-----------------+------+
| herstellername  | land |
+-----------------+------+
| Hewlett Packard | USA  |
+-----------------+------+
1 row in set (0.00 sec)
```

Abb. Ü3.18: Lösung Ü5.3

Bemerkungen

Die Klammersetzung in Ausdrücken hängt immer davon ab, in welcher Reihenfolge die Operationen ausgeführt werden sollen. Dabei spielt die unterschiedliche Priorität der Operatoren die entscheidende Rolle. Diese Priorität entscheidet darüber, in welcher Reihenfolge Operationen ohne Klammersetzung ausgeführt werden. Allgemein gilt bei Rechenoperationen: Punktrechnung geht vor Strichrechnung, und bei logischen Operationen haben Vergleichsoperatoren eine höhere Priorität als Verknüpfungsoperatoren.

6 In dieser Aufgabe sollen Sie die Anwendung mathematischer und statistischer Funktionen üben. Führen Sie dazu folgende Abfragen mit der Tabelle *artikel* aus:

(1) Lassen Sie sich von allen Artikeln, die mehr als *300* kosten, den Artikelnamen, den Preis und einen um *20* % erhöhten Preis ausgeben. Runden Sie den berechneten Preis auf zwei Nachkommastellen. Nennen Sie die Tabellenspalten der Ergebnistabelle *Artikel*, *Nettopreis* und *Bruttopreis*.

(2) Ermitteln Sie den durchschnittlichen Preis von Tastatur, Drucker und Festplatte. Nennen Sie die Tabellenspalte der Ergebnistabelle *Durchschnittspreis*.

(3) Ermitteln Sie die Anzahl aller Artikel, die vom Hersteller mit der Herstellernummer *10* angeboten werden. Nennen Sie die Tabellenspalte der Ergebnistabelle *Artikelanzahl*.

(4) Ermitteln Sie den Gesamtpreis, wenn Sie jeweils *5* Artikel des Herstellers mit der Herstellernummer *10* kaufen würden. Nennen Sie die Tabellenspalte der Ergebnistabelle *Gesamtpreis*.

(5) Ermitteln Sie den billigsten und den teuersten Artikel. Nennen Sie die Tabellenspalten der Ergebnistabelle *Billig* und *Teuer*.

```
SELECT artikelname AS Artikel, preis AS Nettopreis,
round(preis*1.2,2) AS Bruttopreis
FROM artikel WHERE preis > 300.00;
```

In Abbildung Ü3.19 sehen Sie die SQL-Abfrage für Übung 6.1.

```
Console - mysql -u root -p uebung
mysql> SELECT artikelname AS Artikel, preis AS Nettopreis, round(preis*1.2,2) AS Bruttopreis
    -> FROM artikel WHERE preis > 300.00;
+------------+------------+-------------+
| Artikel    | Nettopreis | Bruttopreis |
+------------+------------+-------------+
| Festplatte |     400.00 |      480.00 |
| Monitor    |     500.00 |      600.00 |
+------------+------------+-------------+
2 rows in set (0.00 sec)
```

Abb. Ü3.19: Lösung Ü6.1

```
SELECT avg(preis) AS Durchschnittspreis
FROM artikel
WHERE artikelname IN ("Tastatur", "Drucker", "Festplatte");
```

In Abbildung Ü3.20 sehen Sie die SQL-Abfrage für Übung 6.2.

```
Console - mysql -u root -p uebung                                    [□][×]
mysql> SELECT avg(preis) AS Durchschnittspreis FROM artikel
    -> WHERE artikelname IN ("Tastatur", "Drucker", "Festplatte");
+--------------------+
| Durchschnittspreis |
+--------------------+
|         300.000000 |
+--------------------+
1 row in set (0.00 sec)
```

Abb. Ü3.20: Lösung Ü6.2

```
SELECT count(artikelname) AS Artikelanzahl
FROM artikel WHERE herstellernummer = 10;
```

In Abbildung Ü3.21 sehen Sie die SQL-Abfrage für Übung 6.3.

```
Console - mysql -u root -p uebung                                                         [□][×]
mysql> SELECT count(artikelname) AS Artikelanzahl FROM artikel WHERE herstellernummer = 10;
+---------------+
| Artikelanzahl |
+---------------+
|             2 |
+---------------+
1 row in set (0.00 sec)
```

Abb. Ü3.21: Lösung Ü6.3

```
SELECT sum(preis * 5) AS Gesamtpreis
FROM artikel WHERE herstellernummer = 10;
```

In Abbildung Ü3.22 sehen Sie die SQL-Abfrage für Übung 6.4.

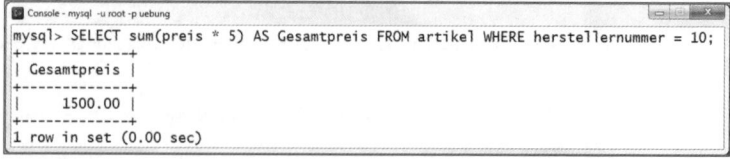

```
Console - mysql -u root -p uebung                                                    [□][×]
mysql> SELECT sum(preis * 5) AS Gesamtpreis FROM artikel WHERE herstellernummer = 10;
+-------------+
| Gesamtpreis |
+-------------+
|     1500.00 |
+-------------+
1 row in set (0.00 sec)
```

Abb. Ü3.22: Lösung Ü6.4

```
SELECT min(preis) AS Billig, max(preis) AS Teuer
FROM artikel;
```

In Abbildung Ü3.23 sehen Sie die SQL-Abfrage für Übung 6.5.

```
Console - mysql -u root -p uebung                                  [ □ ][ □ ][ x ]
mysql> SELECT min(preis) AS Billig, max(preis) AS Teuer FROM artikel;
+--------+--------+
| Billig | Teuer  |
+--------+--------+
| 100.00 | 500.00 |
+--------+--------+
1 row in set (0.02 sec)
```

Abb. Ü3.23: Lösung Ü6.5

Bemerkungen

Auch bei Verwendung von Funktionen ist es stets sinnvoll, mithilfe von Aliasnamen die Tabellenspalten der Ergebnistabelle neu zu benennen, also beispielsweise *Artikelanzahl* statt *count(artikelname)* oder *Gesamtpreis* statt *sum(preis*5)*.

7 In dieser Aufgabe sollen Sie die Anwendung von Zeichenketten- und Datumsfunktionen üben. Führen Sie dazu folgende Abfragen mit der Tabelle *person* aus:

(1) Geben Sie in jeweils einer Spalte einer Ergebnistabelle den Namen einer Person bestehend aus Vornamen und Nachnamen sowie die Anschrift bestehend aus Postleitzahl und Ort aus. Fügen Sie in der Ausgabe zwischen Vornamen und Nachnamen sowie zwischen Postleitzahl und Ort ein Leerzeichen ein. Nennen Sie die Spalten der Ergebnistabelle *Name* und *Anschrift*.

(2) Ermitteln Sie die Länge aller Ortsnamen und geben Sie Ortsnamen und Länge in einer Ergebnistabelle aus. Nennen Sie die Spalten der Ergebnistabelle *Ortsname* und *Ortsnamenlaenge*. Unterdrücken Sie die Mehrfachanzeige identischer Ortsangaben.

(3) Ermitteln Sie das Alter aller Personen der Tabelle *person*. Lassen Sie sich das Alter, den Vornamen, den Nachnamen und das Geburtsdatum jeder Person anzeigen. Nennen Sie die Spalte der Ergebnistabelle, die die Altersangaben enthält, *Lebensalter*.

```
SELECT concat(vorname," ",nachname) AS Name,
concat(plz," ",ort) AS Anschrift
FROM person;
```

In Abbildung Ü3.24 sehen Sie die SQL-Abfrage für Übung 7.1.

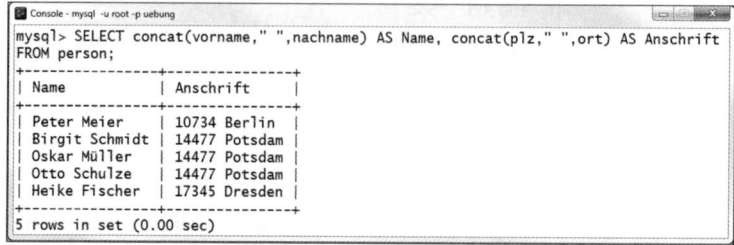

Abb. Ü3.24: Lösung Ü7.1

```
SELECT DISTINCT ort AS Ortsname, length(ort) AS
Ortsnamenlaenge
FROM person;
```

In Abbildung Ü3.25 sehen Sie die SQL-Abfrage für Übung 7.2.

```
Console - mysql  -u root -p uebung
mysql> SELECT DISTINCT ort AS Ortsname, length(ort) AS Ortsnamenlaenge FROM person;
+----------+-----------------+
| Ortsname | Ortsnamenlaenge |
+----------+-----------------+
| Berlin   |               6 |
| Potsdam  |               7 |
| Dresden  |               7 |
+----------+-----------------+
3 rows in set (0.00 sec)
```

Abb. Ü3.25: Lösung Ü7.2

```
SELECT (year(curdate()) - year(geburtsdatum) -
(right(curdate(),5) < right(geburtsdatum,5)))
AS Lebensalter, vorname, nachname, geburtsdatum
FROM person;
```

In Abbildung Ü3.26 sehen Sie die SQL-Abfrage für Übung 7.3.

```
Console - mysql  -u root -p uebung                                    ─ □  x

mysql> SELECT (year(curdate()) - year(geburtsdatum) -
    -> (right(curdate(),5) < right(geburtsdatum,5)))
    -> AS Lebensalter, vorname, nachname, geburtsdatum
    -> FROM person;
+--------------+---------+----------+--------------+
| Lebensalter  | vorname | nachname | geburtsdatum |
+--------------+---------+----------+--------------+
|           50 | Peter   | Meier    | 1960-10-06   |
|           31 | Birgit  | Schmidt  | 1980-01-01   |
|           55 | Oskar   | Müller   | 1955-06-15   |
|           18 | Otto    | Schulze  | 1992-12-30   |
|           33 | Heike   | Fischer  | 1977-04-23   |
+--------------+---------+----------+--------------+
5 rows in set (0.00 sec)
```

Abb. Ü3.26: Lösung Ü7.3

Bemerkungen

In der Übung Ü7.3 extrahiert die Funktion *year()* die Jahreszahl aus einem Datum. Das Alter wird berechnet, indem das Geburtsjahr vom Jahr des aktuellen Datums *curdate()* subtrahiert wird. Das ist allerdings nur dann richtig, wenn das Geburtsdatum (ohne Jahr) vor dem aktuellen Datum (ohne Jahr) liegt. Mit der Funktion *right()* werden die fünf Zeichen rechts im Datum (MM-DD, Monat und Tag) ermittelt. Der Vergleichsausdruck, der das aktuelle Datum (Monat und Tag) mit dem Geburtsdatum vergleicht, ist entweder 1 oder 0. Von der Jahresdifferenz wird daher ein Jahr abgezogen, wenn das aktuelle Datum *curdate()* vor dem Geburtsdatum liegt. Hierbei wird die Besonderheit von MySQL benutzt, dass Vergleichsausdrücke den Wert 0 oder 1 (falsch oder wahr) erzeugen.

8 Ermitteln Sie aus allen Bestellungen der Tabelle *bestellung* die Anzahl der Bestellungen für jeden Artikel und die daraus resultierende Gesamtbestellsumme pro Artikel. Berücksichtigen Sie dabei nur Gesamtbestellsummen, die größer als *200* sind. Lassen Sie sich die Artikelnummer, die Anzahl der Bestellungen eines Artikels sowie die Gesamtbestellsumme anzeigen. Nennen Sie die Spalten der Ergebnistabelle *Artikelnummer*, *Artikelanzahl* und *Gesamtbestellsumme*. Benutzen Sie eine Gruppierung.

```
SELECT artikelnummer AS Artikelnummer,
sum(artikelanzahl) AS Artikelanzahl,
sum(bestellsumme) AS Gesamtbestellsumme
FROM bestellung
GROUP BY artikelnummer
HAVING Gesamtbestellsumme > 200;
```

In Abbildung Ü3.27 sehen Sie die SQL-Abfrage für Übung 8.

```
Console - mysql  -u root -p uebung
mysql> SELECT artikelnummer AS Artikelnummer, sum(artikelanzahl) AS Artikelanzahl,
    -> sum(bestellsumme) AS Gesamtbestellsumme
    -> FROM bestellung GROUP BY artikelnummer HAVING Gesamtbestellsumme > 200;
+---------------+---------------+--------------------+
| Artikelnummer | Artikelanzahl | Gesamtbestellsumme |
+---------------+---------------+--------------------+
|             1 |             5 |             500.00 |
|             3 |             1 |             300.00 |
|             5 |             5 |            2500.00 |
+---------------+---------------+--------------------+
3 rows in set (0.00 sec)
```

Abb. Ü3.27: Lösung Ü8

Bemerkungen

In dieser Übung werden in der Tabelle *bestellung* alle Bestellungen für bestimmte Artikel gruppiert, d.h. Artikelgruppen gebildet, und mithilfe der statistischen Funktion *sum()* wird jeweils die Gesamtzahl der Bestellungen pro Artikel und die daraus resultierende Gesamtbestellsumme ermittelt. In der Ergebnisanzeige werden dann nur diejenigen Artikelgruppen berücksichtigt, deren Gesamtbestellsumme größer als 200 ist.

9 Ermitteln Sie aus allen Artikeln der Tabelle *artikel* den Durchschnittspreis aller Artikel eines Herstellers. Berücksichtigen Sie dabei nur die Hersteller, die mehrere Artikel anbieten. Lassen Sie sich die Herstellernummer und den Durchschnittspreis anzeigen. Nennen Sie die Spalten der Ergebnistabelle *Herstellernummer* und *Durchschnittspreis*. Benutzen sie eine Gruppierung.

```
SELECT herstellernummer AS Herstellernummer, avg(preis) AS
Durchschnittspreis
FROM artikel
GROUP BY herstellernummer HAVING count(herstellernummer) > 1;
```

In Abbildung Ü3.28 sehen Sie die SQL-Abfrage für Übung 9.

```
Console - mysql -u root -p uebung

mysql> SELECT herstellernummer AS Herstellernummer, avg(preis) AS Durchschnittspreis
    -> FROM artikel
    -> GROUP BY herstellernummer HAVING count(herstellernummer) > 1;
+------------------+--------------------+
| Herstellernummer | Durchschnittspreis |
+------------------+--------------------+
|               10 |         150.000000 |
+------------------+--------------------+
1 row in set (0.00 sec)
```

Abb. Ü3.28: Lösung Ü9

Bemerkungen

In dieser Übung werden in der Tabelle *artikel* alle Artikel eines Herstellers gruppiert, d.h. Artikelgruppen gebildet, und mithilfe der statistischen Funktion *avg(preis)* wird der mittlere Preis aller Artikel eines Herstellers ermittelt. In der Ergebnisanzeige werden dann nur diejenigen Hersteller berücksichtigt, von denen mehrere Artikel in der Artikelliste vorhanden sind (*count(herstellernummer) > 1*).

10 Erstellen Sie Fremdschlüssel für die Tabellen *artikel* und *bestellung*.

(1) Definieren Sie in der Tabelle *artikel* die Tabellenspalte *herstellernummer* als Fremdschlüssel. Dabei soll die referenzielle Integrität der Daten überprüft und beim Löschen eines Datensatzes alle Datensätze in anderen Tabellen, die sich auf ihn beziehen, ebenfalls gelöscht werden. Überprüfen Sie die neue Tabellenstruktur.

(2) Definieren Sie in der Tabelle *bestellung* die Tabellen-spalten *artikelnummer* und *kundennummer* als Fremd-schlüssel. Dabei soll die referenzielle Integrität der Daten überprüft und beim Löschen eines Datensatzes alle Datensätze in anderen Tabellen, die sich auf ihn beziehen, ebenfalls gelöscht werden. Überprüfen Sie die neue Tabellenstruktur.

```
ALTER TABLE artikel ADD CONSTRAINT a1 FOREIGN KEY
(herstellernummer) REFERENCES hersteller (herstellernummer)
ON DELETE CASCADE;
EXPLAIN artikel;
```

Die SQL-Abfrage und das Abfrageergebnis für die Übung 10.1 sind in Abbildung Ü3.29 zu sehen.

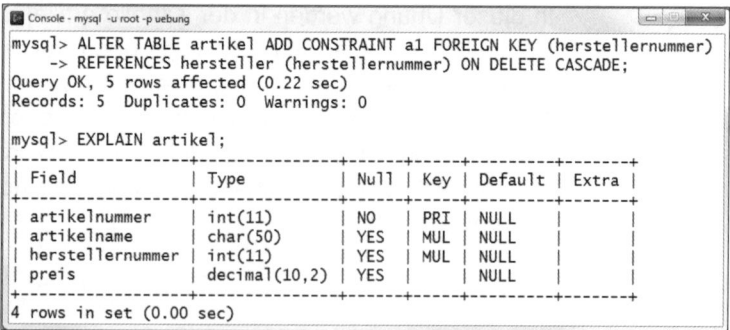

Abb. Ü3.29: Lösung Ü10.1

```
ALTER TABLE bestellung ADD CONSTRAINT b1 FOREIGN KEY
(artikelnummer) REFERENCES artikel (artikelnummer) ON
DELETE CASCADE;
ALTER TABLE bestellung ADD CONSTRAINT b2 FOREIGN KEY
(kundennummer) REFERENCES person (personennummer) ON DELETE
CASCADE;
EXPLAIN bestellung;
```

Die SQL-Abfrage und das Abfrageergebnis für die Übung 10.2
sind in Abbildung Ü3.30 zu sehen.

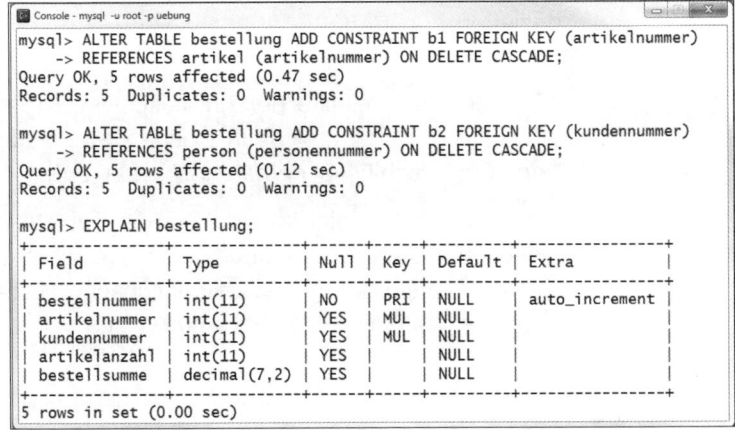

Abb. Ü3.30: Lösung Ü10.2

Bemerkungen

Die Definition von Fremdschlüsseln kann bereits mit der Erstellung der Tabellenstruktur erfolgen oder wie in unserem Fall nachträglich mit der Anweisung ALTER TABLE durchgeführt werden. Es ist in jedem Fall sinnvoll, Tabellenstruktur und Schlüsseldefinition vollständig zu definieren, bevor Daten in die Tabellen eingegeben werden. Das Datenbankverwaltungssystem überprüft dann bereits bei jeder Dateneingabe die Konsistenz und Integrität der Daten. Die Überprüfung der referenziellen Datenintegrität hat den Vorteil, dass bei der Dateneingabe nur Verweise auf Daten akzeptiert werden, die tatsächlich in der Datenbank vorhanden sind. Das bedeutet beispielsweise, dass

Sie in die Tabelle *artikel* in der Tabellenspalte *herstellernummer* nur Werte eingeben können, zu denen ein Datensatz mit identischer Herstellernummer in der Tabelle *hersteller* existiert. Durch das Anfügen der Option ON DELETE CASCADE wird erreicht, dass beim Löschen eines Datensatzes alle Datensätze in anderen Tabellen, die sich auf ihn beziehen, ebenfalls gelöscht werden. Löschen Sie beispielsweise in der Tabelle *hersteller* einen Datensatz, werden automatisch in der Tabelle *bestellung* alle Datensätze gelöscht, die sich in der Tabellenspalte *herstellernummer* auf den entsprechenden Hersteller beziehen.

TIPP

Tabellen, die mithilfe der Fremdschlüssel referenziert werden, lassen sich erst dann löschen, wenn die Tabelle, die den Fremdschlüssel enthält, gelöscht wurde.

In unserem Beispiel können Sie die Tabelle *hersteller* erst löschen, nachdem die Tabelle *artikel* gelöscht wurde, und die Tabelle *artikel* kann erst dann gelöscht werden, wenn die Tabelle *bestellung* gelöscht worden ist.

11 Führen Sie die Abfragen mit den Tabellen *artikel* und *hersteller* durch.

(1) Lassen Sie sich alle Artikelnamen und alle dazugehörigen Informationen über den Artikelhersteller, sortiert nach Artikelnamen, anzeigen. Benutzen Sie zur Tabellenverknüpfung die WHERE-Klausel. Benutzen Sie außerdem den Aliasnamen *a* für die Tabelle *artikel* und den Aliasnamen *h* für die Tabelle *hersteller*.

(2) Lassen Sie sich alle Namen, Preise und die zugehörigen Hersteller für Artikel anzeigen, deren Preis höher als *200* ist. Nutzen Sie für die Tabellenverknüpfung die JOIN-Klausel. Benutzen Sie außerdem den Aliasnamen *a* für die Tabelle *artikel* und den Aliasnamen *h* für die Tabelle *hersteller*.

```
SELECT a.artikelname, h.herstellername, h.land
FROM artikel a, hersteller h
WHERE a.herstellernummer = h.herstellernummer
ORDER BY a.artikelname;
```

Die SQL-Abfrage und das Abfrageergebnis für die Übung 11.1 sind in Abbildung Ü3.31 zu sehen.

```
Console - mysql -u root -p uebung
mysql> SELECT a.artikelname, h.herstellername, h.land FROM artikel a, hersteller h
    -> WHERE a.herstellernummer = h.herstellernummer ORDER BY a.artikelname;
+-------------+-----------------+---------+
| artikelname | herstellername  | land    |
+-------------+-----------------+---------+
| Drucker     | Hewlett Packard | USA     |
| Festplatte  | Maxtor          | USA     |
| Maus        | Logitech        | Schweiz |
| Monitor     | Sony            | Japan   |
| Tastatur    | Logitech        | Schweiz |
+-------------+-----------------+---------+
5 rows in set (0.04 sec)
```

Abb. Ü3.31: Lösung Ü11.1

Bemerkungen

Durch die Verknüpfung mehrerer Tabellen und die Tatsache, dass Sie identische Namen für Tabellenspalten in verschiedenen Tabellen benutzen können, ist es erforderlich, dass Sie eine Tabellenspalte stets mit dem dazugehörigen Tabellennamen qualifizieren. Hier bietet sich die Benutzung von Aliasnamen an, mit denen Sie die Schreibweise von Namen verkürzen und so die Abfrage lesbarer gestalten können. Die Benutzung identischer Spaltennamen in unterschiedlichen Tabellen bietet sich insbesondere bei der Definition von Fremdschlüsseln an, die in der Regel den gleichen Namen besitzen wie die referenzierten Primärschlüssel.

```
SELECT a.artikelname, a.preis, h.herstellername
FROM artikel a INNER JOIN hersteller h
ON a.herstellernummer = h.herstellernummer
WHERE a.preis > 200;
```

Die SQL-Abfrage und das Abfrageergebnis für die Übung 11.2
sind in Abbildung Ü3.32 zu sehen.

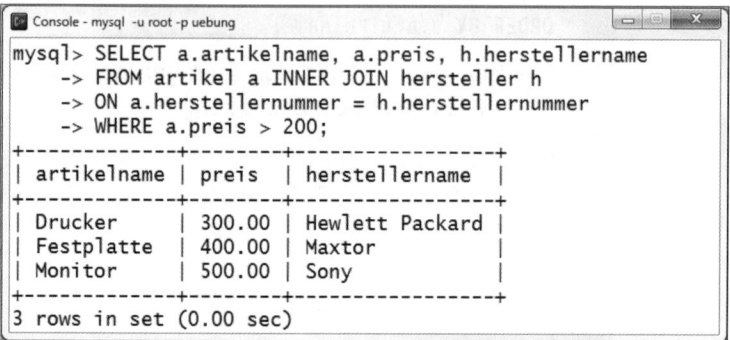

```
Console - mysql -u root -p uebung                              [□][□][X]
mysql> SELECT a.artikelname, a.preis, h.herstellername
    -> FROM artikel a INNER JOIN hersteller h
    -> ON a.herstellernummer = h.herstellernummer
    -> WHERE a.preis > 200;
+-------------+--------+-----------------+
| artikelname | preis  | herstellername  |
+-------------+--------+-----------------+
| Drucker     | 300.00 | Hewlett Packard |
| Festplatte  | 400.00 | Maxtor          |
| Monitor     | 500.00 | Sony            |
+-------------+--------+-----------------+
3 rows in set (0.00 sec)
```

Abb. Ü3.32:   Lösung Ü11.2

Bemerkungen

Innerhalb der JOIN-Anweisung werden mit den Klauseln FROM
und INNER JOIN Tabellen definiert, die miteinander verknüpft
werden. Die ON-Klausel bestimmt, ähnlich wie die WHERE-
Klausel, die Korrelation zwischen den entsprechenden Schlüsselattributen in den angegebenen Tabellen. Die Verwendung
der JOIN-Klausel trennt in einer SELECT-Anweisung formal
Angaben zur Tabellenverknüpfung von den Anweisungen in der
WHERE-Klausel zur Auswahl von Datensätzen. Die SELECT-
Anweisung wird dadurch vor allem bei komplexeren Abfragen
wesentlich übersichtlicher.

12 Führen Sie die Abfragen mit den Tabellen *person*, *artikel*, *hersteller* und *bestellung* durch.

(1) Lassen Sie sich zu jedem Bestellvorgang in der angegebenen Reihenfolge folgende Daten anzeigen: Bestellnummer, Nachname und Vorname des Kunden, Artikelanzahl und Bestellsumme.

(2) Welche Kunden haben mehr als *2* Artikel bestellt? Lassen Sie sich die Bestellnummer, Vor- und Nachname des Kunden, Artikelname, Artikelanzahl und Artikelpreis anzeigen.

(3) Welche Kunden haben Artikel bestellt, die in *Japan* hergestellt werden? Lassen Sie sich Nachname und Vorname des Kunden, Artikelname, Herstellername sowie das Herstellerland anzeigen.

(4) Überprüfen Sie, ob Kunden aus *Potsdam* Geräte von einem Hersteller aus den USA bestellt haben. Lassen Sie sich Nachname, Vorname und Wohnort des Kunden, den Artikelnamen sowie das Herstellerland anzeigen.

(5) Lassen Sie sich die vollständigen Daten aller Kunden anzeigen, die einen Artikel vom Hersteller *Logitech* bestellt haben. Lassen Sie sich Nachname, Vorname und Geburtsdatum des Kunden sowie Wohnort und Postleitzahl anzeigen.

```
SELECT b.bestellnummer, p.nachname, p.vorname,
b.artikelanzahl, b.bestellsumme
FROM bestellung b, person p
WHERE b.kundennummer = p.personennummer;
```

Die SQL-Abfrage und das Abfrageergebnis für die Übung 12.1
sind in Abbildung Ü3.33 zu sehen.

```
Console - mysql -u root -p
mysql> SELECT b.bestellnummer, p.nachname, p.vorname, b.artikelanzahl, b.bestellsumme
    -> FROM bestellung b, person p
    -> WHERE b.kundennummer = p.personennummer;
+---------------+----------+---------+---------------+--------------+
| bestellnummer | nachname | vorname | artikelanzahl | bestellsumme |
+---------------+----------+---------+---------------+--------------+
|             2 | Meier    | Peter   |             1 |       200.00 |
|             3 | Schmidt  | Birgit  |             3 |       300.00 |
|             4 | Müller   | Oskar   |             1 |       300.00 |
|             1 | Schulze  | Otto    |             2 |       200.00 |
|             5 | Fischer  | Heike   |             5 |      2500.00 |
+---------------+----------+---------+---------------+--------------+
5 rows in set (0.00 sec)
```

Abb. Ü3.33: Lösung Ü12.1

```
SELECT b.bestellnummer, p.vorname, p.nachname,
a.artikelname, b.artikelanzahl, a.preis
FROM artikel a, bestellung b, person p
WHERE b.artikelnummer = a.artikelnummer
AND b.kundennummer = p.personennummer
AND b.artikelanzahl > 2;
```

Die SQL-Abfrage und das Abfrageergebnis für die Übung 12.2
sind in Abbildung Ü3.34 zu sehen.

```
Console - mysql -u root -p uebung
mysql> SELECT b.bestellnummer, p.vorname, p.nachname, a.artikelname, b.artikelanzahl, a.preis
    -> FROM artikel a, bestellung b, person p
    -> WHERE b.artikelnummer = a.artikelnummer
    -> AND b.kundennummer = p.personennummer
    -> AND b.artikelanzahl > 2;
+---------------+---------+----------+-------------+---------------+--------+
| bestellnummer | vorname | nachname | artikelname | artikelanzahl | preis  |
+---------------+---------+----------+-------------+---------------+--------+
|             3 | Birgit  | Schmidt  | Maus        |             3 | 100.00 |
|             5 | Heike   | Fischer  | Monitor     |             5 | 500.00 |
+---------------+---------+----------+-------------+---------------+--------+
2 rows in set (0.00 sec)
```

Abb. Ü3.34: Lösung Ü12.2

Bemerkungen

In der Praxis wird es häufig vorkommen, dass nicht nur zwei, sondern mehrere Tabellen miteinander in Beziehung stehen. In diesem Fall müssen in der Tabelle, die mehrere andere Tabellen referenziert (in unserem Fall die Tabelle *bestellung*), auch mehrere Fremdschlüssel angelegt werden. Bei der Abfrage über mehrere Tabellen verwendet man wie im Fall der einfachen Tabellenverknüpfung die WHERE-Klausel. Die Zuordnungen von Fremd- und Primärschlüsseln werden dabei mit logischen AND-Verknüpfungen verbunden. Zusätzlich werden mithilfe weiterer logischer Verknüpfungen Abfragebedingungen definiert.

```
SELECT p.nachname, p.vorname, a.artikelname,
h.herstellername, h.land
FROM artikel a, bestellung b, hersteller h, person p
WHERE b.artikelnummer = a.artikelnummer
AND b.kundennummer = p.personennummer
AND a.herstellernummer = h.herstellernummer
AND h.land = "Japan";
```

Die SQL-Abfrage und das Abfrageergebnis für die Übung 12.3 sind in Abbildung Ü3.35 zu sehen.

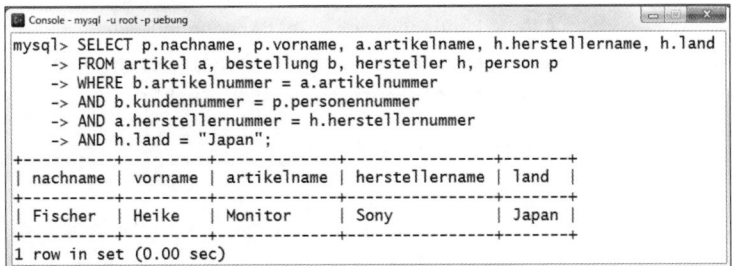

Abb. Ü3.35: Lösung Ü12.3

```
SELECT p.nachname, p.vorname, p.ort, a.artikelname, h.land
FROM artikel a, bestellung b, hersteller h, person p
WHERE b.artikelnummer = a.artikelnummer
AND b.kundennummer = p.personennummer
AND a.herstellernummer = h.herstellernummer
AND p.ort = "Potsdam" AND h.land = "USA";
```

Die SQL-Abfrage und das Abfrageergebnis für die Übung 12.4
sind in Abbildung Ü3.36 zu sehen.

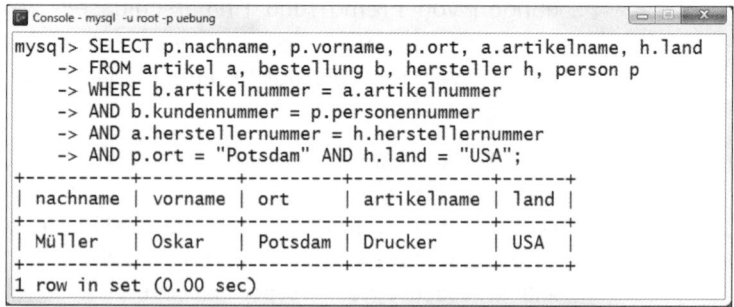

Abb. Ü3.36: Lösung Ü12.4

```
SELECT p.nachname, p.vorname, p.geburtsdatum, p.ort, p.plz
FROM artikel a, bestellung b, hersteller h, person p
WHERE b.artikelnummer = a.artikelnummer
AND b.kundennummer = p.personennummer
AND a.herstellernummer = h.herstellernummer
AND h.herstellername = "Logitech";
```

Die SQL-Abfrage und das Abfrageergebnis für die Übung 12.5 sind in Abbildung Ü3.37 zu sehen.

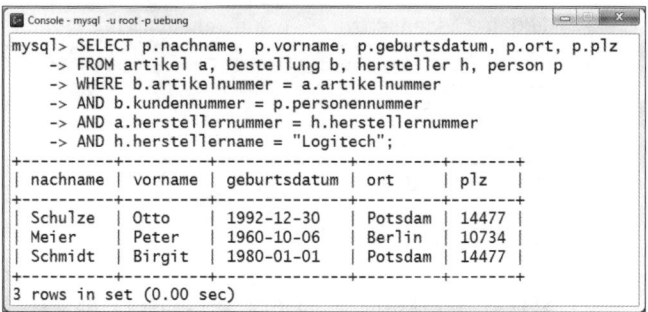

```
Console - mysql -u root -p uebung                                            _ □ X
mysql> SELECT p.nachname, p.vorname, p.geburtsdatum, p.ort, p.plz
    -> FROM artikel a, bestellung b, hersteller h, person p
    -> WHERE b.artikelnummer = a.artikelnummer
    -> AND b.kundennummer = p.personennummer
    -> AND a.herstellernummer = h.herstellernummer
    -> AND h.herstellername = "Logitech";
+----------+---------+--------------+---------+-------+
| nachname | vorname | geburtsdatum | ort     | plz   |
+----------+---------+--------------+---------+-------+
| Schulze  | Otto    | 1992-12-30   | Potsdam | 14477 |
| Meier    | Peter   | 1960-10-06   | Berlin  | 10734 |
| Schmidt  | Birgit  | 1980-01-01   | Potsdam | 14477 |
+----------+---------+--------------+---------+-------+
3 rows in set (0.00 sec)
```

Abb. Ü3.37: Lösung Ü12.5

13 **Führen Sie folgende Abfragen mithilfe von Unterabfragen aus.**

(1) **Ermitteln Sie aus der Tabelle *person* den Nachnamen und das Geburtsdatum der jüngsten Person. Nennen Sie die Spalten der Ergebnistabelle *Name* und *Geburtsdatum*.**

(2) **Ermitteln Sie aus der Tabelle *artikel* den Namen und den Preis des billigsten Artikels. Nennen Sie die Spalten der Ergebnistabelle *Artikel* und *Preis*.**

(3) **Ermitteln Sie mithilfe der Tabellen *bestellung*, *artikel* und *person* die Bestellung mit der höchsten Bestellsumme. Lassen Sie sich den dazugehörigen Nachnamen des Kunden, den Artikelnamen und die Bestellsumme anzeigen. Nennen Sie die Spalten der Ergebnistabelle *Name*, *Artikel* und *Bestellsumme*.**

```
SELECT nachname AS Name, geburtsdatum AS Geburtsdatum
FROM person
WHERE geburtsdatum = (SELECT max(geburtsdatum)
FROM person);
```

Die SQL-Abfrage und das Abfrageergebnis für Übung 13.1 sind in Abbildung Ü3.38 zu sehen.

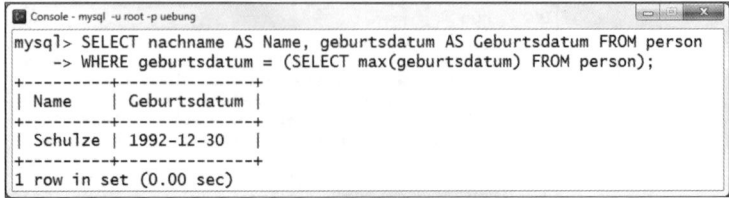

Abb. Ü3.38: Lösung Ü13.1

```
SELECT artikelname AS Artikel, preis AS Preis
FROM artikel
WHERE preis = (SELECT min(preis) FROM artikel);
```

Die SQL-Abfrage und das Abfrageergebnis für die Übung 13.2 sind in Abbildung Ü3.39 zu sehen.

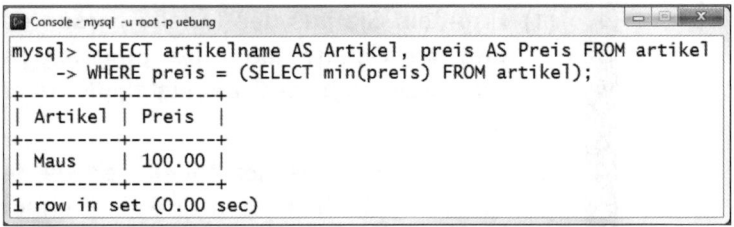

Abb. Ü3.39: Lösung Ü13.2

```
SELECT p.nachname AS Name, a.artikelname AS Artikel,
b.bestellsumme AS Bestellsumme
FROM artikel a, person p, bestellung b
WHERE b.bestellsumme = (SELECT max(bestellsumme) FROM
bestellung)
AND p.personennummer = b.kundennummer
AND a.artikelnummer = b.artikelnummer;
```

Die SQL-Abfrage und das Abfrageergebnis für die Übung 13.3 sind in Abbildung Ü3.40 zu sehen.

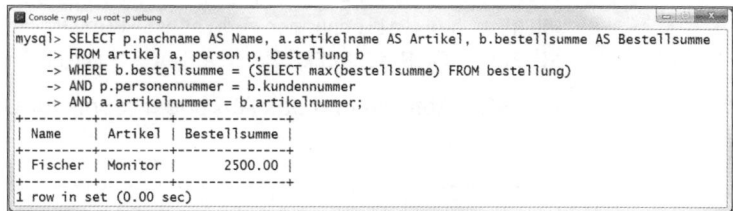

```
Console - mysql -u root -p uebung
mysql> SELECT p.nachname AS Name, a.artikelname AS Artikel, b.bestellsumme AS Bestellsumme
    -> FROM artikel a, person p, bestellung b
    -> WHERE b.bestellsumme = (SELECT max(bestellsumme) FROM bestellung)
    -> AND p.personennummer = b.kundennummer
    -> AND a.artikelnummer = b.artikelnummer;
+----------+----------+--------------+
| Name     | Artikel  | Bestellsumme |
+----------+----------+--------------+
| Fischer  | Monitor  |      2500.00 |
+----------+----------+--------------+
1 row in set (0.00 sec)
```

Abb. Ü3.40: Lösung Ü13.3

Bemerkungen

Bei den in der Übung 13 verwendeten Unterabfragen handelt es sich um Unterabfragen mit Einzelwerten, die in der Regel einen Wert, beispielsweise aus einer statistischen Funktion, zurückliefern, der wiederum in einer Vergleichsoperation einer übergeordneten SELECT-Abfrage verwendet wird. Hierzu ist es erforderlich, dass zuerst die Unterabfrage ausgeführt wird und erst danach die übergeordnete Abfrage.

14 **Beschränken Sie mithilfe von Sichten den Zugriff auf den physischen Datenbestand.**

(1) **Definieren Sie die Sicht *s1*, mit deren Hilfe Sie sich alle bestellten Artikel anzeigen lassen. Lassen Sie sich Artikelname und Herstellername anzeigen. Nennen Sie die virtuellen Spalten der Sicht *Artikel* und *Hersteller*. Beschränken Sie die Sicht auf den Hersteller *Logitech*.**

(2) **Definieren Sie die Sicht *s2*, mit deren Hilfe Sie sich alle Artikel anzeigen lassen, die die Person *Oskar Müller* bestellt hat. Lassen Sie sich den Nachnamen und den Artikelnamen anzeigen. Nennen Sie die virtuellen Spalten der Sicht *Name* und *Artikel*.**

```
CREATE VIEW s1 (Artikel, Hersteller)
AS SELECT a.artikelname, h.herstellername
FROM artikel a, hersteller h
WHERE a.herstellernummer = h.herstellernummer;
SELECT * FROM s1 WHERE Hersteller = "Logitech";
```

Die SQL-Abfrage und das Abfrageergebnis für Übung 14.1 sind in Abbildung Ü3.41 zu sehen.

```
Console - mysql -u root -p uebung                                    — □ X
mysql> CREATE VIEW s1 (Artikel, Hersteller)
    -> AS SELECT a.artikelname, h.herstellername FROM artikel a, hersteller h
    -> WHERE a.herstellernummer = h.herstellernummer;
Query OK, 0 rows affected (0.07 sec)

mysql> SELECT * FROM s1 WHERE Hersteller = "Logitech";
+---------+------------+
| Artikel | Hersteller |
+---------+------------+
| Maus    | Logitech   |
| Tastatur| Logitech   |
+---------+------------+
2 rows in set (0.00 sec)
```

Abb. Ü3.41:   Lösung Ü14.1

Bemerkungen

Mit einer Namensliste können Sie neue Spaltennamen für die Sicht vereinbaren. In unserem Beispiel werden die Spaltennamen *artikelname* und *herstellername* durch *Artikel* und *Hersteller* ersetzt. Die Sicht selbst kann in einer Datenbankabfrage wieder wie eine normale Tabelle benutzt werden.

```
CREATE VIEW s2 (Name, Artikel)
AS SELECT p.nachname, a.artikelname
FROM artikel a, bestellung b, person p
WHERE a.artikelnummer = b.artikelnummer AND
p.personennummer = b.kundennummer
AND p.nachname = "Müller" AND p.vorname = "Oskar";
SELECT * FROM s2;
```

Die SQL-Abfrage und das Abfrageergebnis für die Übung 14.2 sind in Abbildung Ü3.42 zu sehen.

```
Console - mysql  -u root -p uebung
mysql> CREATE VIEW s2 (Name, Artikel)
    -> AS SELECT p.nachname, a.artikelname FROM artikel a, bestellung b, person p
    -> WHERE a.artikelnummer = b.artikelnummer AND p.personennummer = b.kundennummer
    -> AND p.nachname = "Müller" AND p.vorname = "Oskar";
Query OK, 0 rows affected (0.03 sec)

mysql> SELECT * FROM s2;
+--------+----------+
| Name   | Artikel  |
+--------+----------+
| Müller | Drucker  |
+--------+----------+
1 row in set (0.00 sec)
```

Abb. Ü3.42:   Lösung Ü14.2

Bemerkungen

Eine besondere Eigenschaft von Sichten besteht darin, die Sicht auf einen physischen Datenbestand einzuschränken und damit nur die Nutzung ausgewählter Daten zuzulassen. Diese Einschränkung der Datensicht können Sie mithilfe der SELECT-Anweisung in einer Sicht festlegen. Die Sicht in Aufgabe Ü14.2 lässt lediglich die Sicht auf Datensätze der Person *Oskar Müller* zu.

Teil III: Anwenden

A1 Praxisbeispiel: Datenbankverwaltung

In dieser Anwendung werden wir anhand von Beispielen wichtige Routineaufgaben eines Datenbankadministrators veranschaulichen. Dazu gehören

- das Einrichten und Löschen von Datenbanken,

- das Einrichten und Löschen von Datenbankbenutzern,

- die Benutzerrechteverwaltung und

- die Datensicherung.

Wir werden im Folgenden erläutern, wie Sie die genannten Operationen sowohl auf der MySQL-Kommandoebene als auch mithilfe der grafischen Nutzeroberfläche *MySQL-Workbench (Server Administration)* ausführen können. Wir setzen voraus, dass der MySQL-Datenbankserver installiert wurde und Sie Datenbankadministratorrechte besitzen.

> Weitere Details zur Datenbankverwaltung finden Sie in Kapitel *L2 Datenbankverwaltung*.

Datenbankverwaltung auf der Kommandoebene

Melden Sie sich zunächst als Datenbankadministrator am MySQL-Datenbankserver an.

Kommando-ebene

Als *ersten Schritt* legen wir auf der MySQL-Kommandoebene eine neue Datenbank mit dem Namen *anwendung* an und überprüfen anschließend, ob die Datenbank angelegt worden ist.

Datenbank einrichten

```
C:\>mysql –u root -p
Enter password: ****
```

```
CREATE DATABASE anwendung;
SHOW DATABASES;
```

In Abbildung A1.1 sehen Sie die MySQL-Anweisungen zum Anlegen der Datenbank *anwendung*.

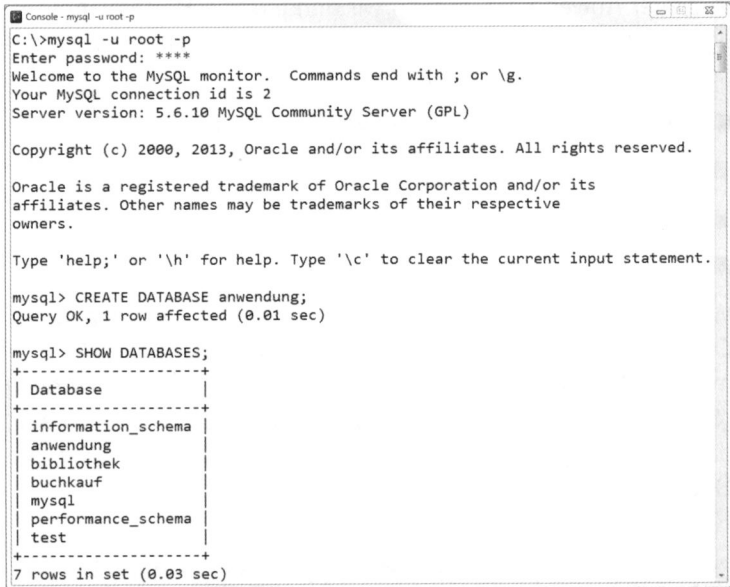

```
Console - mysql -u root -p

C:\>mysql -u root -p
Enter password: ****
Welcome to the MySQL monitor.  Commands end with ; or \g.
Your MySQL connection id is 2
Server version: 5.6.10 MySQL Community Server (GPL)

Copyright (c) 2000, 2013, Oracle and/or its affiliates. All rights reserved.

Oracle is a registered trademark of Oracle Corporation and/or its
affiliates. Other names may be trademarks of their respective
owners.

Type 'help;' or '\h' for help. Type '\c' to clear the current input statement.

mysql> CREATE DATABASE anwendung;
Query OK, 1 row affected (0.01 sec)

mysql> SHOW DATABASES;
+--------------------+
| Database           |
+--------------------+
| information_schema |
| anwendung          |
| bibliothek         |
| buchkauf           |
| mysql              |
| performance_schema |
| test               |
+--------------------+
7 rows in set (0.03 sec)
```

Abb. A1.1: Datenbank *anwendung* anlegen und anzeigen

Nutzerkonto einrichten/ Nutzerrechte definieren

Im *zweiten Schritt* richten wir einen neuen Datenbankbenutzer mit dem Namen *anwender* ein, der sich von einem beliebigen Rechner im Netzwerk mit dem Passwort *pwd* am Datenbankserver anmelden kann und die Berechtigung zum Anlegen von Tabellen, zur Eingabe von Daten und zur Datenbankabfrage erhalten soll. Die Zugriffsberechtigungen sollen dabei nur für die Tabellen der Datenbank *anwendung* gelten. Zur Überprüfung der Datenbankanweisungen lassen wir uns die entsprechenden Einträge in den Systemtabellen *user* und *db* der Datenbank *mysql* anzeigen.

```
CREATE USER 'anwender'@'%' IDENTIFIED BY 'xyz';
USE mysql;
```

```
SELECT Host, User, Password FROM user;
GRANT CREATE, INSERT, SELECT ON anwendung.* TO
'anwender'@'%';
SELECT Host, Db, User, Select_priv, Insert_priv,
Create_priv FROM db;
```

In Abbildung A1.2 sehen Sie die MySQL-Anweisungen zum Anlegen des Datenbankbenutzers und seiner Nutzungsrechte. In der Systemtabelle *db* zeigen die Einträge der Tabellenspalten *Select_priv*, *Insert_priv* und *Create_priv*, dass nur die definierten Zugriffsberechtigungen gesetzt sind. Andere Operationen wie beispielsweise das Löschen von Tabellen oder das Ändern von Daten kann der Datenbankbenutzer *anwender* nicht ausführen.

Um einem Datenbankbenutzer die Zugriffsrechte für alle Datenbankoperationen zu gewähren, müssen Sie die Anweisung GRANT ALL ON benutzen.

```
Console - mysql -uroot -p                                              [ - □ x ]
mysql> CREATE USER 'anwender'@'%' IDENTIFIED BY 'xyz';
Query OK, 0 rows affected (0.04 sec)

mysql> USE mysql;
Database changed
mysql> SELECT Host, User, Password FROM user;
+-----------+----------+-------------------------------------------+
| Host      | User     | Password                                  |
+-----------+----------+-------------------------------------------+
| localhost | root     | *81F5E21E35407D884A6CD4A731AEBFB6AF209E1B |
| localhost | dbnutzer | *A4B6157319038724E3560894F7F932C8886EBFCF |
| %         | anwender | *39C549BDECFBA8AFC3CE6B948C9359A0ECE08DE2 |
+-----------+----------+-------------------------------------------+
3 rows in set (0.00 sec)

mysql> GRANT CREATE, INSERT, SELECT ON anwendung.* TO 'anwender'@'%';
Query OK, 0 rows affected (0.03 sec)

mysql> SELECT Host, Db, User, Select_priv, Insert_priv, Create_priv FROM db;
+-----------+-----------+----------+-------------+-------------+-------------+
| Host      | Db        | User     | Select_priv | Insert_priv | Create_priv |
+-----------+-----------+----------+-------------+-------------+-------------+
| %         | anwendung | anwender | Y           | Y           | Y           |
| localhost | uebung    | dbnutzer | Y           | Y           | Y           |
+-----------+-----------+----------+-------------+-------------+-------------+
2 rows in set (0.00 sec)
```

Abb. A1.2: Datenbankbenutzer *anwender* und dessen Zugriffsrechte anlegen

Melden Sie sich jetzt als Administrator am Datenbankserver ab und melden Sie sich danach als Datenbankbenutzer *anwender* unter Benutzung der Datenbank *anwendung* wieder an.

```
C:\>mysql -u anwender -p anwendung
Enter password: ***
```

Tabellen anlegen

Legen Sie als *dritten Schritt* in der Rolle des Datenbankbenutzers *anwender* die Tabelle *konto* mit den Tabellenspalten *kontonummer*, *saldo*, *kontoinhaber* und *datum* (Buchungsdatum) an.

```
CREATE TABLE konto (
    kontonummer INTEGER NOT NULL,
    saldo DECIMAL(10,2) DEFAULT 0.00,
    kontoinhaber CHAR(20),
    datum DATE,
    PRIMARY KEY (kontonummer));
```

Fügen Sie jetzt in die Tabelle den Testdatensatz *(001, 1000.00, Meier, 2011-01-01)* ein.

```
INSERT INTO konto VALUES (001, 1000.00, "Meier", "2011-01-01");
```

Abbildung A1.3 fasst die Datenbankoperationen des Datenbankanwenders *anwender* noch einmal zusammen.

```
Console - mysql -u anwender -p anwendung                              [□][▫][✕]

C:\>mysql -u anwender -p anwendung
Enter password: ***
Welcome to the MySQL monitor.  Commands end with ; or \g.
Your MySQL connection id is 12
Server version: 5.6.10 MySQL Community Server (GPL)

Copyright (c) 2000, 2013, Oracle and/or its affiliates. All rights reserved.

Oracle is a registered trademark of Oracle Corporation and/or its
affiliates. Other names may be trademarks of their respective
owners.

Type 'help;' or '\h' for help. Type '\c' to clear the current input statement.

mysql> CREATE TABLE konto (
    -> kontonummer INTEGER NOT NULL,
    -> saldo DECIMAL(10,2),
    -> kontoinhaber CHAR(20),
    -> datum DATE,
    -> PRIMARY KEY (kontonummer));
Query OK, 0 rows affected (0.30 sec)
mysql> INSERT INTO konto VALUES (001, 1000.00, "Meier", "2013-01-01");
Query OK, 1 row affected (0.05 sec)

mysql> SELECT * FROM konto;
+-------------+---------+--------------+------------+
| kontonummer | saldo   | kontoinhaber | datum      |
+-------------+---------+--------------+------------+
|           1 | 1000.00 | Meier        | 2013-01-01 |
+-------------+---------+--------------+------------+
1 row in set (0.00 sec)
```

Abb. A1.3:   Beispieltabelle *konto* anlegen und Daten eingeben

Melden Sie sich jetzt als Datenbankbenutzer ab und als Datenbankadministrator wieder an.

Im *vierten Schritt* wollen wir als Datenbankadministrator eine **Daten-**
Datensicherung der Inhalte der Datenbank *anwendung* durch- **sicherung**
führen und nach dem Löschen der Datenbank die Daten wieder
herstellen. Wir benutzen dazu auf der Kommandoebene des
Betriebssystems das MySQL-Dienstprogramm *mysqldump*.

```
C:\tmp>mysqldump -u root -p anwendung >
backup_anwendung.txt
```

Abbildung A1.4 zeigt die Sicherung aller Inhalte der Datenbank
anwendung in der Sicherungsdatei *backup_anwendung.txt*. Auf
der Windows-Kommandoebene überprüfen wir die Existenz der
Datei *backup_anwendung.txt* mit dem Befehl *dir*. Das Verzeichnis *C:\tmp* benutzen wir hier lediglich aus Gründen der notwendigen Zugriffsrechte zum Schreiben von Dateien.

```
Console
C:\tmp>mysqldump -u root -p anwendung > backup_anwendung.txt
Enter password: ****

C:\tmp>dir
 Datenträger in Laufwerk C: ist BOOTCAMP
 Volumeseriennummer: 3080-6283

 Verzeichnis von C:\tmp

09.03.2011  13:40    <DIR>          .
09.03.2011  13:40    <DIR>          ..
09.03.2011  13:40             2.010 backup_anwendung.txt
               1 Datei(en),        2.010 Bytes
               2 Verzeichnis(se), 485.974.007.808 Bytes frei
```

Abb. A1.4: Datensicherung mit *mysqldump*

Die Datei *backup_anwendung.txt* enthält alle notwendigen SQL-Befehle, um die Tabellen und Tabellendaten der Datenbank *anwendung* wieder vollständig herstellen zu können (Abbildung A1.5).

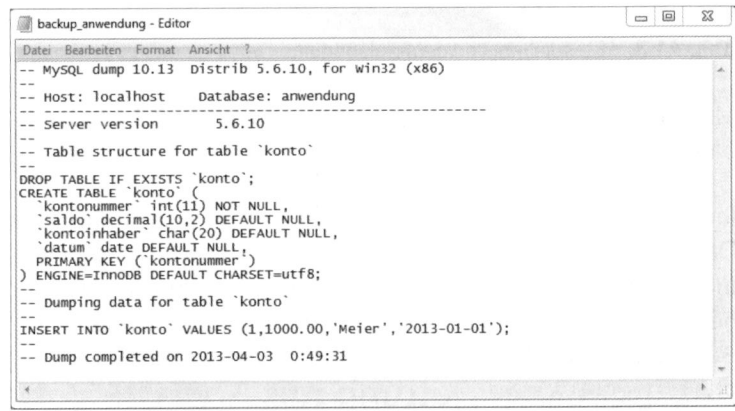

```
backup_anwendung - Editor
Datei  Bearbeiten  Format  Ansicht  ?
-- MySQL dump 10.13  Distrib 5.6.10, for Win32 (x86)
--
-- Host: localhost    Database: anwendung
-- ------------------------------------------------------
-- Server version        5.6.10
--
-- Table structure for table `konto`

DROP TABLE IF EXISTS `konto`;
CREATE TABLE `konto` (
  `kontonummer` int(11) NOT NULL,
  `saldo` decimal(10,2) DEFAULT NULL,
  `kontoinhaber` char(20) DEFAULT NULL,
  `datum` date DEFAULT NULL,
  PRIMARY KEY (`kontonummer`)
) ENGINE=InnoDB DEFAULT CHARSET=utf8;
--
-- Dumping data for table `konto`
--
INSERT INTO `konto` VALUES (1,1000.00,'Meier','2013-01-01');
--
-- Dump completed on 2013-04-03  0:49:31
```

Abb. A1.5: Inhalt der Datensicherungsdatei *backup_anwendung.txt*

Nachdem wir eine Sicherungskopie der Datenbank *anwendung* erstellt haben, löschen wir mit folgendem Befehl die gesamte Datenbank im Datenbanksystem:

C:\tmp>**mysqladmin** -u root -p **drop** anwendung

Im *fünften Schritt* stellen wir die Datenbankinhalte der Datenbank *anwendung* wieder her. Dazu müssen wir zuerst wieder die Datenbank *anwendung* einrichten und danach die Daten der Backup-Datei *backup_anwendung.txt* in diese Datenbank importieren. Mit dem Befehl *mysqlshow* können wir überprüfen, ob die Datenbankinhalte der Datenbank *anwendung* wieder hergestellt wurden.

Datenwiederherstellung

```
C:\tmp>mysqladmin -u root -p create anwendung
C:\tmp>mysql -u root -p anwendung < backup_anwendung.txt
C:\tmp>mysqlshow -u root -p anwendung
```

Abbildung A1.6 zeigt die Wiederherstellung der gesicherten Datenbankinhalte.

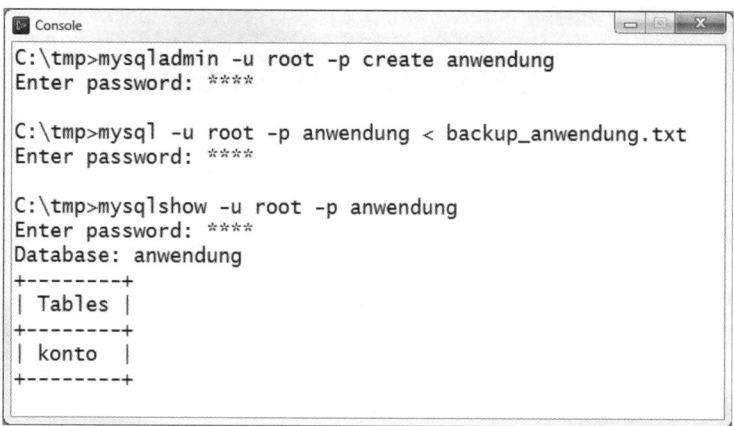

Abb. A1.6: Wiederherstellung der gesicherten Datenbankinhalte

Datenbankverwaltung mit MySQL-Workbench

Alternativ zur Kommandoebene können Sie alle oben besprochenen Datenbankoperationen auch mithilfe der grafischen Benutzeroberfläche *MySQL-Workbench* ausführen. Melden Sie sich dazu als Systemadministrator an und rufen Sie das Programm *SQL Development* auf.

MySQL-Workbench

Datenbank einrichten

Im *ersten Schritt* legen wir das neue Datenbankschema *anwendung* an, indem Sie in der Symbolleiste das Datenbanksymbol (*Create a new schema in the connected server*) anklicken. Im angezeigten Fenster (Abbildung A1.7) können Sie jetzt ein neues Datenbankschema anlegen.

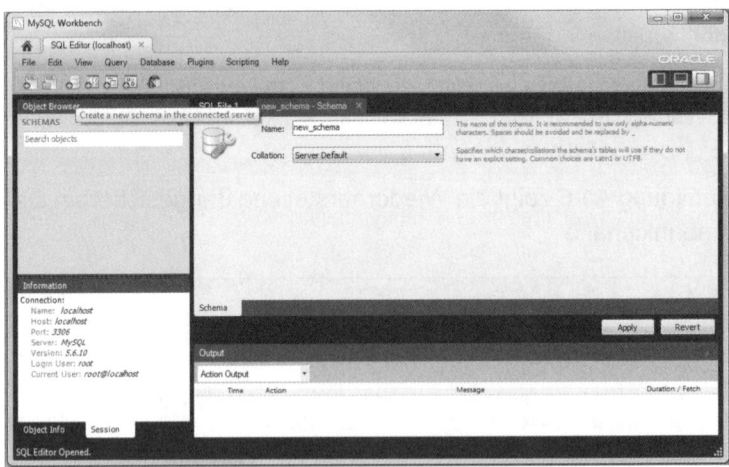

Abb. A1.7: Anlegen des Datenbankschemas *anwendung*

Nutzerkonto einrichten

Im *zweiten Schritt* richten Sie das Nutzerkonto *anwender* ein. Dazu rufen Sie das Programm *Server Administration* auf und wählen die Option *Security: Users and Privileges* aus. Stellen Sie die Menüreiter auf *Server Access Management* sowie *Login* und aktivieren Sie dann die Schaltfläche *Add Account* (Abbildung A1.8). Hier können Sie den Namen und das Passwort eines Datenbankbenutzers neu einrichten oder ändern und die Hostverbindungen (Limit *Connectivity to Hosts Matching*) festlegen, von denen aus der Datenbankbenutzer auf den Datenbankserver zugreifen darf.

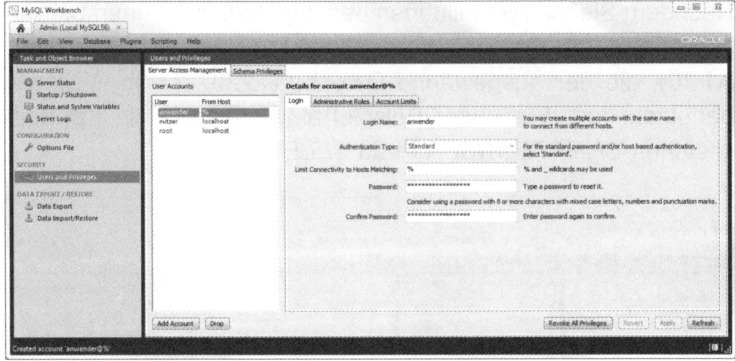

Abb. A1.8: Einrichten des Nutzerkontos *anwender*

Im *dritten Schritt* definieren Sie die Benutzerrechte für den Datenbankbenutzer *anwender*. Dazu stellen Sie den Menüreiter in Abbildung A1.8 auf *Schema Privileges*, wählen danach im linken Auswahlfenster den Datenbankbenutzer aus und betätigen die Schaltfläche *Add Entry*. Die Schaltfläche öffnet ein Menü, wie es in Abbildung A1.9 zu sehen ist. Hier können Sie den MySQL-Datenbankserver und das Datenbankschema auswählen, für die Nutzerrechte eingerichtet werden.

Nutzerrechte definieren

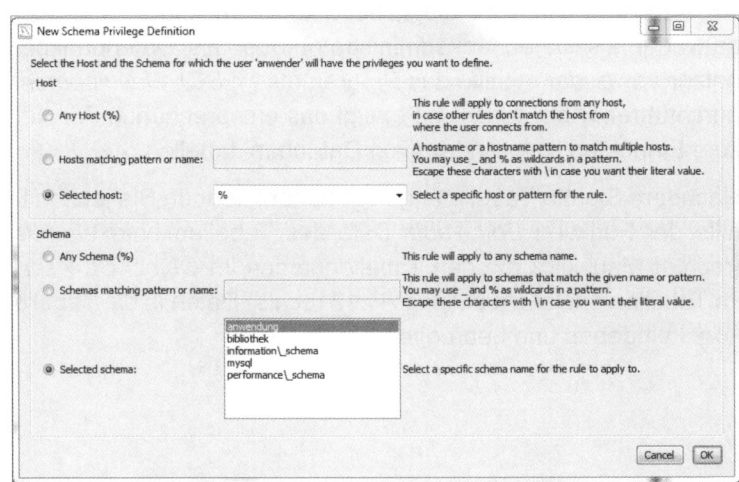

Abb. A1.9: Datenbankserver und Datenbank für Zugriffsrechte auswählen

Nachdem Sie die Einstellungen bestätigt haben, können Sie abschließend die Datenbankoperationen auswählen (Abbildung A1.10), die der ausgewählte Datenbankbenutzer im Weiteren benutzen darf. Für unser Beispiel aktivieren Sie die Kontrollkästchen *CREATE, INSERT* und *SELECT*.

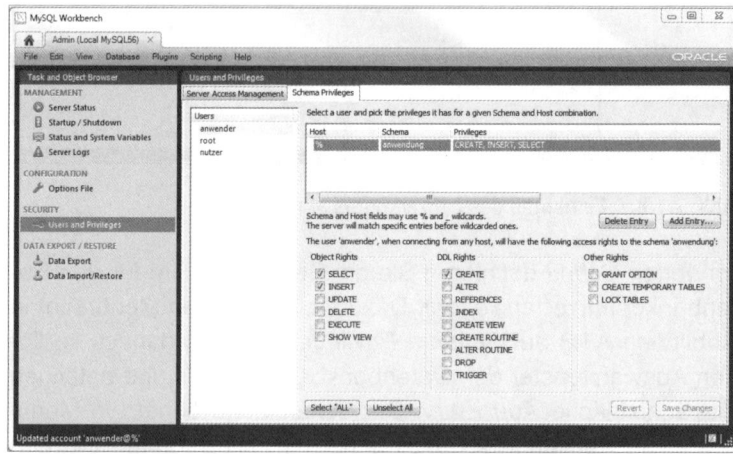

Abb. A1.10: Rechte für Datenbankoperationen festlegen

Tabellen anlegen

Als Nächstes legen wir die Tabelle *konto* an. Sie können das entweder als Datenbankadministrator oder als Datenbankbenutzer *anwender* mithilfe des Programms *MySQL Development* durchführen. Abbildung A1.11 zeigt das entsprechende Fenster zum Einrichten bzw. Ändern von Datenbanktabellen.

Nachdem Sie die Tabelle angelegt haben, können Sie jetzt mithilfe der Funktion *Edit Table Data* des Tabellenkontextmenüs (rechter Mausklick auf den Tabellennamen im *Object Browser*) im Tabellenfenster (Abbildung A1.12 rechts) Daten in die Tabelle *konto* eingeben und bearbeiten.

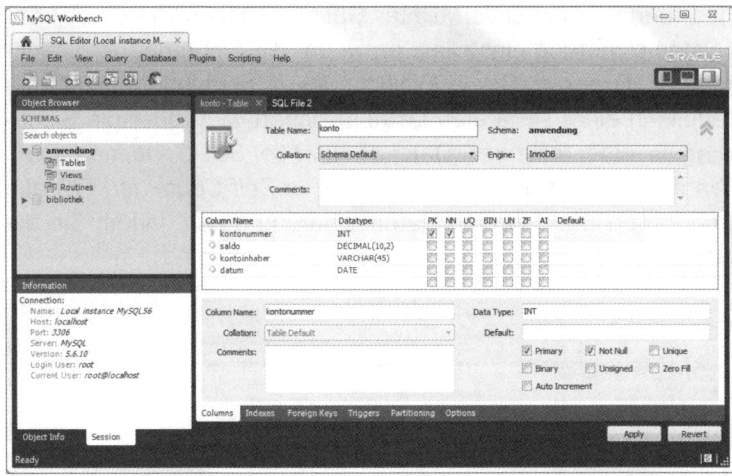

Abb. A1.11: Tabelle *konto* anlegen

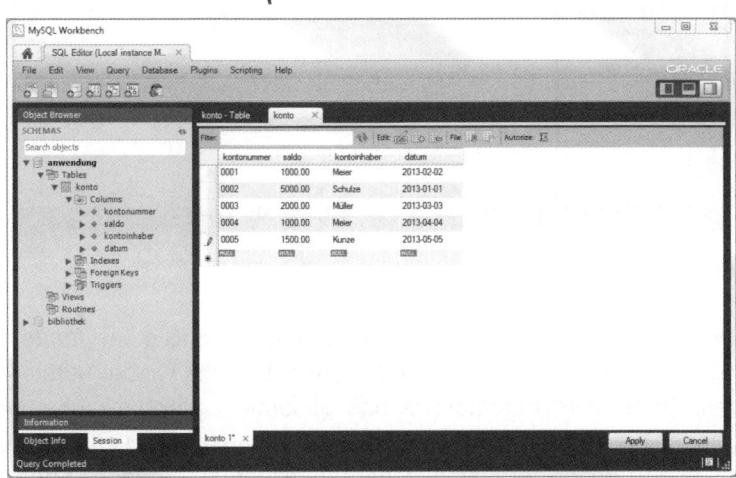

Abb. A1.12: Daten in die Tabelle *konto* eingeben

Im *vierten Schritt* wollen wir eine Datensicherung durchführen. **Daten-**
Rufen Sie dazu wieder das Programm *MySQL-Administrator* **sicherung**
auf und wählen Sie die Option *Data Export/Restore: Data Export* aus. Stellen Sie den Menüreiter auf *Object Selection* und
wählen Sie das Datenbankschema und die Tabellen aus, die

gesichert werden sollen. Unter *Options* können Sie die Art der Systemsicherung einstellen: entweder die Sicherung als Objektordner (*Export to Dump Project File*), in dem jede Datenbanktabelle in einer separaten Datei gesichert wird, oder die Sicherung in einer einzigen Datei (*Export to Self-Contained File*). Wählen Sie hier die Variante *Export to Self-Contained File* aus und führen Sie dann die Datensicherung durch, indem Sie die Schaltfläche *Start Export* aktivieren (Abbildung A1.13).

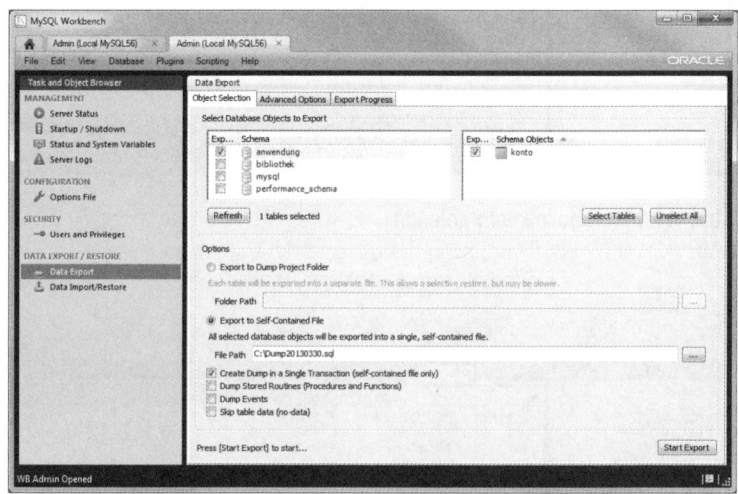

Abb. A1.13: Sicherung von Datenbankinhalten

Datenwiederherstellung

Mit der Option *Data Import/Restore* können Sie im *fünften Schritt* alle vorher gesicherten Datenbankinhalte wieder herstellen. Dabei wird automatisch das gesamte Datenbankschema wieder hergestellt. Im Gegensatz zur Kommandozeilenversion müssen Sie vor der Datenwiederherstellung keine neue Datenbank erstellen, sondern können mit der Schaltfläche *New* vor der Wiederherstellung der Tabellen ein Datenbankschema anlegen lassen. Sie müssen dann einen Projektordner oder eine Sicherungsdatei auswählen und mit der Schaltfläche *Start Import* die Wiederherstellung starten (Abbildung A1.14).

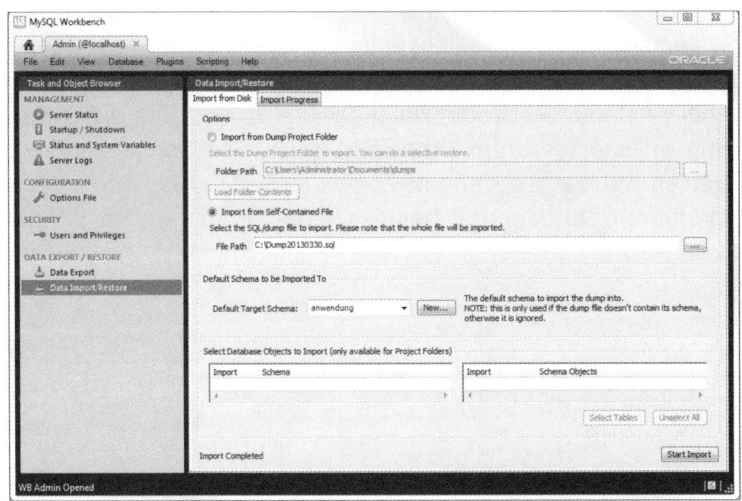

Abb. A1.14: Wiederherstellung der gesicherten Datenbankinhalte

A2 Praxisbeispiel: Datenbankentwicklung

In dieser Anwendung werden wir anhand eines Beispiels erläutern, welche Schritte ein Datenbankentwickler ausführen muss, um ein Datenmodell zu erstellen und Datenbankabfragen auszuführen. Dazu sind folgende Schritte erforderlich:

- die Problem- und Datenanalyse,

- die Entwicklung eines relationalen Datenmodells,

- das Einrichten von Tabellen auf dem MySQL-Datenbankserver,

- die Eingabe von Daten und

- das Ausführen von Datenbankabfragen.

Wir werden im Folgenden erläutern, wie Sie die genannten Arbeiten sowohl auf der MySQL-Kommandoebene als auch mithilfe der grafischen Nutzeroberfläche *MySQL-Workbench (SQL Development)* ausführen können. Wir setzen voraus, dass der MySQL-Datenbankserver installiert wurde und Sie entsprechende Zugangsberechtigungen besitzen.

Weitere Details zur Datenbankentwicklung finden Sie in Kapitel *L3 Datenbankentwicklung*.

Problemstellung

Problemstellung

Eine in der Praxis oft anzutreffende Aufgabenstellung besteht darin, für einen vorgegebenen Datenbestand ein relationales Datenmodell zu entwickeln. In der Regel ist ein vorhandener Datenbestand auch wenn er in Tabellenform vorliegt, z.B. als Excel-Tabelle, nicht identisch mit den Tabellen einer relationalen Datenbank. Um den Anforderungen eines relationalen Datenmodells zu genügen, muss der Datenbestand in der Regel neu strukturiert werden.

Gegeben sind folgende Tabellen mit Daten über Bücher, Verlage und Personen, die Bücher kaufen:

Verlagsnummer	Verlagsname	Verlagsort
1000	mitp	Bonn
2000	Springer	Berlin
3000	Fachbuch	Leipzig
4000	Spektrum	Heidelberg

Personennummer	Nachname	Wohnort
100	Schulze	Potsdam
200	Meier	Berlin
300	Richter	Berlin
400	Müller	Leipzig

Buch-nummer	Nachname	Titel	Verlagsname	Kaufdatum	Preis
10	Schulze	SQL	mitp	01.01.2009	10.00
20	Schulze	Daten-banken	Springer	02.02.2007	20.00
30	Richter	SQL	mitp	03.03.2000	30.00
40	Müller	PHP	Fachbuch	04.04.2001	40.00

Die Aufgabenstellung besteht nun darin, für folgende Fragestellungen Ergebnisdaten zu ermitteln:

■ Finden Sie alle Personen, die ein Buch aus dem Verlag *mitp* gekauft haben.

■ Wie viel Geld hat *Herr Schulze* insgesamt für Bücher ausgegeben?

Datenanalyse

Bevor wir an die Entwicklung des relationalen Datenmodells gehen, müssen wir zunächst die Ausgangsdaten analysieren und aus den vorhanden Daten Objekttypen, Objekteigenschaften und Objektbeziehungen ableiten. Danach können wir den Datenbestand neu strukturieren. Beginnen wir zunächst mit der Identifikation von Objekttypen. Aus den vorhandenen Daten lassen sich drei Objekttypen ableiten: BUCH mit den Objekteigenschaften Buchnummer (*isbn*), Titel (*titel*) und Buchpreis (preis), PERSON mit den Objekteigenschaften Personennummer (*pkz*), Nachname (*nachname*) und Wohnort (*wohnort*) und VERLAG mit den Objekteigenschaften Verlagsnummer (*vnr*), Verlagsname (*verlagsname*) und Verlagsort (*verlagsort*). Für ein Verkaufsmodell interessieren uns nur die Beziehungen zwischen PERSON und BUCH (*kauf*) sowie zwischen BUCH und VERLAG. Die dritte mögliche Beziehung zwischen VERLAG und PERSON spielt im Kontext der Aufgabenstellung keine Rolle. Untersuchen wir nun die Art der Objektbeziehungen stellen wir fest, dass es sich bei der Beziehung zwischen PERSON und BUCH um eine n:m-Beziehung handelt, da ein Buchtitel von mehreren Personen gekauft werden kann und umgekehrt eine Person mehrere, unterschiedliche Buchtitel erwerben kann. Richten wir die Tabellen manuell auf der MySQL-Kommandoebene ein, benötigen wir eine zusätzliche Hilfstabelle (*kauf*), die alle Kombinationen von Buchkäufern und gekauften Büchern enthält. Zusätzlich enthält diese Relation das Kaufdatum (*datum*), da das Kaufdatum weder eine Objekteigenschaft von PERSON noch von BUCH ist. Zwischen BUCH und VERLAG existiert eine 1:n-Beziehung, da ein Verlag mehrere Buchtitel verlegen kann, jedoch jeder Buchtitel genau einem Verlag zugeordnet ist. Damit sind die Vorüberlegungen abgeschlossen und wir können mit der relationalen Datenmodellierung beginnen.

Datenmodellierung

Daten-modellierung

Die Entwicklung eines relationalen Datenmodells und das Einrichten von Datenbanktabellen können Sie ohne SQL-Kenntnisse direkt mithilfe der Entwicklungsumgebung *MySQL-Workbench* (*Data Modeling*) ausführen. Auch die Eingabe von Daten in die Datenbanktabellen und das Ausführen von Datenbankabfragen kann mithilfe der grafischen Nutzeroberfläche *MySQL-Workbench* (*SQL-Development*) erfolgen. Zur Formulierung von Datenbankabfragen benötigen Sie aber auch bei Benutzung einer grafischen Nutzeroberfläche SQL-Kenntnisse.

Rufen sie jetzt das Pogramm *MySQL-Workbench* auf und wählen Sie das Programm *Data Modeling* mit der Option *Create New EER-Model* aus. Mit *Add Diagram* öffnen Sie nun eine neue Arbeitsoberfläche mit deren Hilfe Sie das relationale Datenmodell grafisch entwickeln können.

Weitere Details zur Bedienung der grafischen Entwicklungsumgebung *Data Modeling* finden Sie im Kapitel *L3 Datenbankentwicklung*.

Richten Sie im *ersten Schritt* die Tabellen mit den Tabelleneigenschaften als Elemente auf der Arbeitsoberfläche ein.

Im *zweiten Schritt* stellen Sie die Objektbeziehungen zwischen den Tabellen her. Beim Anlegen einer n:m-Beziehung zwischen BUCH und PERSON wird automatisch eine zusätzliche Hilfstabelle mit den Primärschlüsselattributen der beteiligten Tabellen eingerichtet. In dieser Tabelle ist manuell die Spalte *datum* zu ergänzen. Im Falle der 1:n-Beziehung zwischen VERLAG und BUCH wird das Fremdschlüsselattribut *vnr* in die Tabelle BUCH eingefügt. Wir benutzen dabei die nicht-identifizierte 1:n-Beziehung, da das Fremdschlüsselattribut *vnr* nicht Teil des Primärschlüssels der Tabelle BUCH ist. Das vollständige Datenmodell sehen Sie in Abbildung A2.1.

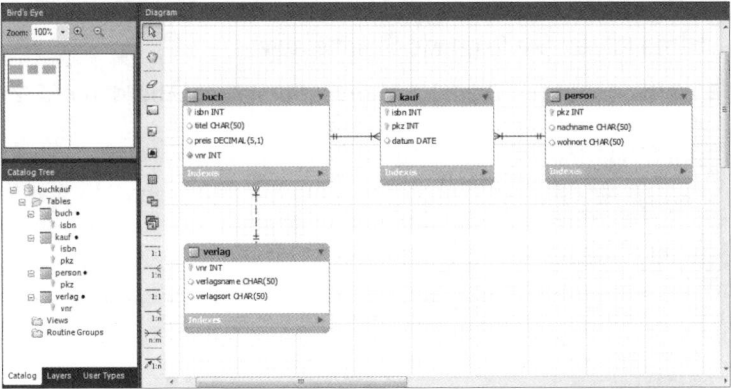

Abb. A2.1: MySQL-Workbench – relationales Datenmodell Buchkauf

Im Katalogbaum auf der linken Seite sehen Sie jetzt das vollständige Datenbankschema als Baumstruktur. Sie können in dieser Ansicht mithilfe des Kontextmenüs (rechte Maustaste) alle Einstellungen der Datenbank und der Datenbanktabellen verändern. Nennen Sie jetzt das Datenbankschema (Standard *mydb*) in *buchkauf* um.

Nach der Datenmodellierung haben Sie die Möglichkeit, entweder das Datenmodell mit dem Datenbankserver zu synchronisieren oder die Tabellen manuell auf der MySQL-Kommandoebene anzulegen. Im zweiten Fall benötigen Sie zum Anlegen der Tabellen SQL-Kenntnisse. Wir werden uns jetzt beide Möglichkeiten ansehen.

Synchronisation des Datenmodells

Mithilfe der Synchronisationsfunktion des Programms *Data Modeling* (Menü *Database/Synchronize Model*) können Sie das Datenmodell direkt in eine MySQL-Datenbank überführen. Dort wird dann einfach eine Datenbank mit den entsprechenden Tabellen angelegt. Falls Sie in der grafischen Entwicklungsumgebung Änderungen im Datenmodell durchführen, können Sie auf diese Weise auch jederzeit das Datenmodell mit den Tabellen in der Datenbank synchronisieren.

Synchronisation

Zur Synchronisation des Datenmodells mit dem Datenbank-schema führen Sie folgende Schritte aus:

1 Verbindung zum Datenbankserver herstellen (Abbildung A2.2)

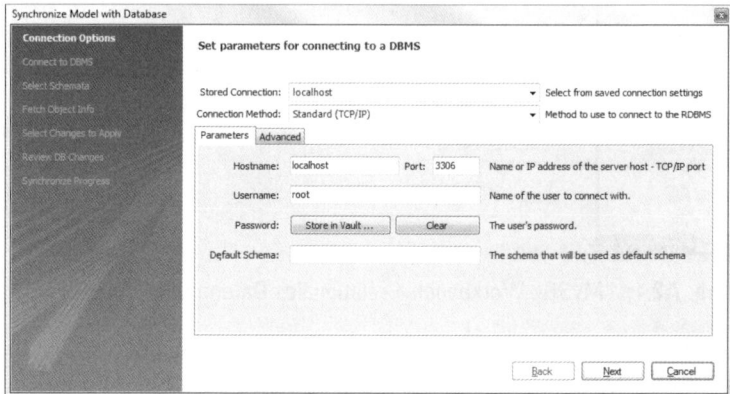

Abb. A2.2: Synchronisation: Verbindung zum Datenbankserver herstellen

2 Datenmodell auswählen (Abbildung A2.3)

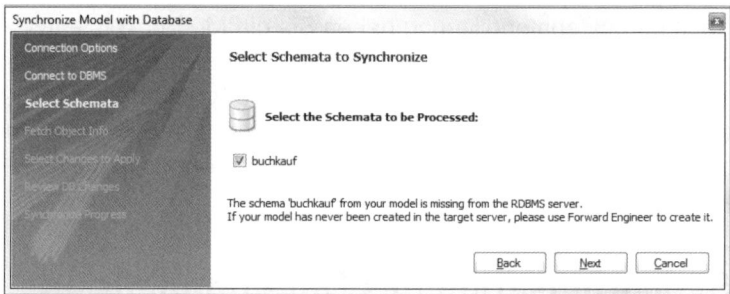

Abb. A2.3: Synchronisation: Datenmodell auswählen

3 Objektinformationen suchen und überprüfen (Abbildung A2.4)

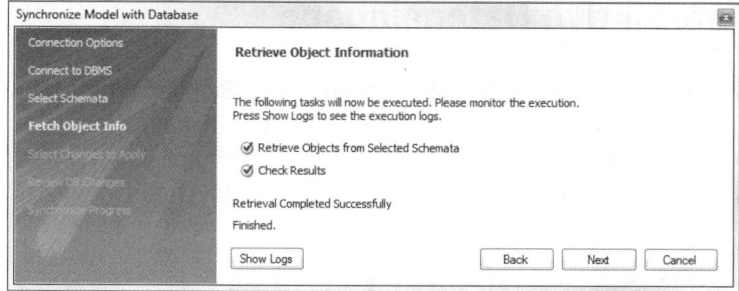

Abb. A2.4: Synchronisation: Objektinformationen suchen und überprüfen

4 Datenmodell und Datenbank abgleichen (Abbildung A2.5)

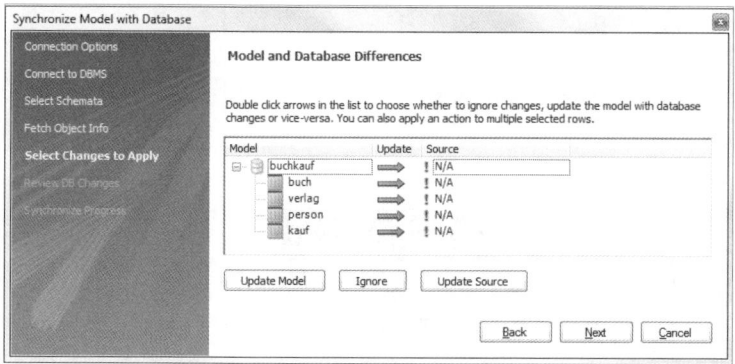

Abb. A2.5: Synchronisation: Datenmodell und Datenbank abgleichen

5 Synchronisation ausführen (Abbildung A2.6)

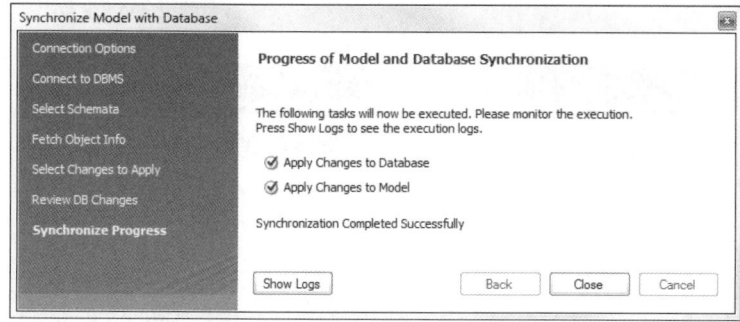

Abb. A2.6: Synchronisation: Synchronisation ausführen

Anwenden 2: Praxisbeispiel: Datenbankentwicklung

Interaktive Dateneingabe

Dateneingabe Nach erfolgreicher Synchronisation rufen Sie das Programm *SQL Development* auf. Sie sehen jetzt im Objektbrowser das Datenbankschema und können mit mithilfe des grafischen Dateneditors (Tabellenkontextmenü *Edit Table Data*) Daten in die Tabellen eingeben (Abbildung A2.7-2.10).

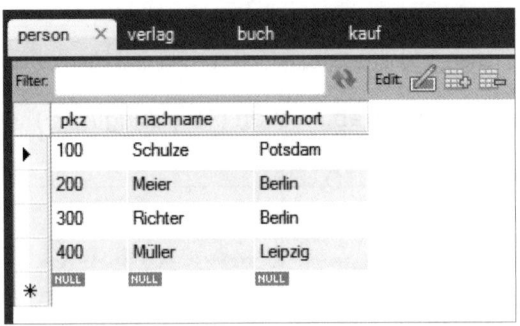

Abb. A2.7:
Tabelle person

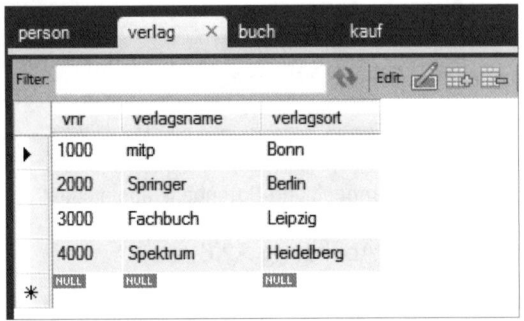

Abb. A2.8:
Tabelle verlag

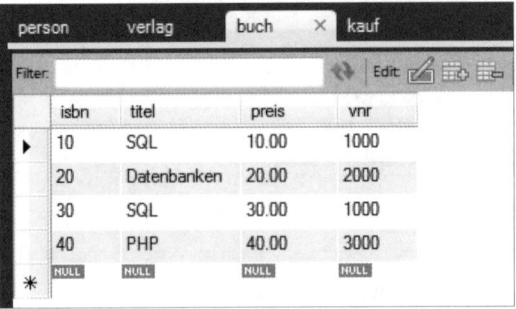

Abb. A2.9:
Tabelle buch

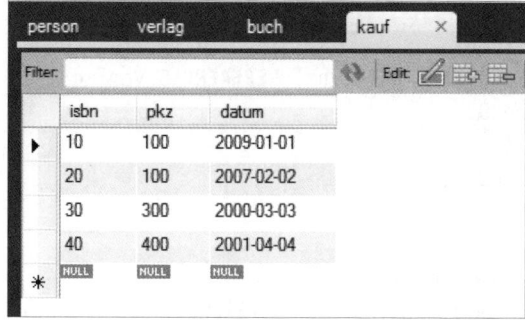

	isbn	pkz	datum
▶	10	100	2009-01-01
	20	100	2007-02-02
	30	300	2000-03-03
	40	400	2001-04-04
*	NULL	NULL	NULL

Abb. A2.10: Tabelle kauf

Tabellen auf der Kommandoebene anlegen

Alternativ zur Nutzung der grafischen Oberflächen können Sie auf der MySQL-Kommandoebene Tabellen auch mithilfe von SQL-Anweisungen anlegen. Die Tabellen *buch* und *kauf* enthalten dabei Fremdschlüsseldefinitionen, die sich aus den Tabellenverknüpfungen des relationalen Datenmodells (Abbildung A2.1) ergeben.

MySQL-Kommandoebene

```
CREATE DATABASE buchkauf;
CREATE TABLE person (
    pkz   INT  NOT NULL,
    nachname  CHAR(50),
    wohnort  CHAR(50),
    PRIMARY KEY  (pkz)) ENGINE = InnoDB;
CREATE TABLE verlag (
    vnr   INT  NOT NULL,
    verlagsname  CHAR(50),
    verlagsort  CHAR(50),
    PRIMARY KEY  (vnr)) ENGINE = InnoDB;
CREATE TABLE buch (
    isbn  INT  NOT NULL,
    titel  CHAR(20),
    preis  FLOAT(5,2),
```

Tabellen anlegen

```
    vnr  INT,
    PRIMARY KEY (isbn),
    CONSTRAINT fk1 FOREIGN KEY (vnr) REFERENCES verlag
(vnr)) ENGINE = InnoDB;
CREATE TABLE kauf (
    isbn  INT  NOT NULL,
    pkz  INT  NOT NULL,
    datum DATE,
    PRIMARY KEY (isbn, pkz),
    CONSTRAINT fk2 FOREIGN KEY (isbn) REFERENCES buch (isbn),
    CONSTRAINT fk3 FOREIGN KEY (pkz) REFERENCES person
(pkz)) ENGINE = InnoDB;
```

Abbildung A2.11 zeigt das Einrichten des Datenmodells auf der Kommandoebene des Datenbanksystems.

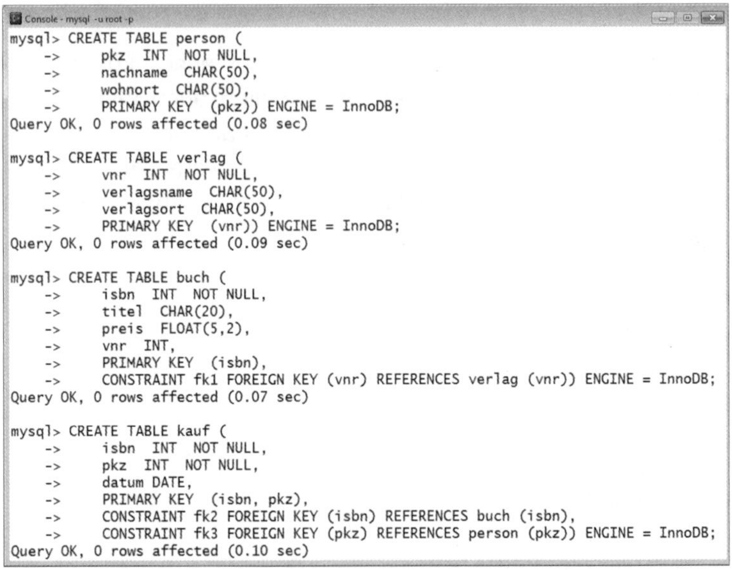

Abb. A2.11: Datenmodell auf der MySQL-Kommandoebene einrichten

Dateneingabe auf der Kommandoebene

In gleicher Weise geben Sie auf der Kommandoebene mit den folgenden Befehlen Daten in die Datenbanktabellen ein.

```
INSERT INTO person VALUES
(100,"Schulze","Potsdam"),(200,"Meier","Berlin"),
(300,"Richter","Berlin"),(400,"Müller","Leipzig");
INSERT INTO verlag VALUES
(1000,"mitp","Bonn"),(2000,"Springer","Berlin"),
(3000,"Fachbuch","Leipzig"),(4000,"Spektrum","Heidelberg");
INSERT INTO buch VALUES
(10,"SQL",10.00,1000),(20,"Datenbanken",20.00,2000),
(30,"SQL",30.00,1000),(40,"PHP",40.00,3000);
INSERT INTO kauf VALUES
(10,100,"2009-01-01"),(20,100,"2007-02-02"),
(30,300,"2000-03-03"),(40,400,"2001-04-04");
```

Dateneingabe

Die vollständige Dateneingabe ist in Abbildung A2.12 zu sehen.

```
Console - mysql -u root -p
mysql> INSERT INTO person VALUES
    -> (100,"Schulze","Potsdam"),(200,"Meier","Berlin"),
    -> (300,"Richter","Berlin"),(400,"Müller","Leipzig");
Query OK, 4 rows affected (0.02 sec)
Records: 4  Duplicates: 0  Warnings: 0

mysql> INSERT INTO verlag VALUES
    -> (1000,"mitp","Bonn"),(2000,"Springer","Berlin"),
    -> (3000,"Fachbuch","Leipzig"),(4000,"Spektrum","Heidelberg");
Query OK, 4 rows affected (0.02 sec)
Records: 4  Duplicates: 0  Warnings: 0

mysql> INSERT INTO buch VALUES
    -> (10,"SQL",10.00,1000),(20,"Datenbanken",20.00,2000),
    -> (30,"SQL",30.00,1000),(40,"PHP",40.00,3000);
Query OK, 4 rows affected (0.02 sec)
Records: 4  Duplicates: 0  Warnings: 0

mysql> INSERT INTO kauf VALUES
    -> (10,100,"2009-01-01"),(20,100,"2007-02-02"),
    -> (30,300,"2000-03-03"),(40,400,"2001-04-04");
Query OK, 4 rows affected (0.02 sec)
Records: 4  Duplicates: 0  Warnings: 0
```

Abb. A2.12: Dateneingabe auf der MySQL-Kommandoebene

In Abbildung A4.13 sehen Sie alle Tabellen nach der Dateneingabe.

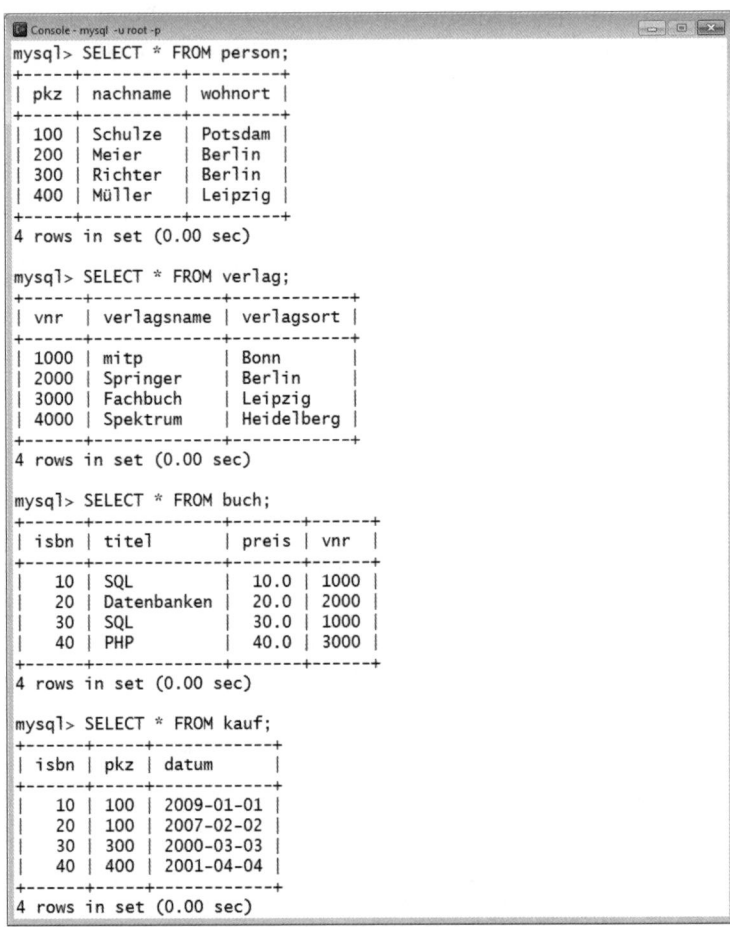

Abb. A2.13: Tabellen des Datenmodells Buchkauf nach der Dateneingabe

Datenbankabfragen

Nachdem wir das Datenmodell im Datenbanksystem eingerichtet und die Tabellen mit Daten gefüllt haben sind wir jetzt in der Lage, SQL-Datenbankabfragen zu stellen. Wir führen die Abfragen zunächst auf der MySQL-Kommandoebene aus.

Als Erstes ermitteln wir alle Personen, die Bücher eines bestimmten Verlages (*mitp*) gekauft haben. Dazu müssen wir die die Tabellen *person*, *kauf*, *buch* und *verlag* miteinander verknüpfen. Als Ergebnisse der Suche geben wir den Personennamen, den Verlagsnamen und den Buchtitel aus.

```
SELECT p.nachname AS Person, v.verlagsname AS Verlag,
b.titel AS Buchtitel
FROM person p, buch b, verlag v, kauf k
WHERE p.pkz=k.pkz and b.isbn=k.isbn and b.vnr=v.vnr
AND v.verlagsname = "mitp"
ORDER BY p.nachname;
```

Mit der nächsten Abfrage wollen wir die Ausgaben für Bücher einer speziellen Person ermitteln. Wir summieren die Preise der gekauften Bücher aller Personen und benutzen dazu die Gruppierungsfunktion. Mit der Having-Klausel selektieren wir die Person *Schulze*. Für die Abfrage müssen die Tabellen *buch*, *kauf* und *person* miteinander verknüpft werden.

```
SELECT p.nachname AS Person, sum(b.preis) AS Gesamtausgabe
FROM person p, buch b, kauf k
WHERE p.pkz=k.pkz and b.isbn=k.isbn
GROUP BY p.nachname HAVING p.nachname = "Schulze";
```

Abbildung A2.14 zeigt die Ausführung der Datenbankabfragen auf der Kommandoebene.

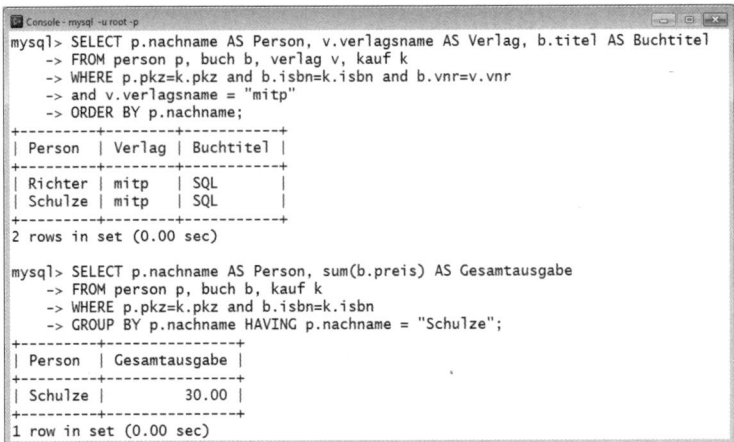

```
Console - mysql -u root -p                                              [ - ][ o ][ x ]
mysql> SELECT p.nachname AS Person, v.verlagsname AS Verlag, b.titel AS Buchtitel
    -> FROM person p, buch b, verlag v, kauf k
    -> WHERE p.pkz=k.pkz and b.isbn=k.isbn and b.vnr=v.vnr
    -> and v.verlagsname = "mitp"
    -> ORDER BY p.nachname;
+---------+--------+-----------+
| Person  | Verlag | Buchtitel |
+---------+--------+-----------+
| Richter | mitp   | SQL       |
| Schulze | mitp   | SQL       |
+---------+--------+-----------+
2 rows in set (0.00 sec)

mysql> SELECT p.nachname AS Person, sum(b.preis) AS Gesamtausgabe
    -> FROM person p, buch b, kauf k
    -> WHERE p.pkz=k.pkz and b.isbn=k.isbn
    -> GROUP BY p.nachname HAVING p.nachname = "Schulze";
+---------+---------------+
| Person  | Gesamtausgabe |
+---------+---------------+
| Schulze |         30.00 |
+---------+---------------+
1 row in set (0.00 sec)
```

Abb. A2.14: Datenbankabfragen auf der Kommandoebene

Alternativ können Sie SQL-Datenbankabfragen auch in der Entwicklungsumgebung *SQL-Development* eingeben und ausführen (Abbildung A2.15). Zusätzlich besteht hier die Möglichkeit, dass Sie alle Abfragen als sogenannte *Snippets* speichern und bei Bedarf wiederholt ausführen.

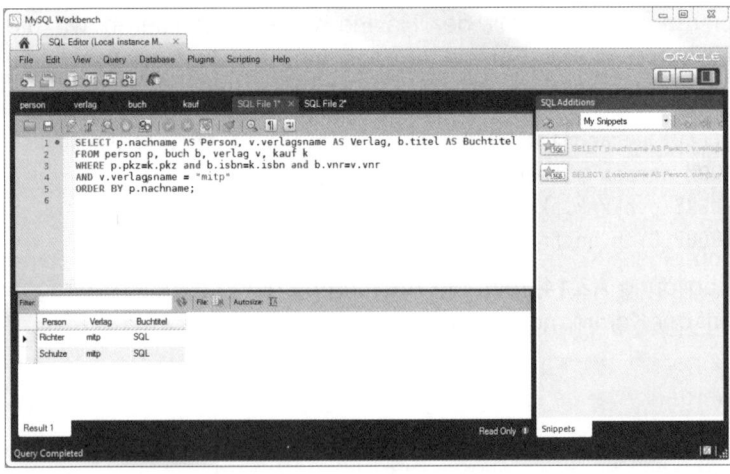

Abb. A2.15: Datenbankabfragen mit MySQL-Workbench (SQL Development)

A3 Praxisbeispiel: Transaktionen

In dieser Anwendung werden wir uns mit der Transaktionsverwaltung beschäftigen. Transaktionen sind eine Folge von SQL-Anweisungen, die zusammenhängend ausgeführt werden. Transaktionen sind vor allem im Mehrbenutzerbetrieb von Bedeutung. Sie verhindern, dass sich Datenbankoperationen gegenseitig beeinflussen. Wir werden in diesem Kapitel zuerst erläutern, warum Transaktionen nützlich sind und welche Eigenschaften sie haben. Am Beispiel einer Kontentransaktion werden Sie dann die Ausführung von Transaktionen in MySQL kennenlernen. Anschließend werden wir uns als Alternative zu Transaktionen das Sperren von Tabellen anschauen.

Was sind Transaktionen?

Datenbankmanagementsysteme sind in der Regel Mehrbenutzersysteme, d.h. sie bieten mehreren Benutzern oder Prozessen gleichzeitig die Möglichkeit an, in der Datenbank zu suchen, Datensätze hinzuzufügen oder sie zu verändern. Dabei kann das Problem auftreten, dass verschiedene Nutzer gleichzeitig auf dieselben Daten zugreifen und sich auf diese Weise gegenseitig beeinflussen können. Diese gegenseitige Beeinflussung von parallelen Datenbankprozessen (engl. *threads*) muss durch das Datenbanksystem verhindert werden. Beispielsweise ist es bei einer Buchung von Geldbeträgen zwischen Bankkonten sinnvoll, dass innerhalb einer Transaktion ein Geldbetrag von einem Konto abgebucht und auf ein anderes Konto zugebucht wird. Um nun die ordnungsgemäße Ausführung der Umbuchung auch überprüfen zu können, dürfen zwischenzeitlich keine Aktionen anderer Klienten mit diesen Konten ausgeführt werden. Dieses Problem kann gelöst werden, indem mehrere Datenbankoperationen zu einer unteilbaren Operation, der Transaktion, zusammengefasst werden. Während der Ausführung einer Transaktion werden die Tabellen bzw. Datensätze, auf die diese Transaktion zugreift, für den Zugriff durch andere

Transaktionen

Prozesse gesperrt. Erst nachdem die Transaktion abgeschlossen ist, wird dieser Zugriff wieder freigegeben.

Transaktionen haben aber noch eine andere wichtige Eigenschaft. Eine Transaktion kann vollständig wieder zurückgenommen werden. Das bedeutet, dass alle Veränderungen im Datenbestand zurückgesetzt werden und exakt derselbe Zustand wiederhergestellt wird, der vor der Transaktion bestand. Diese Möglichkeit ist vor allem dann von Bedeutung, wenn Benutzer Transaktionen vor ihrer vollständigen Beendigung abbrechen. Das wiederum ist möglich, da eine Transaktion nicht aus einer einzigen Datenbankoperation besteht, die in jedem Fall vollständig ausgeführt wird, sondern aus einer Vielzahl von einzelnen Anweisungen. Wird die Transaktion an einer beliebigen Stelle abgebrochen, kann es passieren, dass die Datenbank unvollständige oder sogar falsche Daten enthält. Man kann sich diesen Vorgang auch wieder am Beispiel einer Umbuchung verdeutlichen. Wird die Transaktion abgebrochen, nachdem ein Betrag abgebucht wurde, geht dieser Betrag verloren, da er nicht ordnungsgemäß einem anderen Konto zugebucht werden kann. Es kommt dann zu einer fehlerhaften Buchung, wenn der Zustand vor der Umbuchung nicht wiederhergestellt werden kann. Genau das können Sie oder ein entsprechendes Datenbankprogramm mithilfe von Transaktionen gewährleisten.

Eigenschaften von Transaktionen

Eigenschaften Datenbanksysteme, die Transaktionen unterstützen, sollten in der Regel vier grundlegende Eigenschaften besitzen, die in der Theorie auch als ACID-Kompatibilität bezeichnet werden. *ACID* steht dabei für Untrennbarkeit (engl. *atomicity*), Konsistenz (engl. *consistency*), Isolation (engl. *isolation*) und Dauerhaftigkeit (engl. *durability*). Diese vier grundlegenden Eigenschaften von Transaktionen sollen im Folgenden kurz erläutert werden.

■ *Untrennbarkeit* besagt, dass eine Transaktion eine untrennbare Einheit von Anweisungen ist, die nicht einzeln ausgeführt werden.

- Die *Konsistenz* eines Datenbestandes bleibt vor und nach einer Transaktion erhalten. Das bedeutet, dass beim Abbruch einer Transaktion der Zustand vor der Transaktion automatisch wiederhergestellt wird.

- *Isolation* heißt, dass Transaktionen nicht von anderen Operationen oder Transaktionen beeinflusst werden. Das betrifft insbesondere den gleichzeitigen Zugriff auf identische Daten.

- *Dauerhaftigkeit* bedeutet, dass Daten erst dann permanent in der Datenbank verändert werden, wenn eine Transaktion vollständig und fehlerfrei ausgeführt worden ist.

In MySQL erfüllen nicht alle Tabellentypen diese Kriterien. Man spricht auch davon, dass diese Tabellen nicht transaktions-sicher sind. Momentan können Sie in MySQL den Tabellentyp InnoDB für ACID- kompatible Transaktionen verwenden.

Tabellen vom Typ MyISAM, MERGE und MEMORY sind nicht transaktionssicher.

Isolationsstufen für Transaktionen

Eine besondere Herausforderung an das Datenbankmanage-mentsystem ist die Forderung nach einer vollständigen Isolation eines Transaktionsprozesses und damit einer Isolation aller Veränderungen eines Datenbestandes. Die Leistungsfähigkeit eines Datenbanksystems und insbesondere die Systemge-schwindigkeit werden dadurch allerdings maßgeblich beein-flusst. Aus diesem Grund werden für Transaktionen verschie-dene Isolationsstufen zur Verfügung gestellt, die je nach Bedarf festgelegt werden können. Dabei schließt die höchste Stufe *se-rialisierbar* (engl. *serializable*) jede störende Wechselwirkung zwischen unterschiedlichen Transaktionen aus. Das hat zur Folge, dass in dieser Stufe alle Transaktionen vergleichsweise langsam ausgeführt werden.

Isolations-stufen

Insgesamt gibt es vier Isolationsstufen: *serialisierbar, wiederholtes Lesen* (engl. *repeatable read*), *geschriebenes Lesen* (engl. *read committed*) und *ungeschriebenes Lesen* (engl. *read uncommitted*), die sich im Isolationsgrad, d.h. in der Zuverlässigkeit wiederholter Datenbankoperationen innerhalb einer Transaktion und in der Geschwindigkeit der Ausführung einer Transaktion unterscheiden (Tabelle A3.1). Je höher die Isolationsstufe ist, desto langsamer werden die Datenbankoperationen ausgeführt.

Isolationsstufe	Beschreibung
Serializable	Transaktionen, die auf dieselben Daten zugreifen, werden stets nacheinander in einer Reihenfolge ausgeführt. Das betrifft sowohl Lese- als auch Schreibvorgänge. Wiederholte Operationen innerhalb einer Transaktion reproduzieren identische Ergebnisse. Diese Sicherung wird durch Sperrung auf Datensatzebene erreicht.
Repeatable Read (Standard)	In dieser Stufe arbeitet jede Transaktion mit einer isolierten Version einer Tabelle, in der jeder Datensatz so erhalten bleibt, wie er zu Beginn der Transaktion vorlag. Damit wird das Lesen reproduzierbar. Diese Stufe verhindert nicht ein zwar seltenes, aber immerhin mögliches Phänomen, das als *Phantom-Lesen* (engl. *phantom read*) bekannt ist. Es tritt auf, wenn eine andere Transaktion zur gleichen Zeit neue Datensätze in die Tabelle schreibt.
Read Committed	Diese Stufe hebt die Isolierung einer Tabelle zum Teil auf, indem mehrere Transaktionen gleichzeitig auf eine Tabelle zugreifen und Änderungen durchführen können. Die Änderungen werden allerdings erst nach Beendigung einer Transaktion sichtbar, d.h. solange eine Transaktion ausgeführt wird, werden andere Transaktionen nicht beeinflusst.

Isolationsstufe	Beschreibung
Read uncommitted	In der schwächsten Isolationsstufe ist die Isolation zwischen verschiedenen Transaktionen vollständig aufgehoben. Verschiedene Transaktionen arbeiten wie eine einzige Transaktion, d.h. alle Änderungen einer Transaktion haben unmittelbaren Einfluss auf andere Transaktionen, die zur gleichen Zeit auf denselben Datenbestand zugreifen. Man nennt das auch *schmutziges Lesen* (engl. *dirty read*).

Tab. A3.1: Isolationsstufen für Transaktionen, beginnend mit der höchsten Isolationsstufe

Mit der Anweisung SET TRANSACTION ISOLATION LEVEL können Sie bei Bedarf die Isolationsstufe anpassen:

Syntax

```
SET [GLOBAL|SESSION] TRANSACTION ISOLATION LEVEL
{READ UNCOMMITTED|READ COMMITTED|REPEATABLE READ|
SERIALIZABLE}
```

SET
TRANSACTION
ISOLATION
LEVEL

Die Optionen GLOBAL bzw. SESSION beziehen sich dabei auf die Gültigkeit der Isolationsstufe, die entweder für alle weiteren Datenbankverbindungen (GLOBAL) oder nur für die Zeitdauer der aktuellen Datenbankverbindung (SESSION) bestehen bleibt. Falls Sie keine der beiden Optionen setzen, bezieht sich das Isolationslevel lediglich auf die nächstfolgende Transaktion. Die Standardeinstellung für alle Transaktionen ist das zweithöchste Isolationslevel REPEATABLE READ. Diese Einstellung reicht für die meisten Datenbankanwendungen aus.

Beispiel

```
SET SESSION TRANSACTION ISOLATION LEVEL SERIALIZABLE;
```

In unserem Beispiel setzen wir das Isolationslevel für den Zeitraum der Datenbankverbindung auf die höchste Stufe.

Transaktionen ausführen

AUTOCOMMIT Standardmäßig läuft MySQL im sogenannten AUTOCOMMIT-Modus. Jede Anweisung wird dadurch wie eine einzelne Transaktion behandelt, und alle Änderungen der Daten werden sofort und permanent in die Datenbank geschrieben. Um Transaktionen ausführen zu können, müssen wir daher zuerst den AUTOCOMMIT-Modus ausschalten. Wir können auf diese Weise individuell festlegen, wann eine Transaktion beginnt und wann sie endet. Zur Aktivierung bzw. Deaktivierung des AUTOCOMMIT-Modus benutzen wir folgende Anweisung:

SET AUTOCOMMIT

Syntax

```
SET AUTOCOMMIT = {0|1}
```

Der Befehl

```
SET AUTOCOMMIT = 0;
```

deaktiviert den AUTOCOMMIT-Modus und muss vor einer Transaktion gesetzt werden. Der AUTOCOMMIT-Modus wird wieder aktiviert mit dem Befehl:

```
SET AUTOCOMMIT = 1;
```

> Vergessen Sie nicht, nach einer Transaktion den AUTOCOMMIT-Modus wieder zurückzusetzen, um in den normalen Befehlsmodus zu gelangen.

Um eine Transaktion zu starten, benutzen Sie in MySQL die Anweisung START TRANSACTION. Mit COMMIT oder ROLLBACK wird eine Transaktion beendet.

START TRANSAC-TION COMMIT/ ROLLBACK

Syntax

```
START TRANSACTION
Anweisung[en]
{COMMIT|ROLLBACK}
```

Nachdem Sie eine Transaktion mit START TRANSACTION gestartet haben, werden alle folgenden SQL-Anweisungen transaktionssicher ausgeführt, d.h. sie sind je nach Isolationslevel weitgehend isoliert von anderen Transaktionen bzw. einzelnen Anweisungen anderer Datenbankbenutzer oder Prozesse. Sie können dann eine Transaktion entweder mit dem Befehl COMMIT abschließen und damit alle Daten für Zugriffe anderer Nutzer wieder zur Verfügung stellen oder mit der Anweisung ROLLBACK alle Änderungen einer Transaktion wieder rückgängig machen.

Beachten Sie, dass einige SQL-Befehle automatisch einen COMMIT-Befehl auslösen und damit die laufende Transaktion beenden.

Zu den Anweisungen, die einen automatischen COMMIT-Befehl auslösen, gehören ALTER/ CREATE/ DROP/ RENAME TABLE, CREATE/ DROP INDEX, LOAD DATA, LOCK TABLE, START TRANSACTION, BEGIN und SET AUTOCOMMIT = 1.

Andererseits gibt es auch einige Anweisungen, die nicht mit der ROLLBACK-Anweisung zurückgesetzt werden können. Dazu gehören beispielsweise die Anweisungen ALTER/CREATE/DROP/RENAME TABLE.

Transaktionen können nicht verschachtelt werden, d.h. die Ausführung von Transaktionen innerhalb von Transaktionen ist nicht zulässig.

Beispiel

Schauen wir uns jetzt an, wie eine konkrete Transaktion in MySQL abläuft. Wir betrachten dazu eine Anweisungsfolge, mit deren Hilfe wir eine Umbuchung von Geldbeträgen zwischen zwei verschiedenen Konten durchführen wollen. Wir definieren dazu eine einfache Tabelle, die aus den Spalten Kontonummer (*nummer*), Kontoinhaber (*person*) und Kontostand (*saldo*) besteht.

```
CREATE TABLE konto (
    nummer INTEGER NOT NULL AUTO_INCREMENT,
    person CHAR(10),
```

```
    saldo DECIMAL(5,2),
    PRIMARY KEY (nummer)
) ENGINE = InnoDB;
```

Mit der folgenden Anweisung erstellen wir nun zwei neue Konten, jeweils ein Konto für Person A mit dem Saldo *100* und ein Konto für Person B mit dem Saldo *0*.

```
INSERT INTO konto (person,saldo) VALUES ('A',100), ('B',0);
```

Das Einrichten der Tabelle *konto* ist in Abbildung A3.1 zu sehen.

```
Console - mysql -u root -p
mysql> CREATE TABLE konto (
    ->     nummer INTEGER NOT NULL AUTO_INCREMENT,
    ->     person CHAR(10),
    ->     saldo DECIMAL(5,2),
    ->     PRIMARY KEY (nummer)
    -> ) ENGINE = InnoDB;
Query OK, 0 rows affected (0.06 sec)

mysql> INSERT INTO konto (person,saldo) VALUES ('A',100), ('B',0);
Query OK, 2 rows affected (0.04 sec)
Records: 2  Duplicates: 0  Warnings: 0

mysql> SELECT * FROM konto;
+--------+--------+--------+
| nummer | person | saldo  |
+--------+--------+--------+
|      1 | A      | 100.00 |
|      2 | B      |   0.00 |
+--------+--------+--------+
2 rows in set (0.00 sec)
```

Abb. A3.1: Einrichten der Datenbanktabelle *konto*

Wir wollen nun eine Umbuchung vornehmen, indem wir den Betrag *100* von dem Konto der Person A auf das Konto der Person B umbuchen. Anschließend wollen wir die exakte Ausführung der Operationen überprüfen. Das geht allerdings nur, wenn wir die genannten Operationen zu einer Transaktion zusammenfassen. Natürlich hat eine Transaktion keinerlei Auswirkung, wenn Sie als einzelner Benutzer mit dem Datenbanksystem bzw. der Tabelle *konto* arbeiten. Für den Fall jedoch, dass mehrere Benutzer gleichzeitig Umbuchungen in dieser Tabelle vornehmen wollen, gibt es ohne die Verwendung von Transaktionen Probleme. Beispielsweise könnten die Kontostände bereits verändert werden, bevor Sie das Ergebnis einer Umbuchung überprüft haben. Wir führen daher folgende Transaktion aus:

```
SET AUTOCOMMIT=0;
START TRANSACTION;
UPDATE konto SET saldo=saldo-100 WHERE person='A';
UPDATE konto SET saldo=saldo+100 WHERE person='B';
COMMIT;
SET AUTOCOMMIT=1;
```

Nach dieser Transaktion weist erwartungsgemäß das Konto der
Person A den Saldo 0 und das Konto der Person B den Saldo
100 auf. Die ganze Transaktion ist noch einmal in Abbildung
A3.2 zu sehen.

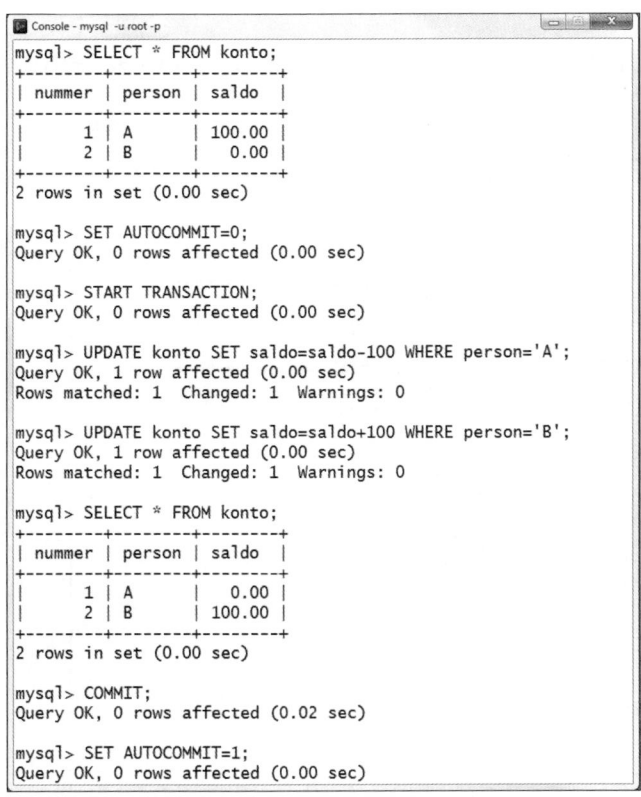

Abb. A3.2: Transaktion zur Umbuchung eines Betrages

Wiederholen wir jetzt die Transaktion und schließen sie mit dem
Befehl ROLLBACK ab, sehen wir, dass innerhalb der Transaktion

zwar eine Umbuchung vorgenommen wurde (Kontostand Person A = -100, Kontostand Person B = 200), danach aber der ursprüngliche Zustand wiederhergestellt wird (Kontostand Person A = 0, Kontostand Person B = 100). Wir wenden in diesem Fall das Rollback-Verfahren an, um eine Negativbuchung zu vermeiden.

ROLLBACK

```
SET AUTOCOMMIT=0;
START TRANSACTION;
UPDATE konto SET saldo=saldo-100 WHERE person='A';
UPDATE konto SET saldo=saldo+100 WHERE person='B';
ROLLBACK;
SET AUTOCOMMIT=1;
```

Das ganze Rollback-Verfahren ist in Abbildung A3.3 zu sehen.

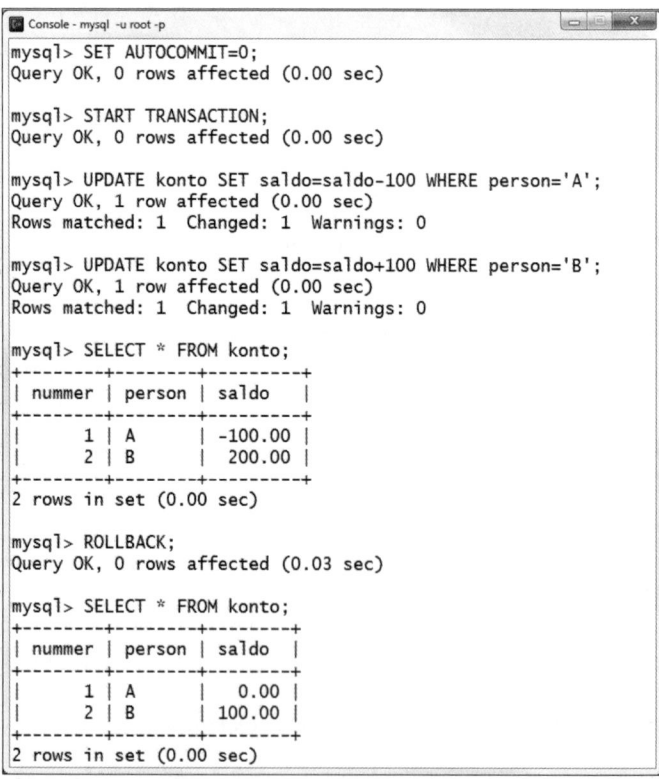

Abb. A3.3: ROLLBACK der Transaktion zur Umbuchung eines Betrages

Tabellen sperren und freigeben

Neben der Verwendung von Transaktionen gibt es in MySQL noch eine weitere Möglichkeit, zeitweilig Tabellen vor dem Zugriff anderer Benutzer bzw. anderer Prozesse zu schützen: das Sperren von Tabellen. Ein Vorteil ist, dass Sie Sperren auch auf nicht transaktionssichere Tabellentypen wie MyISAM anwenden können. Ein entscheidender Nachteil ist, dass Sie Datenbankoperationen nicht zurücknehmen können. Die Daten werden nach jeder Anweisung sofort permanent in die Tabelle geschrieben. Das Sperren und die Freigabe von Tabellen können Sie mit den Anweisungen LOCK TABLES bzw. UNLOCK TABLES ausführen.

Syntax

```
LOCK TABLES Tabellenname {READ|WRITE} [,...]
Anweisung[en]
UNLOCK TABLES
```

Sie können mit einer Anweisung auch gleichzeitig mehrere Tabellen sperren.

Beachten Sie, dass jede neue Sperranweisung sämtliche zuvor gesetzten Sperren wieder aufhebt.

Dadurch müssen Sie – falls erforderlich – in einer einzigen Anweisung Sperren für mehrere Tabellen anfordern. Wahlweise können Sie eine Lese- oder Schreibsperre setzen. Falls Sie den Lese- und Schreibzugriff auf eine Tabelle durch andere Prozesse verhindern wollen, setzen Sie eine Lese- und Schreibsperre mithilfe der Option WRITE. Die Option READ hindert andere Prozesse während der Dauer der Sperre daran, in die Tabelle zu schreiben. Die Tabellendaten können aber während der Sperre durch andere Prozesse gelesen werden.

Beispiel

Im folgenden Beispiel sperren wir die Tabelle *konto* vollständig für den Zugriff durch andere Prozesse und führen wie im Fall der Transaktion eine Umbuchung aus.

```
LOCK TABLES konto WRITE;
UPDATE konto SET saldo=saldo-100 WHERE person='A';
UPDATE konto SET saldo=saldo+100 WHERE person='B';
SELECT * FROM konto;
UNLOCK TABLES;
```

Das Sperren einer Tabelle können Sie in Abbildung A3.4 am Beispiel der Umbuchung sehen, die wir zuvor schon mit einer Transaktion ausgeführt haben.

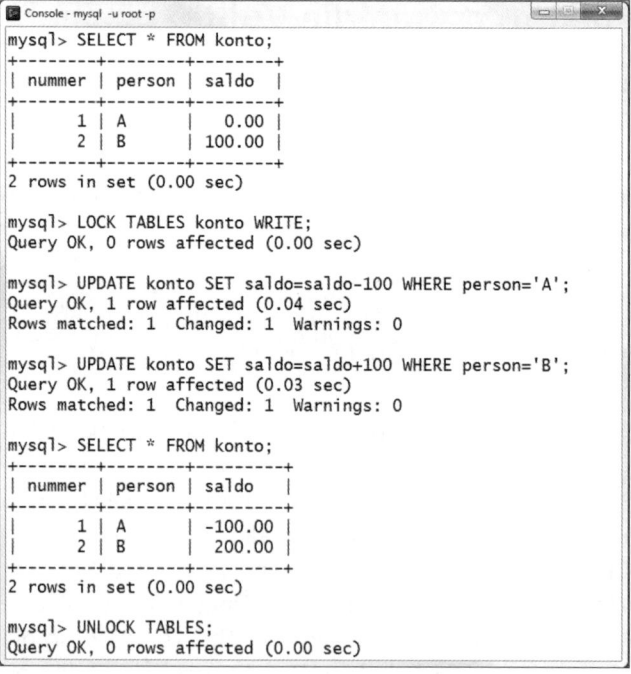

Abb. A3.4: Tabellen sperren und wieder freigeben

A4 Praxisbeispiel: Volltextsuche

In dieser Anwendung lernen Sie verschiedene Varianten der Volltextsuche kennen. Eine Volltextsuche sollte immer dann benutzt werden, wenn in der Datenbank größere Textblöcke verwaltet werden. Für die Volltextsuche wird ein Volltextindex benötigt, der während oder im Anschluss an die Dateneingabe automatisch erzeugt wird. Neben der einfachen Volltextsuche, die eine Sortierung der Suchergebnisse nach ihrer Relevanz ermöglicht, lernen Sie in diesem Kapitel auch die boolesche Volltextsuche und die Suche mit Abfrageerweiterung kennen.

Wozu benötigt man die Volltextsuche?

Eine Datenbank enthält in der Regel Datensätze, die in struktu- **Volltextsuche**
rierter Form Daten geringer Größe enthalten. Denken wir beispielsweise an eine Personendatenbank, dann enthalten die
Spalten einer Tabelle Namen, Vornamen oder Wohnorte. Datenbanksysteme sind daher für eine Suche von Daten geringer
Größe optimiert. Verwenden Sie in einer Datenbank jedoch größere Textblöcke, werden Sie feststellen, dass eine Datenbank-
suche erheblich mehr Zeit beansprucht, vor allem dann, wenn
eine große Anzahl von Datensätzen in der Datenbank verwaltet
wird. Falls Sie dennoch mit großen Texten arbeiten müssen,
empfiehlt es sich, in MySQL von der Möglichkeit der Volltextsuche Gebrauch zu machen.

Um eine schnelle Suche in größeren Volltexten zu ermöglichen,
benötigt das Datenbanksystem einen Volltextindex. Ein Volltextindex umfasst alle inhaltsbeschreibenden Wörter, die in
Texten oder Zeichenketten einer Tabellenspalte vorkommen.
Der Index wird nach bestimmten Regeln aus einem Volltext
extrahiert. Mit jedem neuen Eintrag in die Datenbank wird der
Index gegebenenfalls erweitert und neu erstellt. Er umfasst
neben einer alphabetisch geordneten Wortliste zu jedem Begriff
eine Referenz zu dem Datensatz, der diesen Begriff enthält.

Darüber hinaus werden weitere statistische Daten gespeichert, beispielsweise die Häufigkeit, mit der ein Begriff in dem betreffenden Text vorkommt, oder Angaben darüber, in wie vielen Texten ein Begriff auftaucht. Aus diesen statistischen Angaben kann das System dann beispielsweise die Reihenfolge der Relevanz von Datensätzen ermitteln, ein Verfahren, das Ihnen hinlänglich von Suchmaschinen im Internet bekannt sein dürfte. Ein Index ist am besten vergleichbar mit einem Begriffsindex am Ende eines Buches, wie er beispielsweise in Abbildung A4.1 zu sehen ist.

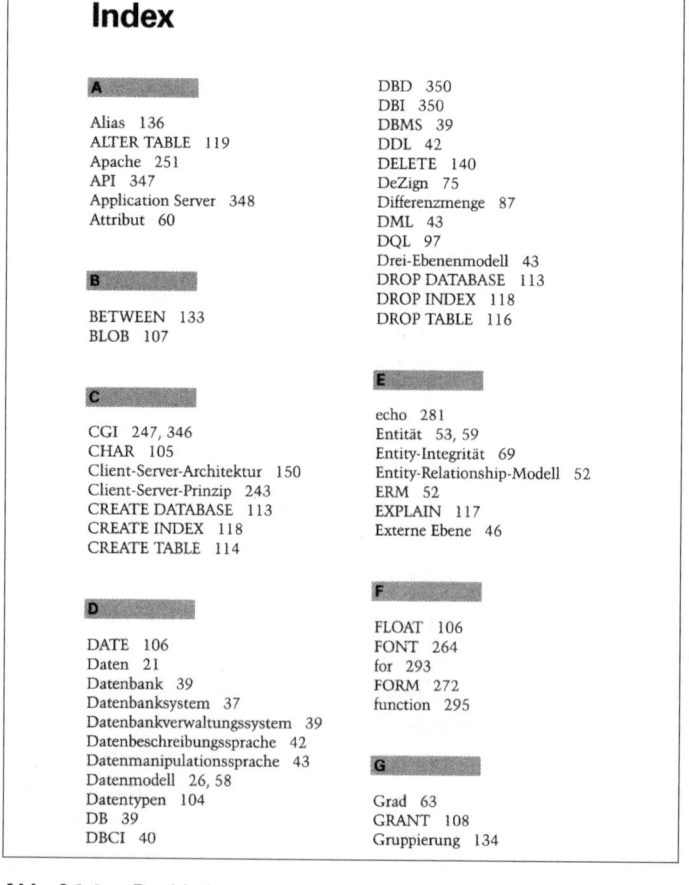

Abb. A4.1: Buchindex

Mithilfe eines solchen Index sind Sie sehr schnell in der Lage, in einem Buch einen Begriff und die dazugehörigen Seiten zu finden. In gleicher Weise arbeitet auch ein Volltextindex, nur dass die Referenzen hier die entsprechenden Datensätze sind. Der Volltextindex ist vergleichbar mit einem Spaltenindex, den wir zur Sortierung von Datensätzen bereits kennengelernt haben.

Volltextindex definieren

Um die Volltextsuche benutzen zu können, muss das Datenbanksystem für eine oder mehrere Spalten einer Tabelle einen Volltextindex FULLTEXT anlegen. Sie können entweder bereits mit der Tabellendefinition das System anweisen, einen solchen Index zu erstellen, oder ihn auch später mit dem Befehl ALTER TABLE hinzufügen. Zur Definition eines Volltextindex benutzen Sie folgende Anweisung:

FULLTEXT

Syntax

```
CREATE TABLE Tabellenname (
...
FULLTEXT (Spaltenname [,...])
[ENGINE = MyISAM])
```

> Beachten Sie, dass die Volltextsuche nur mit Tabellen vom Typ MyISAM oder InnoDB möglich ist.

Nachdem wir die entsprechenden Spalten für eine Volltextindizierung festgelegt haben, können wir nun daran gehen, Daten in die Tabelle einzugeben oder zu importieren. Ein effizientes Verfahren für eine große Anzahl von Daten ist dabei, zuerst die Daten einzugeben bzw. sie mit der Anweisung LOAD DATA zu importieren und erst danach mit dem Befehl ALTER TABLE den Volltextindex anzulegen.

```
ALTER TABLE Tabellenname ADD FULLTEXT (Spaltenname [,...])
```

Beispiel

Bevor wir zu den Möglichkeiten kommen, die eine Volltextsuche beim Suchen nach Begriffen innerhalb von Texten bietet, wollen wir uns ein einfaches Beispiel anschauen. Im *ersten Schritt* legen wir eine neue Buchtabelle an, die neben Angaben zu Autor und Titel auch eine Inhaltsbeschreibung des Buches (*beschreibung*) enthalten soll.

```
CREATE TABLE buch (
    id int not null,
    autor CHAR(10),
    titel CHAR(20),
    beschreibung TEXT,
    PRIMARY KEY (id)
) ENGINE = MyISAM;
```

Im *zweiten Schritt* importieren wir Datensätze, die wir zuvor in einer Textdatei gespeichert haben (Abbildung A4.2). Wir nennen diese Textdatei *buchdaten.txt*. Beachten Sie dazu auch die Standardeinstellungen für den Datenimport.

```
LOAD DATA LOCAL INFILE "buchdaten.txt" INTO TABLE buch;
```

Abb. A4.2: Beispieldatensätze für die Volltextsuche

Die Indizierung der Tabellenspalte *beschreibung* erfolgt nun durch die Definition des Volltextindex.

```
ALTER TABLE buch ADD FULLTEXT (beschreibung);
```

Die Tabellendefinition, den Datenimport und das Anlegen des Volltextindex können Sie noch einmal in Abbildung A4.3 sehen.

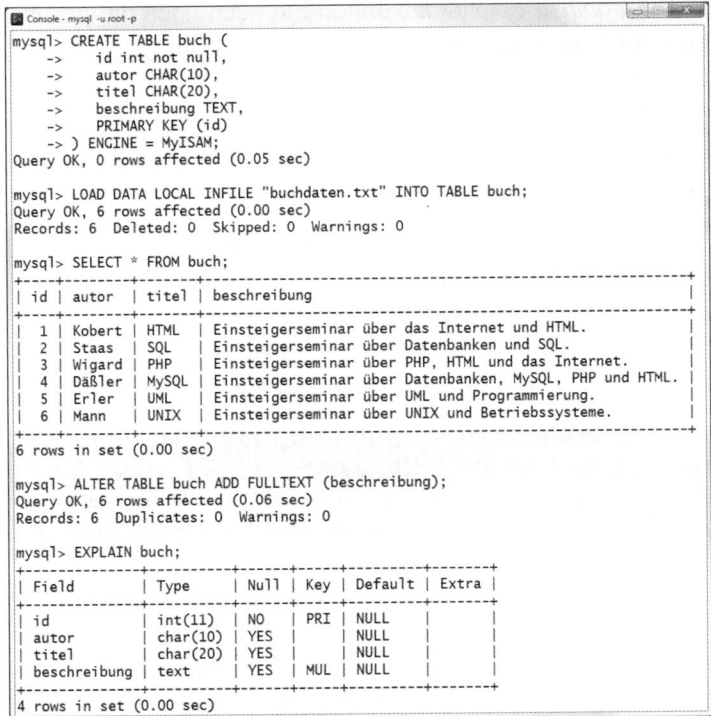

```
Console - mysql -u root -p

mysql> CREATE TABLE buch (
    ->     id int not null,
    ->     autor CHAR(10),
    ->     titel CHAR(20),
    ->     beschreibung TEXT,
    ->     PRIMARY KEY (id)
    -> ) ENGINE = MyISAM;
Query OK, 0 rows affected (0.05 sec)

mysql> LOAD DATA LOCAL INFILE "buchdaten.txt" INTO TABLE buch;
Query OK, 6 rows affected (0.00 sec)
Records: 6  Deleted: 0  Skipped: 0  Warnings: 0

mysql> SELECT * FROM buch;
+----+--------+-------+-----------------------------------------------------------+
| id | autor  | titel | beschreibung                                              |
+----+--------+-------+-----------------------------------------------------------+
|  1 | Kobert | HTML  | Einsteigerseminar über das Internet und HTML.             |
|  2 | Staas  | SQL   | Einsteigerseminar über Datenbanken und SQL.               |
|  3 | Wigard | PHP   | Einsteigerseminar über PHP, HTML und das Internet.        |
|  4 | Däßler | MySQL | Einsteigerseminar über Datenbanken, MySQL, PHP und HTML.  |
|  5 | Erler  | UML   | Einsteigerseminar über UML und Programmierung.            |
|  6 | Mann   | UNIX  | Einsteigerseminar über UNIX und Betriebssysteme.          |
+----+--------+-------+-----------------------------------------------------------+
6 rows in set (0.00 sec)

mysql> ALTER TABLE buch ADD FULLTEXT (beschreibung);
Query OK, 6 rows affected (0.06 sec)
Records: 6  Duplicates: 0  Warnings: 0

mysql> EXPLAIN buch;
+--------------+----------+------+-----+---------+-------+
| Field        | Type     | Null | Key | Default | Extra |
+--------------+----------+------+-----+---------+-------+
| id           | int(11)  | NO   | PRI | NULL    |       |
| autor        | char(10) | YES  |     | NULL    |       |
| titel        | char(20) | YES  |     | NULL    |       |
| beschreibung | text     | YES  | MUL | NULL    |       |
+--------------+----------+------+-----+---------+-------+
4 rows in set (0.00 sec)
```

Abb. A4.3: Buchtabelle definieren, Datenimport und Volltextindex anlegen

In der Tabellenbeschreibung, die wir uns mit dem Befehl EXPLAIN anzeigen lassen, sehen wir, dass für das Datenfeld *beschreibung* ein Index erstellt worden ist (*MUL*). Die Texte in der betreffenden Spalte sind nun indexiert, und wir können mit der Volltextsuche beginnen.

Volltextsuche durchführen

Die Volltextsuche wird mit der Funktion *match()* innerhalb der WHERE-Klausel einer SELECT-Anweisung ausgeführt. Damit geben Sie an, welcher Volltextindex durchsucht werden soll. Nun müssen Sie noch die Begriffe bzw. Zeichenketten festlegen, nach denen gesucht werden soll. Dazu benutzen Sie die

Funktion *against()*. Optional können Sie auch noch die Art und Weise der Suche festlegen.

MATCH AGAINST

Syntax

```
SELECT ... FROM ...
WHERE MATCH (Spaltenname [,...])
AGAINST (Suchterm [{IN BOOLEAN MODE|WITH QUERY EXPANSION}])
```

Insgesamt gibt es drei verschiedene Arten der Volltextsuche, die wir im Folgenden näher kennenlernen wollen. Tabelle A4.1 zeigt Ihnen vorab eine Übersicht der verschiedenen Typen der Volltextsuche sowie deren charakteristische Eigenschaften.

Volltextsuche Typ

Art der Volltextsuche	Eigenschaften
EINFACHE VOLLTEXTSUCHE (STANDARD)	Die einfache Suche führt einen exakten Zeichenkettenvergleich durch. Dabei sind mehrere Suchbegriffe möglich, wobei mindestens ein Begriff im Text vorhanden sein muss (OR-Verknüpfung). Eine Relevanzanalyse der Suchergebnisse ist möglich. 50%-Klausel für die Relevanz von Suchbegriffen.
BOOLESCHE VOLLTEXTSUCHE (IN BOOLEAN MODE)	Die erweiterte Suche ermöglicht die boolesche Verknüpfung von Suchbegriffen, die Suche nach Zeichenfolgen innerhalb von Suchbegriffen und Operatoren zur Gewichtung der Suchbegriffe. In diesem Modus ist keine Relevanzanalyse der Suchergebnisse möglich.
VOLLTEXTSUCHE MIT ABFRAGEERWEITERUNG (WITH QUERY EXPANSION)	Dieser Modus hat die gleichen Eigenschaften wie die einfache Volltextsuche. Zusätzlich wird eine zweite Suche mit Begriffen ausgeführt, die in den in der ersten Suche gefundenen Texten enthalten sind.

Tab. A4.1: Typen der Volltextsuche

Beachten Sie, dass MySQL bei der Volltextsuche Groß- und Kleinschreibung nicht berücksichtigt.

MySQL akzeptiert als Suchbegriff jede Zeichenkette, die aus Buchstaben, Ziffern, Hochkomma oder Unterstrich besteht. Mehrere Suchbegriffe werden durch ein oder mehrere Leerzeichen voneinander getrennt. Zur Erhöhung der Leistungsfähigkeit des Systems und zur Verbesserung der Qualität der Suchergebnisse werden einige Wörter nicht indiziert und damit bei der Volltextsuche ignoriert. Dazu gehören zu kurze bzw. zu lange Begriffe und sogenannte Stoppwörter.

Stoppwörter sind Begriffe, die keine inhaltliche Bedeutung haben wie Artikel (der, die, das etc.), Pronomen (auf, über, unter, bei etc.) oder Füllwörter (und, so etc.). MySQL verwendet eine interne Stoppwortliste, die Sie bei Bedarf auch individuell erweitern, verändern oder durch eine eigene Liste ersetzen können. Die minimale Länge eines Suchbegriffs ist standardmäßig 4 Zeichen und die maximale Länge 84 Zeichen. Auch diese Grenzwerte können bei Bedarf verändert werden.

Stoppwörter

Erläuterungen, wie Sie die wichtigsten Systemeinstellungen für die Volltextsuche anpassen können, finden Sie in Kapitel *L2 Datenbankverwaltung.*

Einfache Volltextsuche

Die einfache Volltextsuche führt einen exakten Zeichenkettenvergleich durch, wobei mindestens ein Suchbegriff aus dem Suchterm mit einem Begriff aus einem Text übereinstimmen muss, damit dieser Text als Suchergebnis erscheint. Jedem Suchergebnis wird in diesem Modus ein Relevanzwert zugeordnet, mit dessen Hilfe die Suchergebnisse automatisch sortiert werden können. Nachteilig wirkt sich in diesem Modus allerdings das Fehlen von erweiterten Suchoptionen aus, wie sie beispielsweise im booleschen Suchmodus verfügbar sind.

Einfache Volltextsuche

Beispiele

Wir wollen uns zunächst einige Beispiele für die einfache Suche anschauen, bevor wir uns dann den Fragen der Auswertung von Relevanzwerten zuwenden. Wir ändern dazu den Suchterm in der *against()*-Funktion.

```
SELECT * FROM buch WHERE MATCH(beschreibung)
AGAINST('datenbanken');
```

Die erste Abfrage liefert als Suchergebnis zwei Treffer, d.h. alle diejenigen Texte, die das Wort *Datenbanken* enthalten. Beachten Sie, dass Groß- und Kleinschreibung nicht unterschieden wird. Das heißt, die Suche nach *datenbanken* bzw. *Datenbanken* liefert die gleichen Suchergebnisse. Wenn Sie dagegen nur *Datenbank* benutzen, werden keine Treffer ermittelt, da dieses Wort exakt in dieser Form nicht vorkommt.

```
SELECT * FROM buch WHERE MATCH(beschreibung) AGAINST('MySQL
UNIX');
```

Die zweite Abfrage ergibt ebenfalls zwei Treffer. Diesmal werden alle Texte gefunden, die entweder den Begriff *MySQL* oder den Begriff *UNIX* enthalten.

```
SELECT * FROM buch WHERE MATCH(beschreibung)
AGAINST('und');
```

Diese Abfrage ergibt 0 Treffer, obwohl das Wort *und* in allen Texten vorkommt. MySQL ignoriert den Suchterm aus mehreren Gründen. Zum einen ist er zu kurz, die Mindestlänge für Suchterme ist vier. Zum anderen steht das Wort in der Stoppwortliste und würde auch aus diesem Grund entfallen.

```
SELECT * FROM buch WHERE MATCH(beschreibung)
AGAINST('PHP');
```

Die Abfrage nach dem Wort *PHP* liefert ebenfalls 0 Treffer, obwohl es in einem Text vorkommt. Auch hier gilt die Regel, dass Wörter mit weniger als vier Zeichen für die Suche ignoriert werden.

```
SELECT * FROM buch WHERE MATCH(beschreibung)
AGAINST('HTML');
```

Die letzte Abfrage ergibt ebenfalls wieder 0 Treffer, obwohl das Wort *HTML* vier Zeichen enthält, kein Stoppwort ist und in 50 % der Texte auftritt. Die Ursache, dass dieser Suchbegriff ignoriert wird, ist eine 50 %-Regel, die besagt, dass nach einem Suchbegriff nicht gesucht wird, wenn er in 50 % oder mehr als 50 % der Datensätze enthalten ist. Ein Suchbegriff wird also als wenig relevant für die Suche erachtet, wenn er in der überwiegenden Mehrzahl der Texte vorkommt. Wir sehen aber gerade in unserem Beispiel, dass es durchaus sinnvoll ist, alle Texte zu finden, in denen der Begriff *HTML* vorkommt. In diesem Fall ist es ratsam, die sogenannte boolesche Volltextsuche zu verwenden, die im nächsten Abschnitt beschrieben wird. Dort gibt es diese Beschränkungen nicht, allerdings können Sie keine Relevanzberechnungen durchführen lassen. Abbildung A4.4 zeigt die eben beschriebenen Suchanfragen und Suchergebnisse für die einfache Suche.

```
Console - mysql -u root -p

mysql> SELECT * FROM buch;
+----+--------+-------+----------------------------------------------------+
| id | autor  | titel | beschreibung                                       |
+----+--------+-------+----------------------------------------------------+
|  1 | Kobert | HTML  | Einsteigerseminar über das Internet und HTML.      |
|  2 | Staas  | SQL   | Einsteigerseminar über Datenbanken und SQL.        |
|  3 | Wigard | PHP   | Einsteigerseminar über PHP, HTML und das Internet. |
|  4 | Däßler | MySQL | Einsteigerseminar über Datenbanken, MySQL, PHP und HTML. |
|  5 | Erler  | UML   | Einsteigerseminar über UML und Programmierung.     |
|  6 | Mann   | UNIX  | Einsteigerseminar über UNIX und Betriebssysteme.   |
+----+--------+-------+----------------------------------------------------+
6 rows in set (0.00 sec)

mysql> SELECT * FROM buch WHERE MATCH(beschreibung) AGAINST('datenbanken');
+----+--------+-------+----------------------------------------------------+
| id | autor  | titel | beschreibung                                       |
+----+--------+-------+----------------------------------------------------+
|  2 | Staas  | SQL   | Einsteigerseminar über Datenbanken und SQL.        |
|  4 | Däßler | MySQL | Einsteigerseminar über Datenbanken, MySQL, PHP und HTML. |
+----+--------+-------+----------------------------------------------------+
2 rows in set (0.00 sec)

mysql> SELECT * FROM buch WHERE MATCH(beschreibung) AGAINST('MySQL UNIX');
+----+--------+-------+----------------------------------------------------+
| id | autor  | titel | beschreibung                                       |
+----+--------+-------+----------------------------------------------------+
|  6 | Mann   | UNIX  | Einsteigerseminar über UNIX und Betriebssysteme.   |
|  4 | Däßler | MySQL | Einsteigerseminar über Datenbanken, MySQL, PHP und HTML. |
+----+--------+-------+----------------------------------------------------+
2 rows in set (0.00 sec)

mysql> SELECT * FROM buch WHERE MATCH(beschreibung) AGAINST('und');
Empty set (0.00 sec)

mysql> SELECT * FROM buch WHERE MATCH(beschreibung) AGAINST('PHP');
Empty set (0.00 sec)

mysql> SELECT * FROM buch WHERE MATCH(beschreibung) AGAINST('HTML');
Empty set (0.00 sec)
```

Abb. A4.4:   Einfache Volltextsuche

Relevanzbestimmung

Die Relevanzbestimmung ist eine Besonderheit der einfachen Volltextsuche. Sie ermöglicht es, zu jedem Treffer einen Relevanzwert ermitteln zu lassen. Dieser Wert hängt von der Anzahl der Suchbegriffe in einem Text und der Anzahl aller Wörter in diesem Text ab. Mithilfe dieser Werte können die Datensätze entsprechend ihrer Relevanz zum Suchbegriff automatisch sortiert werden, ähnlich wie Sie es von den Suchmaschinen im Internet kennen.

Als Erstes wollen wir uns einmal alle Relevanzwerte der einzelnen Texte ansehen. Wir schreiben dazu die Suchfunktion *match()* in den Ausgabeteil der SELECT-Anweisung.

```
SELECT beschreibung AS Texte, MATCH(beschreibung)
AGAINST('datenbanken') AS Relevanzwert
FROM buch;
```

Für die Suche nach dem Begriff *Datenbanken* erhalten wir zwei Treffer, die sich nur geringfügig in ihrem Relevanzwert unterscheiden, da beide Texte die gleiche Anzahl von Suchbegriffen enthalten. Die etwas höhere Relevanz des einen Textes ergibt sich lediglich aus der unterschiedlichen Länge der Texte. Dabei besitzt ein kürzerer Text eine höhere Relevanz als ein längerer Text, falls beide die gleiche Anzahl Suchbegriffe enthalten.

Mit der folgenden Anweisung können wir nun die Suchergebnisse nach ihrer Relevanz sortiert anzeigen lassen.

```
SELECT beschreibung AS Texte, MATCH(beschreibung)
AGAINST('datenbanken') AS Relevanzwert
FROM buch
WHERE MATCH(beschreibung) AGAINST('datenbanken');
```

Die Suchanweisung muss dazu zweimal in die SELECT-Anweisung geschrieben werden: einmal im Ausgabeteil und einmal im Bedingungsteil. In Abbildung A4.5 können Sie beide Suchanfragen zur Berechnung von Relevanzwerten sehen.

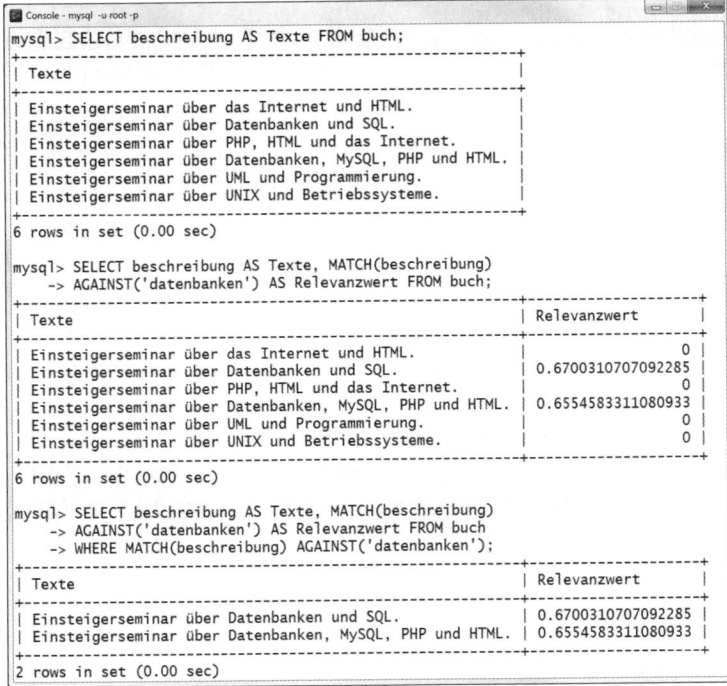

```
Console - mysql -u root -p

mysql> SELECT beschreibung AS Texte FROM buch;
+------------------------------------------------------+
| Texte                                                |
+------------------------------------------------------+
| Einsteigerseminar über das Internet und HTML.        |
| Einsteigerseminar über Datenbanken und SQL.          |
| Einsteigerseminar über PHP, HTML und das Internet.   |
| Einsteigerseminar über Datenbanken, MySQL, PHP und HTML. |
| Einsteigerseminar über UML und Programmierung.       |
| Einsteigerseminar über UNIX und Betriebssysteme.     |
+------------------------------------------------------+
6 rows in set (0.00 sec)

mysql> SELECT beschreibung AS Texte, MATCH(beschreibung)
    -> AGAINST('datenbanken') AS Relevanzwert FROM buch;
+------------------------------------------------------+--------------------+
| Texte                                                | Relevanzwert       |
+------------------------------------------------------+--------------------+
| Einsteigerseminar über das Internet und HTML.        |                  0 |
| Einsteigerseminar über Datenbanken und SQL.          | 0.6700310707092285 |
| Einsteigerseminar über PHP, HTML und das Internet.   |                  0 |
| Einsteigerseminar über Datenbanken, MySQL, PHP und HTML. | 0.6554583311080933 |
| Einsteigerseminar über UML und Programmierung.       |                  0 |
| Einsteigerseminar über UNIX und Betriebssysteme.     |                  0 |
+------------------------------------------------------+--------------------+
6 rows in set (0.00 sec)

mysql> SELECT beschreibung AS Texte, MATCH(beschreibung)
    -> AGAINST('datenbanken') AS Relevanzwert FROM buch
    -> WHERE MATCH(beschreibung) AGAINST('datenbanken');
+------------------------------------------------------+--------------------+
| Texte                                                | Relevanzwert       |
+------------------------------------------------------+--------------------+
| Einsteigerseminar über Datenbanken und SQL.          | 0.6700310707092285 |
| Einsteigerseminar über Datenbanken, MySQL, PHP und HTML. | 0.6554583311080933 |
+------------------------------------------------------+--------------------+
2 rows in set (0.00 sec)
```

Abb. A4.5: Einfache Volltextsuche mit Relevanzwertbestimmung

Boolesche Volltextsuche

Die boolesche Volltextsuche ermöglicht Ihnen bei der Formulierung von Suchanfragen eine größere Flexibilität als die einfache Volltextsuche. Mithilfe dieser Suchoption können Sie mehrere Suchbegriffe mit booleschen Operatoren kombinieren. Ähnliches kennen wir ja bereits von der booleschen Verknüpfung von Bedingungen in der WHERE-Klausel einer SELECT-Anweisung. Darüber hinaus stehen Ihnen in diesem Modus zahlreiche Operatoren zur Verfügung. Die wichtigsten sind in Tabelle A4.2 zusammengefasst.

Boolesche Volltextsuche

Operatoren

Operator	Bedeutung
+	Das Wort muss in einem Ergebnistext enthalten sein (UND).
-	Das Wort darf nicht in einem Ergebnistext enthalten sein (NOT).
*	Trunkierungs-Operator. Dieser Operator muss an einen Suchterm angehängt werden. Damit ist eine Wortstammreduktion möglich.
" "	Exakter Zeichenkettenvergleich. Zeichenketten (inklusive Leerzeichen), die zwischen den Anführungszeichen stehen, werden in dieser Form im Text gesucht. Groß- und Kleinschreibung wird unterschieden.
> <	Mit diesen Operatoren können Sie die Gewichtung eines Suchterms für die Suche festlegen. Der > - Operator erhöht die Bedeutung und der < - Operator reduziert die Bedeutung eines Suchbegriffs.

Tab. A4.2: Wichtige Operatoren der booleschen Volltextsuche

Beispiele

Wir wollen uns nun einige Beispiele für die boolesche Volltextsuche anschauen. Wir ergänzen dazu in der Funktion *against()* die Option IN BOOLEAN MODE. Zuerst probieren wir die Verknüpfung von mehreren Suchbegriffen aus:

```
SELECT * FROM buch WHERE MATCH(beschreibung) AGAINST('HTML
MySQL' IN BOOLEAN MODE);
```

Die erste Abfrage ermittelt drei Treffer, nämlich alle Datensätze, in denen entweder die Begriffe *HTML* oder *MySQL* vorkommen.

```
SELECT * FROM buch WHERE MATCH(beschreibung) AGAINST('+HTML
+MySQL' IN BOOLEAN MODE);
```

Benutzen wir jetzt eine UND-Verknüpfung, finden wir nur einen Treffer, nämlich genau den Datensatz, in dem beide Begriffe *HTML* und *MySQL* in der Tabellenspalte *beschreibung* enthalten sind.

```
SELECT * FROM buch WHERE MATCH(beschreibung) AGAINST('+HTML
-MySQL' IN BOOLEAN MODE);
```

Diese Abfrage ergibt zwei Treffer. Das ist ein Treffer weniger als in der ersten Abfrage, da jetzt der Datensatz, in dem der Begriff *MySQL* enthalten ist, nicht mehr gefunden wird. Abbildung A4.6 zeigt noch einmal alle drei Suchanfragen und die dazugehörigen Suchergebnisse.

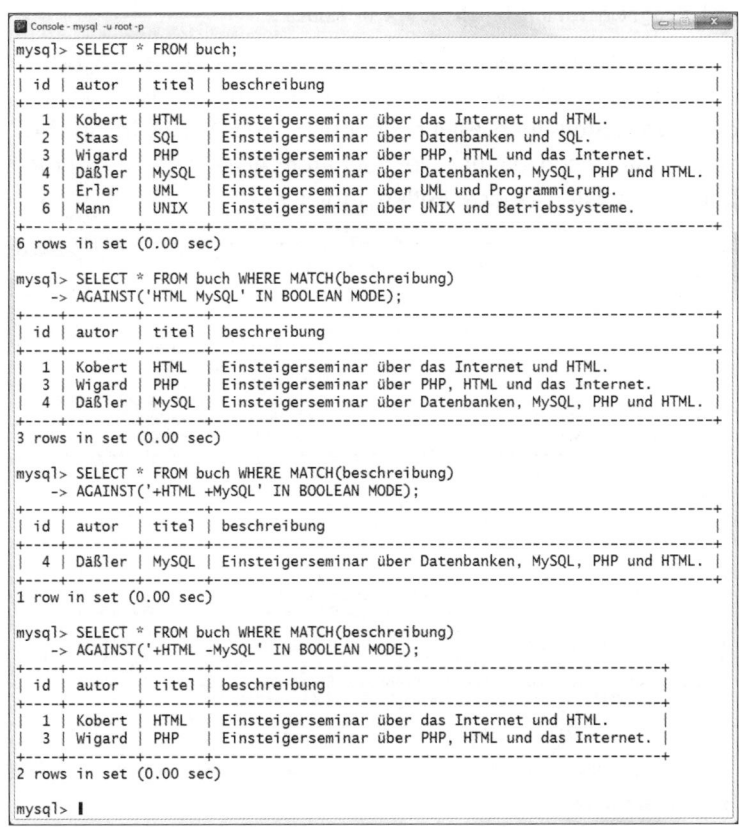

Abb. A4.6: Boolesche Volltextsuche: Verknüpfung von Suchbegriffen

Wir testen jetzt die Wortstammreduktion (Trunkierung) von Suchbegriffen und lassen uns alle Datensätze anzeigen, die den Wortstamm *Datenbank* enthalten.

```
SELECT * FROM buch WHERE MATCH(beschreibung)
AGAINST('Datenbank*' IN BOOLEAN MODE);
```

Tatsächlich ermittelt das Datenbanksystem als Treffermenge alle Datensätze, in denen der Begriff *Datenbanken* auftaucht. Abschließend wollen wir noch einen exakten Zeichenkettenvergleich durchführen.

```
SELECT * FROM buch WHERE MATCH(beschreibung) AGAINST('"UML
und Programmierung"' IN BOOLEAN MODE);
```

Diese Suche liefert einen Datensatz, der exakt die eingegebene Zeichenkette inklusive aller Leerzeichen und der Berücksichtigung von Groß- und Kleinschreibung enthält. Abbildung A4.7 zeigt Ihnen noch einmal die Suchergebnisse der Trunkierung und des exakten Zeichenkettenvergleichs.

```
Console - mysql -u root -p
mysql> SELECT * FROM buch;
+----+--------+-------+--------------------------------------------------+
| id | autor  | titel | beschreibung                                     |
+----+--------+-------+--------------------------------------------------+
|  1 | Kobert | HTML  | Einsteigerseminar über das Internet und HTML.    |
|  2 | Staas  | SQL   | Einsteigerseminar über Datenbanken und SQL.      |
|  3 | Wigard | PHP   | Einsteigerseminar über PHP, HTML und das Internet.|
|  4 | Däßler | MySQL | Einsteigerseminar über Datenbanken, MySQL, PHP und HTML. |
|  5 | Erler  | UML   | Einsteigerseminar über UML und Programmierung.   |
|  6 | Mann   | UNIX  | Einsteigerseminar über UNIX und Betriebssysteme. |
+----+--------+-------+--------------------------------------------------+
6 rows in set (0.00 sec)

mysql> SELECT * FROM buch WHERE MATCH(beschreibung)
    -> AGAINST('Datenbank*' IN BOOLEAN MODE);
+----+--------+-------+--------------------------------------------------+
| id | autor  | titel | beschreibung                                     |
+----+--------+-------+--------------------------------------------------+
|  2 | Staas  | SQL   | Einsteigerseminar über Datenbanken und SQL.      |
|  4 | Däßler | MySQL | Einsteigerseminar über Datenbanken, MySQL, PHP und HTML. |
+----+--------+-------+--------------------------------------------------+
2 rows in set (0.00 sec)

mysql> SELECT * FROM buch WHERE MATCH(beschreibung)
    -> AGAINST('"UML und Programmierung"' IN BOOLEAN MODE);
+----+--------+-------+--------------------------------------------+
| id | autor  | titel | beschreibung                               |
+----+--------+-------+--------------------------------------------+
|  5 | Erler  | UML   | Einsteigerseminar über UML und Programmierung. |
+----+--------+-------+--------------------------------------------+
1 row in set (0.00 sec)
```

Abb. A4.7: Boolesche Volltextsuche: Trunkierung und Zeichenkettenvergleich

Volltextsuche mit Abfrageerweiterung

Abschließend wollen wir uns noch mit einer weiteren Möglichkeit der Volltextsuche vertraut machen: die Volltextsuche mit
Abfrageerweiterung. Die Abfrageerweiterung erweitert automatisch die Begriffe einer Suchanfrage. Das Datenbanksystem
führt dazu zwei Suchvorgänge hintereinander aus. Zunächst
werden alle Datensätze ermittelt, deren Volltexte die eingegebenen Suchbegriffe enthalten. Aus diesen Texten werden dann
weitere relevante Begriffe für die Suche ermittelt. Dabei gelten
die Kriterien der einfachen Suche, d.h. die Länge und Häufigkeit eines Wortes und die Stoppwortliste werden berücksichtigt.
Nachdem die relevanten Suchbegriffe ermittelt worden sind,
führt das System automatisch eine Suchanfrage mit diesen
neuen Begriffen durch. Dadurch ist es möglich, auch Treffer zu
erhalten, in denen die ursprünglichen Suchbegriffe gar nicht
vorkommen, die aber über andere Begriffe in einem inhaltlichen
Zusammenhang stehen und daher für die Suche relevant sein
können.

**Abfrage-
erweiterung**

Beispiel

Wir wollen dieses Verfahren an einem Beispiel demonstrieren.
Zunächst lassen wir uns alle Datensätze anzeigen, die im Textfeld *beschreibung* das Wort *MySQL* enthalten.

```
SELECT * FROM buch WHERE MATCH(beschreibung)
AGAINST('MySQL');
```

Wie erwartet liefert die Abfrage einen Treffer für das Buch über
MySQL. Führen wir jetzt die Abfrageerweiterung durch, wird ein
weiteres Buch gefunden, das sich mit Datenbanken beschäftigt.

```
SELECT * FROM buch WHERE MATCH(beschreibung)
AGAINST('MySQL' WITH QUERY EXPANSION);
```

Das Datenbanksystem benutzt für die zweite Abfrage den Be-
griff *Datenbanken*, der im Beschreibungstext des Buches über
MySQL enthalten ist, und findet daraufhin das Buch über SQL.
Interessanterweise wird in diesem Buch tatsächlich unter ande-

rem auch das Datenbanksystem MySQL beschrieben. Wir finden auf diese Weise andere relevante Datensätze, obwohl der Suchbegriff, den wir verwendet haben, nicht explizit in dem Datensatz enthalten ist. Natürlich kann dieses Verfahren nur funktionieren, wenn beim ersten Suchvorgang überhaupt Datensätze gefunden werden. Diese Methode kann daher eine Suche mit falschen oder ungenauen Suchtermen nicht korrigieren, sondern die Volltextsuche lediglich ergänzen. Abbildung A4.8 zeigt die Ergebnisse der Volltextsuche mit Abfrageerweiterung.

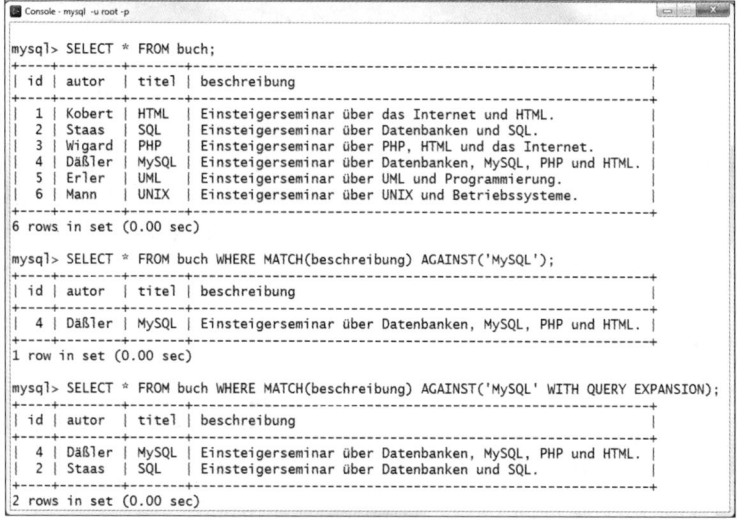

Abb. A4.8: Volltextsuche mit Abfrageerweiterung

Anhang

Tabellenindex

Elemente der MySQL-Syntaxbeschreibung

Zur Beschreibung der MySQL-Sprachsyntax werden wir in Übereinstimmung mit anderen Referenzen einige Symbole und Konventionen verwenden, die in der folgenden Tabelle erläutert werden.

Elemente der MySQL-Syntax

Symbol	Beschreibung
()	Sprachelement. Klammern werden eingegeben.
[]	Ausdrücke in eckigen Klammern sind optional und können gegebenenfalls entfallen. Klammern werden nicht eingegeben.
{}	Zusammengehörige Elemente werden durch geschweifte Klammern eingeschlossen. Klammern werden nicht eingegeben.
|	Ein senkrechter Balken trennt alternative Ausdrücke. Es ist jeweils nur eine Alternative zu benutzen.
[...]	Drei Punkte innerhalb von eckigen Klammern kennzeichnen eine Wiederholung von Sprachelementen. Statt der Punkte sind konkrete Anweisungen bzw. Ausdrücke einzusetzen.
...	Drei Punkte ersetzen Teile von Sprachdefinitionen, die an anderer Stelle beschrieben sind.

Tab. A.1: Elemente der MySQL-Syntaxbeschreibung

Glossar

Abkürzung für **A**tomicity (Untrennbarkeit), **C**onsistency (Konsistenz), **I**solation und **D**urability (Dauerhaftigkeit). Eigenschaften von *Transaktionen* ↑. | **ACID**

Operation über mehrere *Datensätze* ↑, z.B. eine statistische Berechnung. Aggregatoperationen werden häufig zusammen mit der *Gruppierung* ↑ benutzt. | **Aggregatoperation**

Inkonsistenz des Datenbestandes, hervorgerufen durch Einfügen, Löschen oder Ändern von *Datensätzen* ↑. | **Anomalie**

Alternativer Tabellenname in einer Datenbankabfrage. | **Aliasname**

Abkürzung für **A**pplication **P**rogramming **I**nterface. Programmschnittstelle, über die Anwendungsprogramme mit *SQL* ↑ auf einen *Datenbankserver* ↑ zugreifen können. | **API**

Abkürzung für **A**merican **S**tandard **C**ode for **I**nformation **I**nterchange. Standardisiertes und betriebssystemunabhängiges Zeichenformat für den Datenaustausch. Eine Textdatei im ASCII-Format enthält keine Formatierungen. | **ASCII**

Objekteigenschaft. *Datenfeld* ↑ bzw. *Tabellenspalte* ↑ im relationalen *Datenmodell* ↑. | **Attribut**

Datenbankoperation mit *Daten* ↑ eines bestimmten *Datentyps* ↑ und dazugehörigen *Operatoren* ↑. | **Ausdruck**

Sicherungskopie der gesamten *Datenbank* ↑ oder von Teilbereichen. | **Backup**

Werte von *Zellen* ↑. | **Daten**

Komponente des *Datenbanksystems* ↑ zur physischen Datenspeicherung. | **Datenbank**

Programm zur Kommunikation mit einem *Datenbankserver* ↑. | **Datenbankklient**

Programm zur Verwaltung eines *Datenbanksystems* ↑, das Anfragen von *Datenbankklienten* ↑ beantwortet. | **Datenbankserver**

Datenbank-system	System zur Verwaltung von Daten, bestehend aus *Datenbank* ↑, *Datenbankverwaltungssystem* ↑ und *Kommunikationsschnittstelle* ↑.
Datenbank-verwaltungs-system	Zentrale Verwaltungseinheit eines *Datenbanksystems* ↑. Es ist Schnittstelle zwischen *Datenbank* ↑ und *Kommunikationsschnittstelle* ↑ und besteht aus einer Vielzahl von Dienstprogrammen.
Datenfeld	Objekteigenschaft. *Tabellenspalte* ↑ bzw. *Attribut* ↑ im relationalen *Datenmodell* ↑.
Datenmodell	Formale Regeln zur Strukturierung, Verwaltung und Manipulation von Daten in einem *Datenbanksystem* ↑. Datenmodelle repräsentieren *Objekttypen* ↑ (*Relationen* ↑), Objekteigenschaften (*Attribute* ↑) und Objektbeziehungen.
Datensatz	Tabellenzeile im relationalen *Datenmodell* ↑. Besteht aus *Datenfeldern* ↑ bzw. *Attributen* ↑.
Datensatz-Integrität	Mit der Datensatz-Integrität wird sichergestellt, dass jedes *Tupel* ↑ in einer *Relation* ↑ ein eindeutiges Schlüsselattribut besitzt.
Datentyp	Zusammenfassung gleichartiger Daten. Der Datentyp bestimmt *Wertebereich* ↑ und *Operatoren* ↑.
DBCI	Abkürzung für *DataBase Communications Interface*. *Kommunikationsschnittstelle* ↑ zwischen *Datenbanksystem* ↑ und Datenbankbenutzer.
DBMS	Abkürzung für *DataBase Management System*. Zentrale Verwaltungseinheit eines *Datenbanksystems* ↑.
DCL	Abkürzung für *Data Control Language*. SQL ↑-Anweisungen zur Datenbankadministration, für die Verwaltung von Benutzer- und Zugriffsrechten sowie für die Datensicherung.
DDL	Abkürzung für *Data Definition Language*. SQL ↑-Anweisungen zur Definition von Datenstrukturen.
DML	Abkürzung für *Data Manipulation Language*. SQL ↑-Anweisungen zur Datenmanipulation wie Dateneingabe, Ändern oder Löschen von Daten.

Wertebereich eines *Attributs* ↑. **Domäne**

Abkürzung für *Data Query Language*. *SQL* ↑-Anweisungen zur **DQL**
Datenbankabfrage.

Objekt. Entitäten mit gleichen Eigenschaften werden zu einem **Entität**
Entitätentyp ↑ zusammengefasst. Verwendung im *ERM* ↑.

Objekttyp ↑, z.B. Person, Artikel oder Buch. Verwendung im **Entitätentyp**
ERM ↑.

Systembedingte Unterbrechung, die durch das Auftreten von **Ereignis**
Datenbankfehlern oder durch Datenbankabfragen ausgelöst
wird.

Abkürzung für *Entity-Relationship-Modell*. Das *ERM* ist ein **ERM**
Hilfsmittel für den Entwurf eines *Datenmodells* ↑. Es definiert
Symbole zur Darstellung von Objekttypen (*Entitätentypen* ↑)
und Objektbeziehungen (Relationship).

Attribut ↑ einer *Relation* ↑, dessen Werte im *Primärschlüssel* ↑ **Fremd-**
einer anderen *Relation* ↑ festgelegt werden. **schlüssel**

Zusammenfassung einer Folge von Datenbankoperationen unter **Funktion**
einem Namen. Liefert als Ergebnis einen einzigen Funktionswert und wird in der Regel in *Ausdrücken* ↑ verwendet.

Abkürzung für *General Public License*. Softwarelizenzierung, **GPL**
die unter bestimmten Voraussetzungen die freie Nutzung von
Programmen erlaubt.

Anzahl der *Attribute* ↑ einer *Relation* ↑. **Grad**

Zusammenfassung aller Datensätze einer Ergebnistabelle, die **Gruppierung**
gleiche Werte für bestimmte *Attribute* ↑ besitzen.

Geordnete Liste von *Daten* ↑ eines *Attributs* ↑ zur Optimierung **Index**
von Sortierungsprozessen.

Relationale Operation. Verknüpfungsoperation zwischen zwei **Join**
Tabellen ↑.

Anzahl der *Datensätze* ↑ einer *Relation*. **Kardinalität**

Relationale Operation. Vereinigung von zwei *Tabellen* ↑ durch **Kartesisches**
Kombination aller Datensätze beider Tabellen. **Produkt**

Kommunika-tionsschnitt-stelle	Schnittstelle zur Kommunikation zwischen Datenbankbenutzer und *Datenbanksystem* ↑.
Konto	Anmeldung eines Datenbankbenutzers auf einem *Datenbank-server* ↑ und Vergabe bestimmter *Rechte* ↑, um Datenbankoperationen ausführen zu können.
LAMP	Abkürzung für **LINUX Apache MySQL PHP**. Programmumgebung für Webanwendungen, bestehend aus dem Betriebssystem LINUX, dem Webserver Apache, dem *Datenbanksystem* ↑ *MySQL* ↑ und der serverbasierten Skriptsprache PHP.
MAMP	Abkürzung für **MacOS Apache MySQL PHP**. Programmumgebung für Webanwendungen, bestehend aus dem Betriebssystem Mac OS, dem Webserver Apache, dem *Datenbanksystem* ↑ *MySQL* ↑ und der serverbasierten Skriptsprache PHP.
MySQL	Relationales *Datenbanksystem* ↑.
Normalisie-rung	Regeln für die Anpassung von *Relationen* ↑ zur Vermeidung von *Anomalien* ↑.
Objekttyp	Zusammenfassung von Objekten mit gleichen Eigenschaften.
ODBC	Abkürzung für **O**pen **D**ata**B**ase **C**onnectivity. Standardisierte Kommunikationsschnittstelle für *Datenbanksysteme* ↑.
Operator	Mithilfe von Operatoren können Operationen mit *Daten* ↑ durchgeführt werden, z.B. Berechnungen mit Rechenoperatoren, Vergleiche mit Vergleichsoperatoren oder Verknüpfungen mit booleschen Operatoren.
Parameter	Platzhalter für Daten, die beim Aufruf einer *Prozedur* ↑ oder *Funktion* ↑ übergeben und innerhalb der Prozedur oder Funktion verwendet werden.
Primär-schlüssel	Spezielles *Attribut* ↑ einer *Relation* ↑, das eindeutige Werte zur Identifikation der *Tupel* ↑ enthält.
Projektion	Relationale Operation. Auswahl von *Attributen* ↑.
Prozedur	Zusammenfassung einer Folge von Datenbankoperationen unter einem Namen. Beim Aufruf werden an die Prozedur *Parameter* ↑ übergeben.

Abkürzung für *Relationales Datenbanksystem*. Das relationale *Datenbanksystem*↑ benutzt Tabellen zur Verwaltung von Daten. **RDBS**

Abkürzung für *Relationales Datenmodell*↑. Das RDM beschreibt Objekte als Zeilen einer *Tabelle*↑ und deren Objekteigenschaften als *Tabellenspalten*↑. **RDM**

Festlegung darüber, auf welche Art und Weise Datenbankbenutzer auf *Daten*↑ in einem *Datenbanksystem*↑ zugreifen können. **Recht**

Auftreten identischer *Datensätze*↑. **Redundanz**

Durch die referenzielle Integrität wird sichergestellt, dass Werte im *Fremdschlüssel*↑ einer *Relation*↑ im *Primärschlüssel*↑ einer referenzierten Relation vorhanden sind. **Referenzielle Integrität**

Datenstruktur *Tabelle*↑. Besteht aus einer festen Anzahl von *Attributen*↑ (*Tabellenspalten*↑) und einer variablen Anzahl von *Tupeln*↑. **Relation**

Gleichzeitige Verwaltung von Kopien eines Datenbestandes auf mehreren *Datenbankservern*↑ zur Verteilung der Betriebslast und Erhöhung der Datensicherheit. **Replikation**

Anweisung, mit deren Hilfe der Zustand der *Datenbank*↑ vor einer *Transaktion*↑ wiederhergestellt wird. **Rollback**

Relationale Operation. Auswahl einer Untermenge von *Tupeln*↑ einer *Relation*↑. **Selektion**

Virtuelle *Tabelle*↑, die *Tabellenspalten*↑ anderer Tabellen zusammenfasst und wie eine normale Tabelle verwendet werden kann. **Sicht**

Zeitweiliger Schutz von *Tabellen*↑ vor dem Zugriff anderer Datenbankprozesse. In beschränktem Umfang eine Alternative zur *Transaktion*↑. **Sperren**

Abkürzung für *Standard Query Language*. Standardsprache für die Kommunikation mit *Datenbanksystemen*↑. **SQL**

Repräsentation eines *Objekttyps*↑ in einem relationalen *Datenbanksystem*↑. **Tabelle**

Tabellenspalte	Repräsentation einer Objekteigenschaft (*Attribut ↑*) in einem relationalen *Datenbanksystem ↑*.
Transaktion	Zusammenfassung mehrerer Anweisungen zu einer Datenbankoperation. Die dabei verwendeten Daten werden nicht durch andere Datenbankprozesse beeinflusst. Transaktionen können mit einem *Rollback ↑* wieder zurückgenommen werden.
Trigger	*Prozeduren ↑*, die beim Auftreten von *Ereignissen ↑* automatisch vom *Datenbanksystem ↑* ausgeführt werden.
Tupel	Repräsentation eines Objekts (*Datensatz ↑*) im relationalen *Datenmodell ↑*, das durch eine bestimmte Anzahl von Eigenschaften (*Attribute ↑*) beschrieben wird.
UNION	Relationale Operation. Vereinigt *Tabellen ↑* mit gleicher Tabellenstruktur.
Unterabfrage	In eine Abfrage eingebettete Abfrage.
UTF-8	Standardisierter Zeichensatz für alle Sprachen.
Volltextindex	Geordnete Liste mit Wörtern, die aus Volltexten extrahiert wurden, zur Optimierung der *Volltextsuche ↑*.
Volltextsuche	Speziell für Volltexte optimierte Suche, basierend auf einem *Volltextindex ↑*.
WAMP	Abkürzung für *Windows Apache MySQL PHP*. Programmumgebung für Webanwendungen, bestehend aus dem Betriebssystem Windows, dem Webserver Apache, dem *Datenbanksystem ↑ MySQL ↑* und der serverbasierten Skriptsprache PHP.
Wertebereich	Alle Werte, die *Daten ↑* eines bestimmten *Datentyps ↑* annehmen können.
Zelle	Kleinste strukturelle Einheit einer *Tabelle ↑*. Kreuzungspunkt von *Datenfeld ↑* und *Datensatz ↑*.

Index